붓다와 다원이 만난다면

Buddha and Darwin

붓다와 다원이 만난다면

Buddha and Darwin

안성두
우희종
이한구
최재천
홍성욱

SNU PRESS

차례

들어가며 　불교와 진화론의 창발적 만남을 위하여　7

안성두　1　진화론과 불교가 만나는 곳과 만나지
　　　　　못하는 곳은 어디인가　26

최재천　2　'진화론적 해탈'은 가능한가—
　　　　　불교와 진화론의 지적 통섭　83

우희종　3　불교적 진화는 우리의 삶 속에서
　　　　　어떻게 구현될 것인가　129

이한구　4　진화론은 철학을 어떻게
　　　　　변화시켰는가　187

홍성욱　5　진화론과 기독교의 역사는 불교에
　　　　　무엇을 말하는가　237

　　　　　불교용어설명　304

　　　　　발간사　308

일러두기

1 이 책의 글들은 2009년 11월 27일에 열린 학술대회 〈다윈과 불교의 만남―진화론과 연기론의 학술적 조명〉에서 발표되고 논의된 내용을 토대로 다시 쓴 것이다.

2 각주와 참고문헌의 형식은 통일하지 않고 각 저자의 방식을 존중하였다.

3 본문의 불교 용어들은 가급적 그 뜻을 본문에 풀어쓰려 노력하였으며, 독자가 이해하기 어려운 용어들은 미주와는 별개로 '★' 모양의 약물을 상단에 달아 구분하였다. 구분된 용어들은 책의 말미에 별도의 해제를 달아 정리하였으며, 이 부분의 집필은 필자 중 안성두 교수가 맡아주었다.

들어가며

불교와 진화론의 창발적 만남을 위하여

우희종

> 과거 인간은 자신의 기원이 되는 영성을 찾아 사물을 숭배해 왔다. 그 후 숭배의 대상은 동물로, 다시 인격화된 신으로 변화하였다. 최근에는 외계인까지 그 대상이 되었으며, 이제 그 자리를 유전자가 이어 받았다. 또 다시 남겨진 질문, 그렇다면 유전자는 무엇이며, 그 다음의 숭배대상은 있는 것일까?

이질적 두 영역의 만남

불교는 생명 존중의 종교라고 알려져 있고, 지금의 시대는 '과학의 시대', 특히 과거의 물리학과 화학을 거쳐 '생물학의 시대'라 부를 만하다. 이 책은 '생명'이라는 공통 지점을 매개로 하여 불교와 진화론을 같이 다루어 그 차이와 유사점을 명백히 하고 더 나아가 이를 바탕으로 새로운 지평을 열어 보려는 자연스러운 시도라 하겠다. 더욱이 생태적 위기가 강조되고 있는 지금, 동양의 대표적 종교인 불교가 생물학 뿐 아니라 다양한 학문 분야에 영향을 미친 서구의 대표적 시각인 진화론과 만나는 일은 상호작용을 통한 통합적이고 발전적인 모색의 새로운 기초가 될 수 있을 것이다. 양자의 만남은 '과학과 종교'라는 주제 뿐 아니라 동서 문화의 근본적 시각을 다시 한 번 되돌아보는 계기가 될 것이다. 이 책은 그러한 만남의 결과물이다.

한편, 이질적 분야 간의 이러한 만남은 시대적 요구이기도 하다. 비록 우리 사회에 다양한 학문과 더불어 여러 종교가 있지만, 이들 모두 통합적인 우리의 삶을 다루고 있으며 또한 삶의 질 향상을 위해 존재하고 있다는 공통점을 지닌다. 그러므로 지금과 같은 세분화된 지적 세계는 경우에 따라서 우리의 삶을 분열시키는 방향으로 진행될 수도 있다. 삶의 현장에서 힘을 잃은 관념적 학문과 더불어 현실과 비현실이 구분되지 못해, 삶의 현장의 충만함을 보지 못하고 평생 목마름 속에서 살아가는 이들도 많기 때문이다. 그런 면에서 불교와 생명 현상에 대한 대표적 과학적 시각인 진화론의 만남은 우리에게 설레임을 준다. 물론 불교라고 해도 다양한 종파에 교리의 차이가 있고 또 진화론 역시 이론 내적으로 다양한 시각과 해석의 변이가 존재하기 때문에 이들에 대한 신속하고 시의적절한 반영은 어렵다는 한계를 지니고 있다는 점은 필자들도 인식하는 바이다.

그런 한계를 전제로 각 분야의 전문가인 필자들이 참여한, 이 책의 구성은 다음과 같다. 초기 불교에 대해 많은 연구를 해온 안성두는 불교와 진화론의 진지한 만남을 모색하였다. 다윈 진화론의 적자로서의 사회생물학을 '정통'으로 공부해 온 최재천은 불교에 대한 솔직하고 성실한 접근을 시도하였다. 또한 서양 과학의 전통적인 환원론적 접근으로는 이해되기 어려운 관계지향적인 면역학을 바탕으로 선종의 입장에서 진화론과 대승불교적인 시각의 만남을 시도한 우희종의 글은 앞의 두 저자가 다룬 부분을 보완, 연결하는 형태가 된다. 뿐만 아니라 이런 시도에 밑바탕이 되는 글로서 생물의 진화를 다룬 진화론이 지닌 철학적 의미를 다룬 이한구의 글과 과학과 종교의 만남이라는 맥락에서 서구 사회에서 있었던 과학과 기독교 간의 긴 애증의 관계를 보여줌으로서 앞으로의 불교와 과학 간의 만남이 생산적이 될 수 있도록 노력한 홍성욱의 글은 이 책의 논의를 더욱 풍성하게 만들어 주고 있다.

진화론은 기본적으로 이전과는 달리 생명체에 '시간'의 개념을 부여하였다. 생명체가 단순히 한 개체의 것이라는 시각을 넘어 수천만 년, 수억 년의 시간이 담겨 있음을 보여 주었다. 동시에 그러한 장구한 시간은 생명체와 주변 환경과의 상호작용(interaction)이라는 관계성의 재발견임을 보여주었다. 프로이트는 『정신분석 입문Vorlesungen zur Einfurung in die Psycho-analyse』에서 인간을 우주의 중심으로부터 끌어 내린 갈릴레이의 우주론, 자연계의 특수한 존재로서의 인간을 동물의 왕국 속의 한 종에 불과한 것으로 끌어 내린 다윈의 진화론, 그리고 자신의 의식이 전부이자 모든 것을 통제하고 있다는 생각으로부터 오히려 마음속에 있는 무의식이 인간을 통제하고 있음을 알게 한 자신의 정신분석을 통해 자기중심적인 인간이 지닌 세 가지 환상이 깨졌음을 언급하고 있다. 최소한 진화론이 지닌 의미는 결코 생물학적인 것만이 아니라, 그 동안 서양사회를 이루고 있던 지식 체계에 대한 광범위한 파급을 주었음은 분명하다.

따라서 진화론의 의미를 어떻게 규정하는가에 따라 다양한 논의가 촉발될 수 있다. 더욱이 진화론에 대한 시각은, 진화론이 처음 제시되었을 때 진화론은 과학이 아니라는 지적이 있었듯이 '가설 부재'라는 형태의 공백이 있었다. 하지만 이제 진화론은 연역적 원리가 되었다. 그러나 달라이 라마가 진화론을 언급하면서 "나는 과학에서 인간 본성과 존재라는 개념의 범위를 어디까지 잡느냐 하는 것은, 우리가 과학에 있어서 무슨 구상을 하느냐에 달려 있다고 본다. 이것은 과학적 질문이 아니다. 그보다는 철학적 신념의 문제이다"라고 말하듯이, 진실이란 과학적인 것을 말한다는 것과 더불어 과학은 비판에 의해 수정되고 규범화되는 담론임을 강조하는 조르주 깡귀엠의 입장에 귀 기울일 필요도 있다.[1]

창발적 만남을 위한 전제 조건들

불교와 진화론의 만남을 이야기할 때 우리가 극복해야 할 것은 비단 불교와 진화론만의 문제는 아니다. 이념과 이념의 만남, 철학과 철학의 만남, 더 나아가 이질적 두 영역의 만남이라는 문제이며, 이러한 만남을 통한 이질적인 영역의 벽을 넘어 이들을 통합적으로 접근함으로서 단순한 부분의 합이 아닌 보다 큰 창발적 효과(emergence)를 도출하고자 하는 것이다. 최근 시대적 요구에 부응하여 이질적 분과 학문이 모여 여러 학술 대회나 토론회를 열고 있지만 대부분 특정 주제에 대하여 각 분과학문이 단지 자신의 견해만을 제시하는 물리적 나열에 불과한 경우가 많다. 하지만 미래 세대에 필요한 새로운 학문에는 서로 모여 창발적인 것까지는 못나온다 해도 최소한 화학 반응을 통한 질적 변화가 요구된다.

돌이켜보면 다양한 분과학문 체제로 유지되던 학문 체제에서도 종종 학제 간의 경계를 넘어선 융합 학문이 차세대 학문으로 거론되고 국내에 통섭(統攝; consilience)이라는 용어가 등장한 지 상당한 시간이 지났다.[2] 그럼에도 불구하고 학문 간의 진정한 통섭(通攝)이나 융합 학문에 대한 구체적인 접근은 여전히 이루어지지 못하고 있다. 그것은 이러한 시도의 중요성과 필요성에는 대부분 공감하지만 각 영역의 정체성(identity)을 구성하는 해당 영역의 역사성과 문화적 전통, 그리고 그들만의 고유 언어 구조가 있어 서로 소통하고 변화하며 새로운 창발을 유도한다는 것이 결코 쉬운 일이 아니기 때문이다.

특정 주제에 대한 통섭(通攝)이라는 메타(meta)적인 시도를 하는 상황에서 필요한 것은 크게 두 가지이다. 우선 그러한 시도를 하는 이들의 학문적 경계를 넘나드는 통합적 사유의 성숙도이다. 이것이 갖추어지지 않으면 단지 자신의 학문 영역에서 상대 영역에 대한 주마간산(走馬看山) 식의 견해만을 제시하게 된다. 이는 요즘 우리 주변에서 흔히 보게 되는 유형의, 단순한 통합적 접근에 해당한다. 겉으로 보기에 화려한 물리적 나열에 불과할 뿐 진정한 통섭 시도와는 거리가 멀다. 두 번째는 이러한 통합적 사유의 성숙에 근거한 이들이 모여 이질적 영역 차원에서의 통합을 통하여 새로운 사유의 틀을 창발적으로 도출하는 과정이다. '불교와 진화론의 만남'이라는 이 책의 시도 또한 이런 맥락에서 이루어진 것으로 볼 수 있다.

따라서 이 책의 성공의 요건은 참여한 저자들이 평소에 얼마나 진지하게 학문적 경계를 넘나드는 사고와 시도를 해 왔는가가 될 것이다. 그러나 이런 인적 요소 외에도 통섭의 구체적 접근 틀이 각 영역의 역사성과 정체성에 기반하여 제시될 필요가 있다. 어쩌면 이러한 접근 방법에 대한 실질적 고민이 선행되지 않은 채 차세대를 위한 학문 간의 통섭이나 융합 학문을 이야기한다는 것 자체가 관념적일 수밖에 없다. 미래 세대를 위한 융합 학문과 통섭을 말하지만 여전히 구호의 남발만 있을 뿐 구체적 접근 방식이 없는 셈이다.

통합의 구조와 모델계

단순한 직관이나 당위가 아닌 지식 체계로서 학문의 영역이 되기 위해서는 이를 위한 언어와 방법이 필요하다. 학문과 학문, 과학과 종교와 같은 이질적 영역 간의 만남에서 우리에게 가장 필요한 것은 이러한 메타적 시도를 위한 보다 구체적이고 실질적인 작은 범위의 접근 모델이다. 이러한 모델링에서는 각각의 영역이 규정하는 고유의 정체성을 구성하는 것이 무엇인지, 그리고 그러한 구성을 가능하게 하는 것은 무엇인지에 대한 고민이 필요하다. 이 부분에서 (아직 유효성은 검토되어야 하겠지만) 하나의 모델로 제시하고자 하는 것은 각 영역에서의 암묵지(tacit knowledge)이다.[3]

이것을 다시 설명하기 위해 이질적 두 분야의 원활한 소통에 대한 접근 방법을 모색하기 위한 모델로써 현재 많이 시도되고 있는 분과 학문 간의 소통을 살펴 보기로 한다. 무엇보다 눈에 뜨이는 것은 특히 자연과학과 인문사회학 사이에서 관찰되는 현저한 비대칭성이다. 자연과학자들이 철학이나 인문학으로 학문적 영역을 넓혀간 사례는 매우 많지만, 그 반대의 경우는 거의 찾아보기 힘들다. 일반적으로 실험실에서의 실험 연구에 의존하는 자연과학자보다는 인문사회학자에게 '사고의 유목민적 특성'이 더욱 있을 것으로 기대되는 것을 생각해 볼 때, 이러한 학문간 비대칭성은 매우 특이한 현상이다.

그러나 엄연히 존재하는 학문 간의 비대칭성에 대한 검토 없이는 진정한 학제 간 융합의 노력은 성과 없이 끝날 것이며, 굳이 통섭(通攝)을 이야기한다 해도 환원론에 근거하여 생물학적 통섭을 이야기한 윌슨(Edward Wilson) 식의 일방적이고 편향된 통섭(統攝)이 될 수밖에 없다. 이러한 경우에는 장차 우리 사회에 지식의 위계질서(hierarchy)마저 언급될 지도 모른다. 그럼에도 불구하고 이러한 자연과학과 인문사회학 간의 비대칭성은 거의 주목받지 못했고, 따라서 이에 대한 본격적인 논의도 그다지 활발하지 않다. 이 점에 대한 손쉬운 대답은 인문사회학자들은 수학적 배경이 너무 없어 자연과학의 영역에 들어가기 어렵다는 것 정도일 것이다. 그러나 경제학을 전공하는 이들은 생물학을 하는 이들이 흉내도 못 낼만큼 수학을 다루고 있으며, 또 생명과학을 하는 이들도 생물 통계를 다루는 일부를 제외하고는 수학적 사고와는 거리가 멀다는 것을 생각해 보면 수학적 사고나 배경이 원인일 것이라는 답은 적절하지 못하다. 양쪽 모두 전문가가 되기 위해서는 긴 훈련이 필요하기 때문이다. 이처럼 인문사회학과 자연과학 간의 비대칭성이 단순히 수학적인 것에 기인하는 것이 아니라면 그 이유에 대한 보다 진지한 모색이 필요하다.

이에 대한 진지한 검토와 접근 방식의 탐색은 단순히 다음 세대를 위한 새로운 학문을 위한 것만은 아니다. 이는 당장 현재 우리 사회 속의 다양한 갈등 구조를 해결하고 앞으로 예상되는 다문화 사회의 평화로운 공존을 도모하여 사회적 건강성을 위한 똘레랑스를 높이는 방식에도 적용될 것이기에, 무엇보다 시급하고 절실한 문제일 수 있다. 이러한 면은 미국 쇠고기 수입과 관련하여 촉발된 2008년도 광우병 논란 중에 자연과학적 사실에 대한 일부 인문사회학자들이 보여준 엉뚱한 시각과 이로 인한 사회적 혼란의 증폭 상황에서도 잘 볼 수 있다.[4] 또한 90년대 중반에 있었던 소칼의 지적 사기 논란(Sokal's hoax)을[5] 상기해 본다면 서로 다른 영역의 만남에서 빚어지는 비대칭성에 대한 검토 요구는 우리가 인식하지 못하고 있을지는 몰라도 이제 임계 상태에 달한 것으로 보인다.

두 학문 영역의 만남에 존재하는 비대칭성 극복은 자연과학과 인문사회과학 간의 비대칭성 연구를 통해 그 실마리를 찾을 수 있다. 우선 비대칭성의 기원을 살피기 위해 두 학문 영역의 암묵지와 더불어 인간과 사물과의 관계 맺기의 차이를 살펴보자. 자연과학자의 입장에서 말하자면, 대부분의 자연과학자들은 한정된 공간의 실험실에서 많은 실험 기구나 관측기구에 둘러싸여 시간을 보낸다. 과학 연구와 실험에 있어서는 실험자의 주관적 개입이 배제되어야 좋은 실험 연구라고 일컬어지고 있다. 이는 실험자에 상관없이 자연과학에서 요구되는 실험의 재현가능성을 담보하기 위한 조건이기도 하다.

그러나 동일한 실험법에 의거해 실험을 수행한다 해도 실험자에 따라 결과가 항상 일치하지 않는 경우가 생긴다. 실제로 실험실에서 동일하게 가르쳐도 소위 매직핸드(magic hand)로 불리는 유능한 실험원이 있는가 하면 그와는 반대로 실험 결과는 내지 못하고 시간만 허비하는 실험원이 있다. 같은 교육 배경에 동일한 내용을 동시에 배우고, 또 같은 재료를 가지고 실험함에도 불구하고 주관적 요소를 가능한 한 배제하고 진행되는 실험실에서의 연구 결과가 실험수행자에 따라 다르게 나타나는 것이다. 이는 매우 주목할 만한 일이다.

이를 흔히 실험 기구 및 실험법에 대한 실험자의 관심과 태도 때문이라고 말하지만, 이 말을 다시 바꾸면 자연과학 실험의 수행에는 실험 기구나 관측 기기 및 실험법 등과 같은 비인간 요소(non-human agent)와 실험자 간의 관계성이 중요하게 작용함을 의미한다. 이러한 관계성은 교과서나 실험 방법서에 명확히 기술되기 어려운 내용으로, 실험실 내에 형성되어 있는 일종의 암묵지에 해당된다. 따라서 자연과학의 실험자가 실험 기구 등과 같은 비인간 요소와 맺는 암묵지야말로 과학 실험의 중요 기제이다. 동일한 전공자라도 각자가 지닌 비인간 요소와 맺고 있는 관계 유형이나 친밀도 및 암묵지 정도가 각자 다르기 때문에 과학 실험수행에 있어서 다양한 능숙도와 결과가 나타나는 것이다.

서로 쉽게 공유할 수 있고 언어화 되어 기술될 수 있는 명시지(explicit knowledge)와는 달리, 암묵지는 개인적, 문화적 요소도 관여하는 다양한 유형이 있다.[6] 또한 특정 집단 내에서 비언어적 형태로 어느 정도 공유될 수도 있고, 특정 집단이나 문화 속에 체화되어 소위 도킨스가 말하는 문화유전자인 밈(meme)의 형태로[7] 작동할 수도 있다. 분명한 것은 개인의 체화된 묵시적 지식으로부터 집단 구성원 간의 공통 경험 및 경로를 통한 암묵지의 발생과 이동 가능성은 장차 서로 다른 학문, 더 나아가 종교와 과학 간의 소통을 위해 중요성을 지닐 것으로 판단된다.

한편, 자연과학에서 암묵지 형성에 관여하는 실험실에서의 비인간 요소의 중요성을 강조한 이로는 브루노 라투르(Bruno Latour)가 있다.[8] 그를 중심으로 한 행위자네트워크 이론(ANT; actor-network theory)에서 말하는 것은 과학에 참여하는 비인간 요소와 사람 간의 동맹 관계다. 인류학자로서 과학 실험실 환경을 경험한 라투르는 과학 지식에 대한 고전적 실재론이나 전형적 사회 구성의 입장과는 달리 인간과 비-인간 요소의 상호작용과 역할에 주목함으로써 현실정치는 사물의 정치로 전환되어야 함을 말하고 있다.[9] 이를 통해 인간과 비-인간의 동맹과 협력의 중요성이 부각된 셈이고, 사물의 언어가 인간에게 자리 잡게 되었다. 특히 사물의 언어에 있어서도 암묵지 형성에는 소쉬르(Ferdinand de Saussure)의 랑그(langue)와 빠롤(parole)의 구분이 여전히 유효할 수 있다.[10]

따라서 우리에게 당면의 과제로 남겨진 자연과학과 인문사회학의 비대칭성은 인문사회학자들의 비-인간 요소에 대한 경험의 결핍에 기인하는 것으로 볼 수 있다. 자연과학에서의 행위는 인간과 인간뿐 아니라 비-인간적 요소와의 상관 관계를 통해 지식 창출의 형태로 진행되었다는 점을 고려할 때, 인문사회학자는 과학 기구, 기술 등과 같은 비-인간 요소에 대한 경험이 상대적으로 빈약할 수밖에 없다. 더욱이 서양 계몽사상의 흐름 속에 근대적 인간의 우월성을 강조하는 시각에 서있는 대부분의 인문사회학자들에게 비-인간적 요소와의 소통과 관계 맺기는 낯설 수밖에 없다. 이들에겐 자연과학의 토대를 이루고 있는 사물과의 동맹 과정과 이로 인한 암묵지가 결여되어 자연과학적 언어의 시니피에(signifié)를 이해하기 어려운 것이고, 이 때문에 자연과학에 대한 접근은 이들에게 결코 쉬운 일이 아니다.

활발한 학제 간 융합이나 다양한 영역에서의 균형 잡힌 통섭을 위해서 이러한 점을 고려한다면, 인문사회학자들은 자연과학자들에게 익숙한 비인간 요소들과의 동맹과 협력 관계를 경험하고 접해야 한다. 또한 이를 통해 이들과의 암묵지 형성에 익숙해져야 할 필요가 있다. 자신에게 결여되어 있는 상대 영역의 암묵지에 대한 진지한 검토와 구체적 소통 구조를 만들어야만 서로의 대칭적 상호 침투로 인한 학제 간 융합이 가능하기 때문이다. 그렇기에 이질적 영역의 만남과 소통을 위해서는 각 영역별 암묵지 발생과 이동에 대한 진지한 이해와 접근이 선행되어야 할 것이다.

불교와 진화론의 만남의 시도와 한계

불교와 진화론의 만남에 있어서 두 영역이 지닌 종교와 과학으로서의 정체성과 이를 이루고 있는 암묵지의 구조를 이 책에서 모두 검토하고 섭렵하는 것은 현실적으로 불가능할 것이다. 그러나 이 책에 참여하고 있는 저자들의 시도는 불교와 진화론의 만남에 있어 국내에서의 첫 시도라는 의의가 있을 뿐 아니라 충실한 접근 자세를 취하고 있음이 돋보인다. 안성두는 불교 **유식학파**★의 교학적 입장을 바탕으로 리차드 도킨스의 『이기적 유전자』에서 언급된 사회생물학의 진화론적 시각을 검토한다. 사회생물학이 말하는 진화의 근본 입장과 불교적 기본 교설의 양립 여부에 따른 학문적 검토를 통해 그는 사회생물학자들이 중요하게 생각하는 유전자를 '업(業, Karma)'에 의해 조건 지어지는 것으로서 해석함으로써 양자의 양립가능성을 제시하고 있다. 뿐만 아니라 그는 불교에서 언급되는 현상계에 의 이(理)와 사(事)라는 이원론적 입장, 그리고 종교가 지닌 **해탈**★ 구제와의 차이를 통해 진화론과의 상이점, 과학과 종교의 태생적 차이를 다루고 있다.

한편, 최재천은 다윈의 진화론으로부터 사회생물학에 이르기까지의 긴 이야기를 에세이 형태의 글로 쉽게 풀어가고 있으며 이를 바탕으로 점차 진화론과 불교의 기본 입장과의 유사성을 찾는 시도를 한다. 특히 그가 주목하는 것은 사회생물학의 주요 연구 주제인 이타성의 연구 결과와 불교에서 측은지심 및 이타성과의 연결 고리이다. 그러나 진화생물학에서의 친족 이타주의(kin altruism)와 호혜성 이타주의(reciprocal altruism)를 근거로 그 첫 접점을 제시하면서도 불교의 **무아론**★과 진화생물학의 논거를 이루고 있는 유전자에 대한 유물적 실재성의 차이에 대하여 솔직히 인정하고 있어, 오히려 앞으로 제기될 풍부한 논의의 근거를 제시한다고 볼 수 있다.

우희종은 다윈 진화론에서 생명 현상의 논의가 개체적 생명체에 근거하고 있다는 점에 주목하여 생명체의 개체성에 대한 재검토로부터 논의를 시작하여 동시에 과학과 종교가 지닌 본질적 차이점에 대해 검토한다. 그는 불교와 다윈진화론의 만남을 위해서 환원론에 근거한 사회생물학적 시각을 제시한 데 더하여 근대 과학이 지닌 환원론의 한계 극복을 위해 21세기 이후 본격적으로 대두된 복잡계 과학(science of complexity), 진화발생생물학(evo-devo), 후성유전학(epigenetics), 생체정보학(bioinformatics), 및 오믹스 생물학(omics biology)의 관계론적 입장을 반영시키고 있다. 그는 생명 탄생에 필요한 **식**(識)★도 물질적 화합에 의해 내재된 잠재태의 창발적 발현으로 봄으로써 물질과 정신이라는 서양의 이분법적 시각이나 생기론의 극복을 시도하고 있다. 또 진화의 개념을 상호 작용에 의한 변화 누적이라는 미시적 관점으로 바라봄으로써 선종에서 강조하는 일상 생활에서의 삶의 문제로 통합을 시도하고 있다.

이한구는 진화론이 철학에 미친 영향을 살핌으로써 그 근본 시각을 보다 명확히 해 주어 장차 불교와의 통합적 논의에 기여하고 있다. 철학의 존재론과 인식론 그리고 윤리학의 영역을 살피면서 진화론은 반본질주의(anti-essentialism), 비결정론(indeterminism), 무목적론(ateleology)및 유물론(materialism)이며, 자연주의적 인식론의 한 유형으로 제시한다. 그러나 그가 가장 주목하는 것은 불교가 지닌 변증법적 사고이다. 이를 통해 윤리 이론에서 두 영역의 중첩이 확대될 수 있으며, 진화론적 윤리의 최고 단계인 생명 평등주의가 불교의 불살생과 자비라는 생명 윤리와 만나는 지점임을 제시한다.

홍성욱은 불교와 진화론의 만남에 앞서 종교와 과학 간의 갈등과 화합의 모습을 중층적이고 역사적으로 살펴봄으로써 앞으로 더욱 풍성해질 것으로 예상되는 불교와 과학, 특히 진화론과의 만남에 대한 논의에 기여하고자 한다. 과학사적으로 살펴본 기독교와 과학의 애증 관계는 생물학적 통섭을 주장한 윌슨까지 검토되고 이를 바탕으로 그는 불교, 특히 달라이 라마의 관점에 주목한다. 그는 최재천과 달리 진화론과 불교 교리 간의 유사성보다는 달라이 라마가 지적하듯 양자의 차이에 대한 성찰이 요구된다는 결론을 내렸다.

이러한 저자들의 시도가 불교와 진화론의 만남에 얼마나 충실한 통합적 시각을 제시하느냐는 평소 학제 간 통섭에 대한 저자 자신들의 관심과 열정에 달려 있을 것이다. 또한 이러한 작업에는 각 저자의 문제 의식과 더불어 불교와 진화론에 대한 명시적 지식 외에도 두 분야에서의 암묵적 지식도 요구된다. 그런 점에서 이 책은 자신의 분야에서의 전문성이 자신의 고유 영역 밖에서 어떻게 접목되고 전개될 수 있는지 그 과정을 탐색하고 독자에게 소개하는 것이기도 하다.

물론, 불교와 진화론이라는 상대 영역에 대한 충분한 이해가 선행되었는가하는 점은 못내 아쉬움으로 남는다. 이는 진화론과 불교의 만남과 관련된 논의가 20세기 말 분자생물학이 시작하던 시점에서의 유전자 개념에 바탕을 둔 사회생물학만을 통해 이루어짐으로써 21세기에 들어서 본격적으로 등장한 다양한 유전학적 시각이 충분히 반영되지 못했으며, 더욱이 기본 논의가 『이기적 유전자』라는 사회생물학의 일반 대중서만으로 진행되었기 때문이기도 하다. 한편 과학의 입장에서는 다양한 불교적 입장 중에서 특정 입장만을 언급함으로서 단지 논지를 펼쳐가기 위한 '편의적 인용'에 불과한 경우도 보인다. 이는 불교에 대한 피상적, 부분적 이해에 기인한 것으로서 앞으로 있을 진화론과 불교의 만남에 있어서 보완되고 개선되어야 할 것이다. 하지만 우리 사회의 신자유주의적 학문 문화에서 당장 모든 저자가 이런 요구 사항을 충실히 수행하기를 기대하는 것은 무리일지도 모른다. 자신의 전공 분야라는 안전지대를 벗어나 다른 분야의 영역을 탐구하며 이에 수반되는 암묵적 지식마저 이해하고 받아들여야만 하는 작업이라는 것은 일 년 단위의 평가 제도가 실시되고 있는 대학의 학문 문화 속에서 결코 쉬운 일은 아니다.

    통합적 사유가 요구되는 이번 작업에 참여한 저자들은 학문적 열정과 용기가 살아있는 이들이라고 볼 수 있을 것이다. 불교와 진화론이라는 여러 층위의 다양한 의미를 지닌 두 분야의 만남과 그 결과물을 담은 이곳의 글들은 비록 부족함이 있을지는 모르나, 논의를 여는 화두로서 그 가치를 찾으려 한다.

1   조르주 깡귀엠, 『생명과학의 역사에 나타난 이데올로기와 합리성』 여인석 옮김 (아카넷, 2010), pp.11-55.

2   에드워드 윌슨, 『통섭: 지식의 대통합』 최재천, 장대익 옮김 (사이언스북스, 2005). 윌슨의 의도를 매우 적절하게 표현한 '통섭(統攝)'이라는 단어가 수평적 통섭(通攝)이 되어야 하는 부분의 논의는 생략하기로 한다.

3   이와 관련한 본인의 요약된 짧은 글은 '정당한 통섭을 위한 암묵지와 사물의 언어'라는 제목으로 http://hook.hani.co.kr/blog/archives/8739 에 실려 있으며, 이는 이 글에도 일부 재수록되어있음을 밝힌다.

4   「미국산 쇠고기 수입 확대와 과학문화 — 우리 사회의 또 하나의 과학 사기 사건」, 우희종, 한국과학기술학회 2010년도 전기 학술대회, «과학기술의 공공성과 이해충돌», 부천 가톨릭대학교 성심교정, 2010년 6월 5일. 한편, 이러한 혼란 과정에 있어서 광우병에 대한 의도적 왜곡을 시도한 일부 의학자나 언론사의 경우는 논외로 한다.

5   앨런 소칼 외, 『지적 사기』 이희재 옮김 (민음사, 2000).

6   마이클 폴라니, 『개인적 지식』 표재명 외 옮김 (아카넷, 2001).

7   리처드 도킨스, 『이기적 유전자(개정판)』 홍영남·이상임 옮김 (을유문화사, 2010).

8   브루노 라투르, 『우리는 결코 근대인이었던 적이 없다』 홍철기 옮김 (갈무리, 2009).

9   브루노 라투르, 「현실정치에서 물정치로」, 『인간·사물·동맹: 행위자네트워크 이론과 테크노사이언스』 홍성욱 엮음, (이음, 2010), pp.261-304.

10 페르디낭 드 소쉬르, 『일반언어학 강의』 최승언 옮김 (민음사, 2006).

Buddha and Darwin

먼저 자타의 평등성을 관찰해야 하느니
누구나 행복을 원하고 고통을 피하려 한다는 점에서 같기 때문에,
자신을 보호하듯 타인을 보호해야 한다네. (BCA 8.90)

그러므로 나는 타인의 고통을 없애야 하네.
그것이 나의 고통과 차이가 없기 때문이네.
나는 타인에게 행복을 주어야 하네.
그들도 나와 같은 존재이기 때문이라네. (BCA 8.94)

만일 고통을 겪는 주체가 없다면
나의 고통과 타인의 고통이 어찌 다르겠는가?
고통은 어디까지 고통일 뿐이기에
구별하지 말고 모든 고통을 없애야 한다네. (BCA 8.102)

자아란 없는 이 몸에 대해 관습적으로 자아의 관념이 일어나듯이
왜 [상응하는] 관습을 통해 타인에 대해서도
[그들이] 자아라는 [관념]을 일으키지 않는가? (BCA 8.115)

—샨티데바, 『입보리행론』 中

진화론과 불교가 만나는 곳과 만나지 못하는 곳은 어디인가

1

안성두

안성두

한국외국어대학교 독어교육과를 졸업하고 불교철학을 공부하기 위해
한국학대학원에서 한국불교철학으로 석사학위를 받았다. 그 후에
불교철학의 이해를 위한 인도 불교고전 연구의 필요성을 절감하고
독일 함부르크 대학 인도학과에서 인도불교학을 다시 처음부터
공부했다. 석사와 박사학위 과정을 통해 주로 유식학을 중심으로
인도불교를 공부하였다. 2001년 귀국하여 금강대학교에서 연구원과
교수를 역임한 후, 현재 서울대학교 철학과에 재직하고 있다.

현재 한국 불교학에서 가장 필요한 분야가 고전학 분야라고 믿고
있으며, 문헌학적 연구에 기초한 불교철학의 이해가 정초된 후에야
비로소 타학문과의 학제연구가 올바른 의미에서 가능하다고 생각하고
있다. 지금 관심을 가지고 공부하는 분야는 인도 유식학과 이와 관련된
티벳 불교문헌의 연구이다.

들어가는 말

다윈이 1859년 『종의 기원』을 발표한 후 150여 년이 지난 오늘날, 진화론은 생물학의 범위를 넘어 인문학, 특히 철학의 영역에까지 강력한 영향을 미치고 있다. 진화론을 철학의 영역으로 적극적으로 수용하는 사람에게든 그렇지 않은 사람에게든, 앞으로도 진화론의 영향은 점차 강해질 것 같다. 오늘날 진화론을 적극적으로 수용하는 사람들은 진화론을 코페르니쿠스적인 전회로, 아니 그 이상으로 평가한다. 도킨스(Richard Dawkins)는 "생명에는 의미가 있는가? 우리는 무엇 때문에 존재하는가? 인간이란 무엇인가? 등과 같은 심오한 문제에 부딪칠지라도 이제 우리는 미신에 의지할 필요가 없다"고 주장한다. 특히 "우리는 무엇 때문에 존재하는가?"라는 물음과 관련해서, 그는 심슨(George Simpson)을 인용하여 진화론의 의미를 극단적으로 부각시킨다. "[그 문제에 답하고자 하는] 1859년 이전의 시도들은 모두 가치 없는 일이며, 오히려 그것들을 완전히 무시하는 편이 나을 것."(도킨스 2006: 40f.) 이런 견해가 오늘날 과학, 특히 생물학계의 주도적 입장이라고 생각된다.

  비단 이런 태도가 자연과학이나 생물학계에 한정된 것은 아니다. 인간과 인간 사회를 주 대상으로 다루는 인문학과 사회학에서도 진화론을 배제한 채 진지한 학적 논의를 할 수 있는 길은 더 이상 존재하지 않는다는 주장이 점차 거세지고 있다. 진화론을 수용하는 철학자에게 자유의지와 선(善)의 문제 등과 같은 전통 철학의 중심 과제들이란, 진화론의 세례를 통하지 않고서는 제대로 이해될 수 없는 문제들이거나 기껏해야 사변적인 문제들에 불과할 뿐이다.

  따라서 불교도 좋건 싫건 원하건 원하지 않건 현대 학문의 모든 분야에서 점차로 세력을 확장해 가는 진화론의 도전을 외면하거나 그 도전 앞에서 침묵할 수만은 없다.[2] 이 글에서는 불교의 교학적 입장이 진화론의 근본 입장과 양립할 수 있는지, 또 양립한다면 양립할 수 있는 점은 무엇이며 양립할 수 없는 점은 무엇인지를 알아봄으로써 그러한 도전과 대면해 보고자 하는 것이다.

불교와 진화론의 공통점과 차이점

불교도는 물론 많은 과학자들 역시 불교적 사유가 과학과 병존할 수 있다는 입장을 취하고 있다. 불교의 핵심 교리인 **연기설**★ 등은 과학 정신이 요구하는 인과적인 설명과 서로 만나 결합될 소지가 많으며, 적어도 상충하지는 않는다. 여기서 진화론만이 예외가 될 이유는 없을 것이다. 따라서 창조론을 주장하는 기독교와는 달리 불교는 진화론과 기본적으로 양립 가능할 수 있을 것같이 보인다. 아니, 오히려

'진화'라는 개념은 '모든 것이 무상하다'는 불교의 무상관과 상통하고, 모든 것을 끊임없는 흐름 속에서 관찰하는 불교의 핵심적인 정신적 태도와 상통한다고 적극적으로 말할 수 있다. 진화론이 기독교 전통의 서구 사회에서, 무엇보다도 보수적인 기독교가 널리 퍼져있는 미국에서는 거센 저항에 부딪쳤지만, 동양에서는 그렇지 않았다는 사실은 불교가 지닌 개방적인 특성을 잘 드러내 준다.[3]

이러한 기본적 태도 이외에도, 불교와 진화론적 사유 사이에는 유사한 점이 많다. 예를 들자면, 그 둘 다 현상 세계를 설명하는데 있어 초자연적 존재의 개입을 인정하지 않는다는 것이 그 중 하나다. 아리스토텔레스-스콜라 전통 철학과 기독교에서는 목적론적 방식으로 현상 세계를 설명하고 있다. 이런 목적론적 사유에서는 신과 같은 현상 세계의 창조자 개념을 도입하는 것이 어떤 의미에서 유용할 것이지만, 진화론은 이를 '자연선택(natural selection)'으로 대체했다. 세계란 어떤 목적을 따라 만들어진 것이 아니라 환경에 적합한 것은 살아남고 그렇지 못한 것은 도태하는 과정을 통해 자연적으로 진화하는 것이다.[4]

불교에서도 현상 세계를 설명하는데 목적론적 사유를 도입할 필요를 느끼지 못한다. 무시(無始) 이래의 윤회 과정에서 현상 존재의 끊임없는 변화는 자신과 타인의 **업**★에 기인한다고 설명되고 있다. 업은 어떤 종류의 목적이나 초자연적 힘을 전제하지 않고 이런 변화를 설명할 수 있게 해 주는 개념이다.[5] 따라서 업설에 의거하는 불교가 자연주의적 입장을 취하는 것은 당연할 것이다. 물론 불교 우주론에서도 신들의 영역은 설정되지만 그들은 창조자로서가 아니라 **삼계(三界)**★의 구성원의 하나로서 자신들이 행한 다양한 업과의 향수자로서 나타날 뿐이다.

그렇지만 여기서 지적해야 할 것은 그렇다고 불교가 진화론적 사유를 선취했다든가 또는 불교 교리 내에 진화론적 사유가 싹의 형태로 포괄되어 있다는 것을 필자가 주장하는 것은 아니라는 점이다. 불교에서 진화의 핵심 메커니즘인 자연선택에 대응하는 관념은 찾기 힘들기 때문이다. 따라서 위에서 진화론과 불교가 적극적인 의미에서 서로 '상통'한다고 했을 때, 그것은 불교가 과학과 유사한 정신적 태도를 갖고 있다는 것을 의미할 뿐이다. 이는 모든 주장이나 명제는 경험이나 추론을 통해 검증될 수 있어야 하며, 또 검증될 수 있다는 불교의 개방적 태도이다. 이와 관련하여, 불교가 지식을 획득하는 방법으로 감각과 추론이라는 두 가지 수단만을 인정했다는 점도 지적하고 싶다. 불교는 초자연적 존재의 계시를 올바른 인식 수단으로 결코 인정하지 않았다.

더욱이 진화론과 불교 사이에 넘을 수 없는 결정적 간격이 존재함은 물론이다. 그것은 바로 생명관의 차이이다. 진화론이 유물론을 전제로 하여 세계와 생명의 문제를 설명하는 데 반해, 불교는 식(識, vijñāna), 즉 정신을 생명의 본질적 요소로 받아들인다. 진화론적 설명 모델에 따르면, 최초의 생명의 탄생은 특정한 물리적 환경에서 단순한 물질들이 물리 화학적 법칙에 따라 단백질의 구성요소인 아미노산과 DNA의 구성요소인 퓨린(Purine)과 피리미딘(Pyrimidine)을 형성했고 이로부터 진화를 통해 이루어진 것이다. 따라서 생명의 탄생을 설명하기 위해 진화론은 그 이외의 어떤 것도 필요로 하지 않는다. 하지만 불교에서 이런 자연주의적 생명관은 부정된다. 의식은 결코 물리 화학 생리작용의 결과가 아니며, 또한 물질이 모여 진화하는 과정에서 부산물로서 생겨난 것이 아니다. 어떤 존재이든 식이 그것을 취하지 않으면 그것은 물질이지 생명체가 아니다. 따라서 현상세계에서 생명의 문제를 다룸에 있어 불교는 심-신 이원론적 관점을 결코 포기하지 않았다.[6]

　이러한 차이는 객관적인 진리 추구라는 이념을 내세우는 과학으로서의 진화론이 정합성과 검증 가능성 등을 이론 구축의 토대로 삼는 반면에, 불교의 교설은, 비록 정합성을 강조하지만, 중요한 형이상학적 전제들을 그 출발점으로 삼고 있다는 데에서 나온다. 업설이나 윤회설과 같은 것이 바로 그런 전제들이다. 그리고 이런 전제들을 자명한 것으로 받아들인다는 점에서 불교는 당연히 현대적 의미에서의 과학은 아니다. 그러나 불교가 과학이어야 할 필요도, 과학이라는 수식어를 달아야 할 필요도 없으며 또 그리해서도 안 된다고 생각한다.[7] 그 이유는 소극적으로 말하면, 불교는 과학과는 달리 모든 존재를 고통에서 구제하기 위한 하나의 정신적인 해탈론이기 때문이며, 적극적으로 말하면 이런 해탈적 인식의 차원은 자연과학에서 추구하는 것과는 달리 초월적 성격을 갖기 때문이다.

　진화론을 포함한 자연과학에게 있어서 존재들은 '동일하고 유일한' 차원에 존재하는 것이지만, 불교우주론에서는 그렇지 않다. 불교우주론은 삼계를 함축하고 있다. 그리고 존재들은 각각의 위계 속에서 각기 다른 방식으로 실재를 인식한다. 따라서 불교가 **해탈***은 실재에 대한 여실한 인식을 통해 얻어지며, 실재의 인식은 또한 그것에 접근하는 사람의 인식 수준에 달려 있다고 보는 점에서 형이상학적이라는 사실을 간과해서는 안 된다.

이러한 결정적인 차이점에도 불구하고, 필자는 불교 교설이 앞서 말한 유사성에 의지하여 진화론을 어느 정도까지 수용할 수 있는지를 검토해 보고자 한다. 그러나 필자에게 주어진 제한된 시간과 한정된 역량 때문에 논의를 세 가지 점으로 제한하고자 한다. 논의할 점은 (1) 최초의 생명의 탄생에 대한 진화론의 추정과 이에 대응하는 불교경전에 관한 논의, (2) 유전자의 역할과 그에 대응하는 불교 이론의 설명 및 그 함축된 의미, (3) 이타성의 문제와 그에 대응하는 불교 윤리이다. 필자는 논의를 위한 기본 자료로서 진화론과 관련해서는 리차드 도킨스의 『이기적 유전자(The Selfish Gene)』에 한정하여 다룰 것이며, 불교와 관련해서는 주로 **유식학파***의 설명에 의거할 것이다.

그렇지만 본론에 들어가기 전에 왜 진화론을 하필이면 도킨스의 설명에 한정해서 논의하는가 하는 비판에 대해 약간의 해명이 필요할 것이다. 왜냐하면 도킨스는 생물학계에서 단지 분자생물학의 입장만을 대변하는 학자일 뿐이며, 진화론에 관한 한 그의 해석과는 근본적으로 다른 관점을 가진 생물학자들이 최근 주류를 이루고 있기 때문에, 진화론의 대표자로서 도킨스를 드는 것은 적절치 않다는 지적이 있기 때문이다.[8] 이러한 지적의 타당성을 인정하면서도 우리는 생명의 본질에 대한 각각의 생물학자들의 견해가 매우 상이하다는 점을 지적하지 않을 수 없다. 물리학이나 화학과는 달리 생물학의 주제인 생명에 대한 생물학자들의 이해가 공통점으로 수렴되거나 모든 생물학자들이 동의하는 생명의 본질에 접근하는 것은 거의 불가능에 가까울 것이다. 사실 생명 문제에 대한 이해는 생물학의 문제라기보다는 각각의 생물학자들의 철학적 입장을 보여주는 것으로 보인다. 따라서 어느 하나의 입장에 초점을 두고 논의하는 것은 피하기 어려운 일이다.

우리는 두 가지 이유에서 도킨스의 해석을 선택했다. 하나는 도킨스류의 해석이 진화론의 철학적 수용의 문제를 둘러싸고 서양철학계에서 보다 활발히 논의되고 있기 때문이다. 도킨스는 생명의 가장 기본적 단위로 "이기적" 유전자를 놓고 생명 현상을 유전자로 환원시켰다. 이런 환원적 방식의 다윈주의 이해가 규범 윤리학에 준 영향은 전일주의에 의거한 다윈주의 이해의 그것에 비해 압도적이라는 점에는 누구도 이의를 제기하지 않을 것이다.[9] 더구나 『이기적 유전자』 출판 30주년 기념판본에서 도킨스 스스로 말하고 있듯이 이 책은 "유행에 뒤진 것이거나 극복된 것이라고 말할 수 없다. 이 책의 세세한 내용은 변화되었고 예문들은 새롭게 발굴되었지만, 몇 가지를 제외하고는 이 책에서 논의한 것들을 철회하거나 변명할 것은 없다."[10] 이는 그의 환원주의적 모델이 아직 생물학계에서 유용한 설명 방식의 하나로 자리매겨지고 있음을 보여주는 것이다.

다른 하나는 도킨스의 설명을 통해 진화론과 불교 사상과의 접점과 차이점을 보다 명확히 인식할 수 있다고 보았기 때문이다. 생명이란 물리적으로 유전자로 환원된다고 본다는 점에서 그는 물질과 독립해 존재하는 식의 존재를 인정한 불교의 기본 전제와 양립할 수 없다. 그러나 이런 환원을 단순히 유전자 결정론 방식으로 이해하지 않는다는 점에서 그의 유전자는 단순히 기계론적으로 이해되는 어떤 것이 아니라 환경과 상호작용할 수 있는 여지를 가진 것이 된다. 이 점에서 불교의 업설이나 업종자설과의 연결가능성이 있을 것이다.

생명의 기원에 대한 진화론과 불교의 관점

불교와 진화론이 생명의 기원이나 시초 및 그 전개와 같은 우주론적 문제를 어떻게 설명하는지 알아보자. 이들 통해 우리는 한편으로는 양자의 차이점을, 그리고 다른 한편으로는 기독교의 창조설과 대조되는 양자의 유사성을 보게 될 것이다. 먼저 초기 불전인『소연경(小緣經, *Agaññasutta*: DN Ⅲ 84-88)』[11]의 해당 부분을 축약해서 인용해 보자:

"… 오랜 시기가 경과한 후에 이 세계가 괴멸될 때, 모든 중생들은 광음천(光音天, Ābhassara)에 태어난다. 그 곳에서 그들은 마음으로 이루어진 신체를 갖고 밝게 빛나면서 자유로이 허공을 떠다니면서 기쁨을 먹고 살아간다. 오랜 시기가 지난 후에 세계가 다시 형성될 때 중생들은 다시 지상으로 돌아온다. 여전히 그들의 모습은 그 이전과 다름이 없다. 그때 땅에는 단지 물만 있었고 깊고 깊은 어둠만이 있었다. 해와 달, 별도 없었고, 낮과 밤이나 계절도 없었다. 성별의 차이도 없었다.

시간이 지나 땅에 '감천(甘泉)'[12]이라고 불리는 거품이 생겨났다. 매우 맛있게 보였기 때문에 어떤 중생이 그것의 맛을 보았고, 그 맛이 꿀처럼 달콤해서 그는 탐욕스럽게 되어 그것을 손에 잡고 입에 넣었다. 그러자 다른 존재들도 그것을 맛보았다. 그 때문에 그들에게서 신체의 광명이 사라졌다. 바로 그 때 해와 달, 별이 떠올랐고, 낮과 밤, 계절의 변화가 시작되었다. 그런데 그들이 그것을 더욱 많이 먹으면 먹을수록 그들의 신체는 점점 더 거칠어져 갔다. 따라서 많이 먹은 자는 추하게 되었고, 적게 먹은 자는 비교적 아름다웠다. 아름다운 자는 추한 자를 경멸했다. 그 후 감천은 사라지고 대신 맛있는 '지비(地肥)'[13]가 생겨났다. 존재들은 그것을 먹었고 동일한 일이 반복되었다. 지비(地肥)가 사라진 후에는 맛이 덜한 '거친 지비(地肥)'[14]가 나타나 그들의 음식이 되었고, 이 역시 동일하게 반복되었다. 다음으로 껍질과 겨가 없는 '향기로운 쌀'[15]이 저절로 자라났고, 아침에 수집하면 밤에는 다시 자라났다. 그렇지만 그들이 그것을 먹으면 먹을수록 몸은 점점 더 거칠어갔고 마침내 성의 분화가 생겨났다. 그들 중 몇몇은 성행위에 몰두하게 되었고 이에 따라 공격성이 생겨났다. 성행위에 빠진 몇몇 존재들은 자신들의 비도덕적인 행위를 숨기기 위해 집을 짓기 시작했고, 다른 몇몇은 게으름에 빠져 필요에 앞서 수확물을 수집하여 미리 저장하기 시작했다. 이에 따라 쌀은 더 이상 저절로 자라나지 않았다." (이하 경은 국가의 성립과정을 기술한다)

'Agañña'란 단어는 보통 '기원(origination)' 등의 의미로 번역되는데, 따라서 'Aggañasutta'란 '기원에 대한 설법(Discourse on the Origination)' 정도의 의미로, 아마 불전에 나타난 최초의 우주론적 생명 탄생 신화일 것이다.[16] 이와 관련하여 몇 가지 점을 지적해 보자.

현대인에게는 매우 낯설게 들리겠지만 불교는 세계의 생성과 소멸은 중생의 업 때문이라고 말한다. 세계는 유정세간(有情世間, sattva-loka)과 기세간(器世間, bhājana-loka)으로 분류되는데, 전자가 생명체로 구성되어 있는 세계라면 후자는 물질로 이루어진 세계를 말한다. 기세간의 소멸이란, 더욱 아이러니하게 들리겠지만, 그 세계에 사는 중생들의 업이 청정해져서 낮은 세계에로의 재생에 상응하는 업을 지은 중생이 더 이상 존재하지 않기 때문에 물질적 세계 자체가 소멸하는 것을 뜻한다. 반면 새로운 기세간의 생성이란 그에 상응하는 중생들의 업이 점차 **염오**★되어 가기 때문에 그들을 위한 거처로써 세계가 만들어진다는 것을 의미한다. 이런 점을 고려한다면 세계가 생성된 첫 순간에는 중생의 상태가 밝게 빛나고 있다는 위의 문장의 의미를 이해할 수 있을 것이다.

위에서 볼 수 있듯이, 경은 이런 상태로부터 추락하는 이유를 탐욕으로 돌린다. '감천(甘泉)→지비(地肥)→거친 지비(地肥)→향기로운 쌀→씨를 뿌려 수확하는 쌀'의 순서로 음식에 대한 탐욕을 통해 중생의 신체는 점차 거칠어져간다. 탐욕이라는 중생의 행위(업)가 자신의 신체는 물론 환경 세계의 변화와 파괴를 야기하는 것이다. 경은 나아가 탐욕에 의해 생겨난 신체적 차이에 의거해서 남과 자신을 비교함으로써 아름다운 자가 추한 자를 경멸하는 자아 의식(我慢)이 생겨나며, 다음 단계에서 성의 분화를 통한 성적 탐욕과 이를 통해 공격성이 생겨난다고 설명한다. 또한 이런 염오된 의식이 점차 확장됨에 따라 물질 세계도 그에 상응하게 변화된다고 설하고 있다. 진화론자들은 아마 이러한 설명을 일종의 심령주의(spiritualism)로 간주할 것이지만, 이것은 존재론과 인식론을 통합해서 설명하는 오랜 인도 전통의 이해방식에 따른 것이다. 어떤 존재의 인식이 순화되면 그에 상응하는 존재 영역도 상승하며, 그 반대의 경우도 타당하기 때문에, 자아의식이나 성적 갈망과 같은 핵심적인 번뇌의 생기(生起)는 상응하는 존재론적 영역의 정신적 타락을 함축하는 것이다.

그런데 『소연경』의 설명에 나오는 '마음으로 이루어진'(manomaya) 존재란 어떤 존재인가? 불교 우주론의 설명에 따르면 '마음으로 이루어진' 존재가 사는 영역은 색계의 제2천인 광음천(光音天)이다. 색계에 사는 존재는 욕계에 사는 존재처럼 거친 형태의 물질로 이루어진 신체를 갖지 않고 다만 마음으로 이루어진 신체를 갖고 있다. 그렇지만 이들 존재들도 살아있는 한에 있어, 식(識)*을 가지지 않으면 안되는 것이다. 따라서 그들의 '마음으로 이루어진' 신체는 비록 거친 물질에 의해 구성된 것은 아니라고 해도 이미 식에 의해 유기체를 구성하는 것으로서 집수된 것이다. 아비달마는 유기체를 구성하는 물질과 식과의 관계를 표현하기 위해 '집수(執受, upātta)된'이란 용어를 사용하는데,[17] 이 개념이 불교의 심-신 이론에서 핵심적 역할을 한다. 집수된 것이란 『유가론』[18]에 따르면 심이나 심소의 의지처가 되는 감각 기관을 이루는 물질이나 그것과 연결된 물질만을 가리킨다. 그러한 '집수된' 것은 살아있는 유기체적인 물질로서 식과 밀접히 융합되어 있어 그것과 분리될 수 없을 정도로 일체화된 것이다.[19] 식이 물질을 집수하여 그것과 혼연일체가 된다는 것을 『유가론』은 '안위공동(安危共同, ekayogaksema)'[20]이라고 표현한다.

'집수된 것'의 명사형인 '집수(執受, upadana)'는 식이 물질을 이런 유기체적인 것으로 만드는 과정이나 그 결과를 보여주는 개념이다. 『해심밀경』(SNS V. 2)은 식(識), 구체적으로 알라야식(alāya-vijñāna)의 동의어로서의 아다나식(ādāna-vijñāna)이 두 가지 집수에 의지해서 여러 재생의 존재 형식(趣, gati)을 취한다고 설명하면서 이를 삼계의 우주론적 차이와 관련시킨다. 첫 번째, 물질적 세계(욕계)에서 대상을 집수할 경우 식은 의지처를 가진 물질적인 감각기관(根)을 대상으로서 취하게 된다.[21] 이 설명은 물질적 감각기관 속에 숨어 그것을 유지시켜 준다는 식(識)의 생물학적 기능과 밀접히 관련되어 있으며, 따라서, 앞서 말했듯이, 식은 물질적 대상을 취해 자신의 신체적 기반으로 취한다는 방식으로 이해할 수 있다. 우리는 물질과 업과 식의 관계에 대한 아래의 논의에서 이 문제를 좀 더 자세하게 보게 될 것이다.

『해심밀경』의 두 번째 종류의 집수에 대한 설명은 『소연경』의 '마음으로 이루어진' 존재에 대해 보다 함축적이고 근원적인 통찰을 담고 있다. 경의 설명은 다음과 같다. 식은 "대상적 이미지(相, nimitta)와 명칭(名, nāman) 및 이와 관련된 심적 작용(分別, vikalpa)에서 나오는 언어적 표현(言說)의 다양성(戲論)의 잠재성(習氣)을 [대상으로서] 취한다"는 것이다.[22] 『섭대승론』은 이런 '희론의 습기'를 특히 '명언훈습(名言熏習, abhilāpa-vāsanā)'이라고 부르면서(MSg I. 58) 이것에 의지하여 6근(根)과 6경(境), 6식(識)의 표상뿐 아니라, 나아가 시간과 공간, 장소 등의 표상도 생겨난다(MSg II. 2)고 설명하고 있다. 이 간략한 설명은 대상의 이미지와 명칭의 관계 및 그것이 일으키는 심적 구성에 의해 윤회 세계가 펼쳐진다는 사실에 대한 대승불교, 특히 유식학의 오랜 관심을 압축해서 표현하고 있기 때문에,[23] 이에 대한 선이해 없이 인용문의 의미를 이해하기 쉽지 않을 것이다. 하지만 적어도 현상적 경험 세계에 대한 인지 과정에서의 언어의 역할 및 이들 과정이 불러일으키는 개념적 다양성이 적어도 '습기'라는 단어에 의해 직접적 표현형이 아니라 잠재성으로서 집수된다는 사실을 표현하고 있다. 이러한 잠재성의 집수는 모든 삼계에 공통된다는 점에서 '마음으로 이루어진' 신체의 집수에 대해서도 타당할 것이다.

이제 도킨스의 『이기적 유전자』 중 일부를 살펴 보자(2006: 61ff):

생명 탄생 이전에 지구에 어떤 물질들이 존재하고 있었는지를 확실하게 알 수는 없다. 그러나 태양계의 다른 행성들에 물, 이산화탄소, 메탄, 암모니아 등이 존재하고 있다는 사실은 생명 탄생 이전의 지구에도 그런 물질들이 존재하고 있었다는 추정을 가능하게 해 준다. 그런데 그런 물질들에게 자외선이나 전기 방전과 같은 에너지가 가해지면 유기물, 즉 단백질의 구성 요소인 암모니아산, 더 나아가 DNA의 구성 요소인 퓨린이나 피리미딘 등이 생성될 수 있다는 것이 과학 실험을 통해 밝혀졌다. 따라서 그러한 과정을 통해 30~40억 년 전의 지구에 '원시 수프(primeval soup)'가 만들어져 해양을 이루게 되었을 것이다. 이후 이런 물질들은 농축된 상태로 해변가에 모이거나 부유했을 것이다. 자외선 같은 태양 에너지의 영향을 지속적으로 받게 되자 그것들은 서로 결합하여 더 큰 분자를 이루게 됐을 것이다. 그리고 이들 가운데 우연히 자기를 복제하는 복제자가 생겨나게 되었고, 이들은 자기 복제를 통해 그 수가 급속히 늘어났을 것이다. 뿐만 아니라 복제 과정에서 발생하는 오류는 복제자들의 종류를 다양하게 만들었을 것이다. 따라서 이러한 과정을 통해 그 원시수프에는 다양한 종류의 복제자들이 존재하게 됐을 것이다. 하지만 다양한 복제자들이 지니고 있던 다양한 특성, 예를 들자면 다산, 복제의 정확도, 장수라는 기준에 따른 상이성으로 인해 그 원시 수프에 존재하는 복제자들의 개체 수가 종류에 따라 상이할 수밖에 없었을 것이다. 다른 한편, 그러한 복제자들이 자기 복제를 위해 필요로 하는 물질들의 양이 원시 수프에는 한정되어 있을 수밖에 없다. 따라서 각각의 복제자들은 다른 복제자들과 경쟁을 해야만 했을 것이고, 경쟁에 유리한 것들은 증식하였을 것이고, 그러지 않은 것들은 절멸했을 것이다. 이러한 개량 과정은 점진적이며 누적되는 경우도 있었을 것이며, 급작스러울 수도 있었을 것이다. 이 때 복제자들이 자신의 안정성을 유지하거나 확보할 수 있는 효과적 방법 가운데 하나가 다른 복제자들을 파괴하여 복제 원료로 삼는 것이다. 따라서 변이를 통해 그런 능력을 지니게 된 변종들은 그렇지 못한 복제자들 보다 생존과 복제에 더 유리했을 것이다. 다른 한 가지 효과적인 방법은 물리적인 막을 쳐서 자신을 방어하는 것이다. 변이를 통해 이런 능력을 지니게 된 변종들 역시 더 유리했을 것이다. 최초의 세포는 아마 후자의 방식으로 탄생했을 것이다. 이 후, 대략 6억 년 전 쯤, 복제자들은 그러한 생존 수단의 개발에 있어서 획기적인 기술 전환을 이루었을 것이다. 근육이나 심장 그리고 눈과 같은 것들이 그 결과물들이었을 것이다. 다시 말해서 유전자들이 집단을 이루어 '생존 기계'를, 즉 '생명체'를 만들었을 것이다. 이 후 계속된 변이와 그에 따른 진화를 통해 여러 가지 종류의 '생존 기계'들이 탄생하게 되었고, 이는 새로운 경쟁 환경의 탄생을 의미하고, 그 결과 생존 기계는 더욱 더 커지고 정교해졌을 것이다. 뇌가 만들어진 것은 그러한 기계를 통제하기 위함이었다. 진화론에 따르면, 결국 오늘날 지구에 있는 우리 인간과 다른 모든 생명체는 이와 유사한 과정을 통해 나타나게 된 것이다.

다음으로 도킨스와 『소연경』의 설명을 비교해 보자. 도킨스가 생명의 기원을 복제자인 유전자에서 찾은 반면에,『소연경』은 '마음으로 이루어진 신체를 가진' 자에서 발견한다. 이 때 '마음으로 이루어진 신체'란, 앞서 말했듯이, 식에 의해 집수된 존재를 의미한다. 그것은 우리가 일상에서 이해하는 생명체를 뜻한다. 그리고 생명체란, 도킨스에 따르면, 유전자가, 좀 더 정확히 말하자면, 유전자의 집합체인 DNA가 유전자 자신들의 보존과 후대로의 전달을 목적으로 만든 생존 기계에 불과하다. 유전자 차원에서는 몰라도[24], 필자는 불교가 식과 업과 물질과의 관계를 통해 DNA를 수용하는 것은 가능하지 않을까 생각한다. 한번 시도해보자.

불교에서 식(vijñāna)에 의해 집수되지 않은(anupātta) 물질이란 생명이 아니라 단지 부패하기 쉬운 단백질 덩어리일 뿐이다. 그러나 그렇다고 해서 식이 임의로 아무 물질이나 취할 수 있는 것은 아니다. 12지 연기 구도의 맥락에서 보면 생명체는 물질과 식과의 상호 조건 지움을 통해 (식↔명색*) 형성된다. 그 의미는 식과 물질의 관계를 생물학적 방식으로 서술하고 있는『유가론』의 설명에서 잘 드러난다.

여기서 수태의 순간에 식이 모태로 들어가지 않는다면 명(名)-색(色), 즉 심리적-물질적 요소들은 서로 융화하지 못하거나 부모의 정혈은 [식과] 융합하지 못하여 칼랄라(Kalala)가 형성되지 못할 것이라고 명시한다.[25] 유식논서는 이런 설명을 약간 변화시켜 식 자체가 부모의 정혈과 융합한다고도 설하고 있다.[26] 여하튼 식에 의해 최초의 생명체가 형성된다.『유가론』은 인간의 경우를 예로 들어 모태 속에서 여덟 단계의 상태[27]를 거쳐 생명이 형성되고 태어난다고 설명하고 있다. 여기서 모태 내에서의 최초의 생명체의 형성은 칼랄라(Kalala) 상태에서 이루어진다. 그렇지만 이 상태에서 진화론자들이 말하듯

자동적으로 부모의 유전자 정보에 따라 새로운 유기체의 유전자가 형성되는 것이 아니라, 부모 양자의 물질적 요소를 식이 집수(執受, upadana)함에 의해 새로운 방식으로, 즉 자신의 업에 적합한 방식으로 형성하는 것이라고 말할 수 있다. 여기서 집수란 생물학적 방식으로 새로운 신체를 취하고 유지하는 역할을 말하는 것으로서, 이로 인해 생물학적 신체는 유기체를 구성하는 것이 되며, 죽을 때까지 신체와 밀접히 결합되어 있는 것을 가리킨다. 이것은 단순한 물질 자체의 조합이나 진화에 의해 생명체의 탄생이 시작되는 것이 아니라 역으로 물질의 조합은 식이 그와 같은 형식으로 집수한 '결과'로 해석되는 것이다. 이렇게 물질 요소는 식에 의해 집수되는 한에 있어서 살아있는 유기체의 물질적 구성요소가 되는 것으로, 식이 없다면 어떤 신체도 살아있는 것으로 간주될 수 없는 것이다. 살아있기 위해서는 식이 신체를 떠나지 않고 있어야 한다는 불교의 규정은 바로 이를 말하는 것이다.

위의 설명에서 보았듯이, 식은 외계에서 특정한 조건을 충족시킨 물질을 취해서 자신의 물질적 기반으로 삼는다. 이 때 그러한 조건을 형성하는 것이 바로 업이다. 따라서 DNA, 즉 생명체를 만드는 DNA를 업에 의해 조건지어진 물질로 이해할 수 있다. 그럼으로써 DNA를 식에 의해 집수되는 대상으로, 더 나아가 식에 의해 집수된 것으로서 생명의 기원으로 간주할 수 있을 것이다. 이런 식의 해석에 커다란 문제점은 없다고 생각한다.[28] 좀 더 구체적으로 그리고 적극적으로 설명해 보자.

DNA의 역할과 그에 대한 불교적 해석

우리가 DNA를 업(業, karman)에 의해 조건화된 물질로 간주할 수 있는 이유는, DNA가 하는 역할 때문이다. 수정란에 들어있는 DNA에는 자신에 의해 생성될 생명체의 신체나 생명 유지의 조건들에 대한 정보가 들어있다. 이제 업이 물질을 조건 지운다는 것이 어떤 의미인지 알아보자. 업은 불교에서 번뇌와 더불어 고통의 원인(=集諦)으로 간주된다. 번뇌가 중생을 생사윤회로 이끄는 근본적인 동인이라면, 업은 **세간**(loka)★의 다양성을 낳는 원인으로서의 역할을 하는 것이다.[29] 앞서 말했듯이, 세계는 유정세간과 기세간으로 구분되는데, 이러한 세간의 다양성을 낳는 원인으로서의 업은 공업(共業)과 불공업(不共業)이라는 개념과 밀접한 관계를 갖고 있다. 공업은 기세간과, 불공업은 유정세간과 관련이 있다.

먼저 업이 유정세간의 다양성을 낳는 원인이라는 의미를 설명해 보자. 개개의 중생의 존재 양태를 규정하는 데 있어서 업의 작용은 매우 규제적이고 개별적이다. 예를 들어 업은 어떤 존재가 인간으로 태어날지 개미로 태어날지, 또는 건강한 존재로 태어날지 아닐지, 지력이 예리한 자로 태어날지 우둔한 자로 태어날지 등등을 결정한다. 따라서 신체 조건을 규정한다는 의미에서, DNA와 업에 의해 조건 지어진 물질은 동일한 지위를 지닌 것으로 간주될 수 있다. 더 적극적으로 불교 유식학의 관점에서 해석하자면, DNA는 업을 보존하고 있는 업종자로 간주될 수 있을 것 같다.

여기서 종자라고 하는 것은 하나의 식물학적 은유로서 후에 결과를 산출할 수 있는 잠재력을 가리킨다. 따라서 업종자라고 하는 것은, 현실적으로 구현된 업의 구체적인 표현형이 아니라 업의 힘을 잠재적인 상태로 담고 있는 것을 말한다. 예를 들어 눈 색깔을 결정짓는 어떤 유전자가 표현될 때 그와 대립되는 눈 색깔을 결정하는 유전자는 잠재적 힘으로 숨어 있듯이, 어떤 업이 현실화될 때 후대에 현실화될 수 있는 그와 다른 업들은 잠재된 힘(=종자)으로서 숨어있는 것이다. 12지 연기에서 업을 의미하는 '행(行, saṃskāra)'이 종종 '형성력'으로 번역되고 있는 것도 이런 의미를 보여주는 것이며, 이런 점에서 업종자는 다양한 업을 현현시킬 수 있는 '업의 복합체'로서 이해될 수 있을 것이다. 이러한 은(隱)-현(顯) 관계에 의한 업의 변현 가능성에 대한 설명은, 진화론의 대립형질과 대립 유전자에 대한 설명과 부분적으로 일치한다고 생각된다.

다음으로 업이 기세간, 즉 외부 세계의 다양성을 낳는다는 의미를 고찰해 보자. 앞의 『소연경』의 신화적 설명에서 우리는 외부 세계의 성(成)-주(住)-괴(壞)-공(空)은 그곳에 사는 중생들의 업 때문에 일어난다고 하는 것을 보았다. 이에 대해 과학자는 물론이고 많은 불교도들 역시 그러한 설명이 신화 이상의 어떤 객관적인 진실을 담고 있다고 생각하지는 않을 것이다. 아니면 이를 기껏해야 도식적인 연기설의 맥락에서 외부 세계와 중생의 '상호적인 조건 지움'이라는 방식으로 이해하는 데 만족할 것이다. 그러나 우리는 이 문제, 즉 업과 외부 세계의 관계라는 주제가 초기 불교 이래 유식학에 이르기까지 불교학의 핵심 주제 가운데 하나였다는 사실을 잊어서는 안 된다.

우리는 상식적으로 외부 세계가 그것을 지각하는 의식과 독립적으로 존재한다고 생각하고 있다. 하지만 불교는 이를 부정하고, 외부 세계는 과거의 업에 의해 산출된 것이라고 수상한다. 이 수상의 의미는 무엇일까? 업이 실제로 물질 세계를 산출한다는 의미인가? 아니면 독립적으로 존재하는 세계가 업에 의해 조작되고 형성된다는 의미인가? 아니면 세계를 인지하는 우리의 심신의 구조가 업에 의해 형성되었다는 의미인가?

이 물음에 대한 불교의 대답은 학파에 따라 다양하지만, 우리는 적어도 불교가 초기 이래 의식 주관(根)과 의식대상(境)의 관계만을 탐구 대상으로 삼았다[30]는 점을 명심할 필요가 있다. 의식과 독립적으로 존재하는 순수한 대상은 비록 그것이 존재한다고 하더라도 초기 불교의 관심사가 아니었다. 따라서 외부 세계가 업에 의해 산출된다고 할 때, 의식과 독립적으로 존재하는 세계보다는 의식 대상으로서의 세계라고 이해하는 것이 타당할 것이다. 따라서 업이 세계를 산출했다는 주장을 업이 실제로 물질 세계를 산출했다거나 세계가 업에 의해 조작되어 생성된 것이라는 의미로 해석해서는 안 될 것이다.

하지만 유식학에서는 이 관계를 보다 적극적으로 해석한다. 유식학에서 업과 대상과의 관계는 공업(共業)의 맥락에서 논의된다. 공업은 심신의 구조를 종에 따라 공통되게 형성한다. 그 의미는 무엇이며 이것이 어떤 점에서 진화론의 해석에 대한 불교적 비판의 출발점이 될 수 있는가를 보자.

세계를 그곳에 사는 모든 중생들의 공업에 의해 형성된 것으로 본다는 것은 그 중생들이 공통된 방식으로 세계를 지각한다는 의미이다. 일수사견(一水四見)의 스토리가 잘 보여주듯이, 어떤 하나의 존재 영역에 속한 존재들은 모두 대상세계를 비슷한 방식으로 지각한다. 인간이 보는 맑은 물이 흐르는 강은 아귀에게는 똥물로 보이며, 물고기에게는 집으로, 그리고 천신에게는 꽃으로 덮인 허공으로 나타난다. 이 비유는 어떤 고정된 외계의 대상도 없다는 전통적인 맥락에서 즐겨 사용되고 있지만, 동일한 종에 속하는 각각의 존재들에게 나타나는 대상은 공통된 대상임을 전제하고 있다. 이런 공통된 인식의 근거는 바로 전생에서 각각의 존재들이 행한 공통된 업 때문이다. 다른 말로 하면 세계가 비슷하게 현현하는 이유는 세계를 비슷하게 경험하게끔 하는 공통된 업을 갖고 있기 때문이다. 이런 공업은 존재들의 비슷한 심신의 구조(根)를 통해 작동한다. 이는 생물학에서 같은 종의 생물이 세계를 같은 방식으로 수용하고 주조하고 있다는 것과 같은 맥락일 것이다. 앞의 비유에서처럼 인간이 어떤 것을 강으로서 동일하게 지각하는 것은 인간이 서로 공통된 심신의 구조를 갖고 있기 때문이다.

여기서 중요한 것은 이런 과정이 일면적이 아니라는 사실이다. 업에 의해 심신의 구조화가 비슷하게 이루어지고 이를 통해 유사한 인식이 생겨나며, 동시에 인식은 우리가 살아가는 세계를 주조하고 형성하는 역할도 한다는 점에서 세계와 인식은 상호 연기적 관계에 있다고 말할 수 있다. 우리는 대상에 의해 형성된 존재일 뿐 아니라 능동적으로 대상을 형성하는 존재라고 하는 이 상호관계에 대한 설명이 아마 "업에 의해 [기]세간의 다양성이 생겨난다"고 하는 선언이 가진 본래적 의미일 것이다. 이러한 관점에서 볼 때 개체를 유전자의 생존 기계로 보는 도킨스의 주장은 매우 일면적이라고 말하지 않을 수 없는 것이다. 왜냐하면 불교적 해석에 따라 유전자를 업으로 본다면 그런 업의 복합체를 운반하는 존재로서의 개체는 유전자를 통해 구조화된 것이기는 하지만, 동시에 환경의 지각을 통해 생겨난 인식은 업이 복합체로서의 유진자를 형성하기 때문이다.

그럼에도 불구하고 생물학적 관점에서 DNA를 업 개념을 통해 수용할 수 있다는 것이 곧 진화론을 수용할 수 있다는 것을 의미하는 것은 결코 아니다. DNA 개념을 수용하는 데에 있어서도 한 가지 장애가 있다. 더욱이 그 장애가 극복될 수 있더라도, 유전자 차원에서 발생하는 또 다른, 더 커다란 장애가 있다. 이러한 장애물들이 무엇이고, 그것들이 어느 정도까지 극복될 수 있는지 알아보자.

DNA를 수용하는 데 있어서의 장애물

이 장애물은 불교의 율장에서 비롯된다. 율장에서는 어느 정도 이상의 크기를 가진 동물만을 생명체의 범주에 포함시킨다. 따라서 식물이나 그 밖의 다른 작은 미생물들은 생명체로 간주되지 않는다. 따라서 이러한 율장의 입장은 우리가 일반적으로 가지고 있는 생명체에 대한 입장이나 생물학의 기존 입장과도 배치될 것이다. 예를 들어 분자생물학에서 DNA는 모든 종류의 동식물이 지니고 있는 것이다. 따라서 DNA를 업에 의해 조건화된 물질로 간주할 수 없는 것처럼 보인다. 그렇지만 율장의 입장은 다른 식으로 유연하게 해석될 여지가 있다고 생각된다. 불교가 생명체의 범주를 결정할 때, 실용주의적 측면을 고려하지 않을 수 없었을 것이라고 생각한다. 직설적으로 말하자면, 초기 불교가 식물이나 작은 동물을 의식적으로 생명체의 범주에서 배제한 이유는 먹는 문제나 수행의 문제와 관련이 있다. 생명체는 살아가기 위해 먹지 않으면 안되는데, 식물을 생명체의 범주에 포함시킨다면 승려에게 남아있는 유일한 선택은 굶어죽는 길밖에 없을 것이다. 실제로 인도 전통에서 자이나 학파는 이런 해결책을 최선의 방식으로 간주했지만, 해탈을 업의 소멸을 통해서가 아니라 번뇌의 제거를 통해 달성하는 길을 택한 불교는 식물이나 작은 동물을 중생의 범주에 넣을 것인가의 문제를 의도적으로 배제함으로써 실용적인 방식으로 해결책을 모색했기 때문이다. 유기체 차원에서의 생명체 기준과 관련된 이러한 문제는 우리를 "궁극적으로 생명, 혹은 생명체란 무엇인가?"라는 물음으로 이끈다. 도킨스와의 논의를 회피할 수 없는 이유가 바로 그 때문이다.

유전자가 야기하는 장애물: 생명이란 무엇인가?

앞에서 보았듯이, 많은 생물학자들은 지구상에 존재하는 각각의 유기체들을 생명체로서 당연하게 받아들이고 있다.[31] 이 점에 있어서 불교 역시 예외가 아니다. 그 이유는 무엇일까? 도킨스는 그것을 이루는 물질들이 하나의 통합된 존재를 구성하고 있기 때문일 것이라고 추정한다. 만일 도킨스의 이러한 추정이 옳다면, 그가 제기하듯이, "**생명 물질**은 무엇 때문에 모여서 생명체를 구성하는지(why **living matter** groups itself into organisms in the first place?)"(403쪽, 원문 p. 237, 볼드체는 필자)라는 물음은 당연히 제기되어야 하며, 그 의미 역시 중요하다. 우리는 이미 이 물음에 대한 도킨스의 답을 잘 알고 있다. 유전자들은 생존을 위해 다른 유전자들과 군을 이루었고, 이렇게 이루어진 DNA는 자신들을 보호하고 후대에 전달하기 위한 수단으로서 생존 기계를 만들었는데, 그것이 우리가 생명체라고 일컫는 것이다. 그렇다면 그렇게 만들어진 기계가 생명체인가? 만일 그것이 생명체라면, 그 이유는 무엇인가? 만일 우리가 그것을 생명체로 간주하는 이유가 단지 그렇게 만들어진 기계가 하나의 통합된 존재를 이루고 있기 때문이리면, 필자는 도킨스가 그러한 입장을 더 이상 유지할 수 없을 것이라고 생각한다. 도킨스의 "확장된 표현형(the extended phenotype)"이 이때 결정적인 역할을 한다. 확장된 표현형을 간단히 설명하자면 다음과 같다.[32] 유전자의 차원에서 보자면, 생존 기계란 DNA를 구성하고 있는 일부 유전자들의 표현형의 집합이다. 그리고 그것은 생존 수단에 불과하다. 그런데 DNA를 구성하고 있는 유전자들이 자신들을 담고 있는 생존 기계 만을 수단으로 이용할 수 있는 것은 아니다. 다른 생존 기계들을 포함하여 세계에 존재하는 모든 것들을 이용할 수 있다. (이것이 "확장된 표현형"이다) 이는 곧 자신들이 만든 생존 기계가 다른 생존 기계에 들어있는 유전자들의 이용 수단이 될 수도 있다는 것을 의미한다. 이는 개별화의 원리가 단지 공간적인 의미 이외에는 어떤 본질적 의미도 갖지 않고 있음을 뜻한다. 도킨스가 좋은 유전자를 효과적인 생존 기계를 만들 수 있는 능력으로 특징지었다가 이를 포기한 이유가 바로 그 때문이다.[33] 따라서 도킨스가 옳다면, 각각의 유전자에게 있어 자기 자신을 제외한 모든 세계는 스스로의 생존을 위한 전쟁터이고, 자신을 제외한 모든 것은 단지 이용 수단에 불과하다. 그렇다면 유전자는 생명체인가? 비록 위의 인용문에서 도킨스가 복제자로서의 유전자를 생명 물질(living matter)이라고 칭하지만, 이 물음에 대한 도킨스의 입장은 다소 불명확하다. 왜냐하면, 한편으로 그는 그 질문에 관심이 없다고 하지만, 다른 한편으로는 유명론적인 태도를 강력하게 드러내기 때문이다. 따라서 필자는 과연 그가 위의 질문과 관련해서 자신의 입장을 명확하게 드러내고자 했는지 의심스럽다.[34] 어쨌든 위의 질문에 대한 그의 이러한 애매한 입장과는 무관하게, 우리가 일반적으로 이해하고 있는 생명체라는 개념은, 진화론에서 그 의미가 희미해지고 결국 사라질 수밖에 없거나, 혹은 임의적인 정의에 의해 규정될 수밖에 없을 것이다.

이렇게 보았을 때, 비록 불교에서 세계의 전개 과정은 엄격히 업의 법칙에 종속되는 것으로 설명되고 이 역시 목적론과 동떨어져 있다는 점에서 진화론적 사유와 유사하지만, 그 둘 사이의 가장 큰 차이는 역시 생명관에 있다. 이제 불교의 입장을 좀 더 알아보자.

앞서 보았듯이 도킨스의 논의는 우리가 각각의 유기체를 생명체로 간주하는 이유가 단지 그것을 구성하는 물질들이 하나의 통합된 존재를 이루고 있기 때문이라는 것을 전제로 한다. 그런데 이것이 사실일까? 앞서 보았듯이, 불교에서는 식의 포섭이 결정적이다. 그리고 우리가 일반적으로 유기체를 생명체로 간주하는 이유와 도킨스가 제시한 이유가 동일하다고 보이지 않는다. 이를 논하기 위해, 필자는 어쩔 수 없이 '인간'이라는 종에 한정해서 이야기를 진행할 수밖에 없을 것 같다. 도킨스가 부딪칠 수밖에 없는 어려움 가운데 그 자신이 거론한 두 가지를 고찰하도록 하자. 그 하나는 우리가 자의식과 자유의지를 가지고 있다는 것이다. 필자는 우리가 자신을 단일한 생명체로 간주하는 이유들 가운데 이것이 가장 중요하고 결정적인 이유라고 생각한다. 우리가 어떤 행동을 할 때, 우리는 그것이 이기적이든 이타적이든, 우리가 상황을 판단하고 결정을 내린 후 행동을 한다고 믿고 있다. 더욱이 우리가 이기적인 행동을 할 경우에, 그 수혜자는 우리 자신이지 우리 안에 존재하는 유전자라고 생각하지 않는다. 다른 하나는 우리가 유전자들의 의도에 직접적으로 반하는 행위를 한다는 것이다. 예를 들어 자살이나 낙태, 독신주의 등등.[35] 도킨스는 우리가 어떻게 그러한 자의식을 가지게 되었는지에 대해서 침묵으로 일관한다.[36] 도킨스는 두 번째 어려움을 문화적 유전자인 밈 (Meme)을 이끌어 들여 극복하고자 한다. 간단히 말하면, 그러한 행위가 생물학적인 유전자에 의해 일어나는 것은 아니지만, 제 2의 복제자인 밈에 의해 일어난다는 것이 그의 설명의 핵심이다. 그의 밈 이론을 이해하기 위해서는 그가 진화의 기본 단위로 간주하는 유전자의 단위에 대한 그의 입장을 간략하게나마 살펴보아야 한다. 그의 밈 이론은 유전자를 진화의 기본 단위로 하는 자신의 입장을 문화에 그대로 적용한 이론이기 때문이다.

사람의 세포핵에는 23쌍의 염색체가 이중 나선 구조를 이루고 있는데, 여기에 500만 개의 유전자 양에 해당하는 DNA가 있다. DNA의 구성요소는 A(adeninne: 아데닌), G(guanine: 구아닌), C(cytocine: 시토신), T(thymine: 티민)이라는 네 종류의 뉴클레오티드이다. DNA는 두 가지 중요한 일을 수행한다. 하나는 유사분열을 통한 자기 복제이며, 다른 하나는 다양한 종류의 단백질 분자들의 형성을 지휘하고 감독함으로써 신체 형성을 간접적으로 통제하는 설계도의 역할이다. 이 두 번째 역할과 관련해서 사용되는 중요한 용어가 바로 유전형과 표현형이라는 말이다. 눈의 색깔을 결정하는 유전자(유전형)와 눈의 색깔(표현형)이 간단한 예이다. 눈의 색깔을 결정하는 두 개의 유전자가 특정한 염색체 부위에서 쌍(대립 유전자)을 이루고 있는데, 이 두 유전자가 동일할 수도 있고 다를 수도 있다. 상이할 경우 그 중 하나가 표현될 수밖에 없는데, 이 때 표현된 것을 우성, 그렇지 않은 것을 열성 유전자라고 한다. 이러한 사실은 우리로 하여금 유전자 차원에서 모든 표현형들을 확정할 수 있는 가능성에 대한 희망을 품게 할 수 있다. 무엇보다도 단백질 분자 하나를 합성하는 메시지가 시작되는 지점과 끝나는 지점을 나타내는 표시가 존재하기 때문에, 그 두 지점 사이에 있는 뉴클레오티드들의 사슬을 (시스트론) 유전자의 한 단위로 간주할 수 있어 보인다. 그러나 실제 상황은 그렇게 간단하고 만만하지 않다. 그 이유는 유사분열만이 유일한 세포 분열이 아니기 때문이다. 성세포 분열 또한 존재하는데, 이것이 유전자 단위 문제를 복잡하게 만드는 원인이다. 유사분열의 경우 DNA가 그대로 정확하게 복제되며, 그 결과 신체를 이루는 거의 모든 세포에는 동일한 DNA가 들어 있다. 그러나 성세포 분열의 경우 사정이 다르다. 성세포 분열이 일어나면, 23쌍의 염색체로부터 23개의 염색체 한 줄이 형성된다. 그런데 각 쌍의 염색체로부터 상응하는 한 개의 염색체가 형성될 때, 크로싱 오버(crossing-over)가 일어나는데, 그 다양성이 무궁무진하다. 그리고 이 때 시스트론이 고정된 단위로서 존중되지 않는다는 것은 당연하다. 따라서 도킨스는 윌리엄스(George Williams)를 쫓아 유전자(단위)를 다음과 같이 정의 내린다.

"유전자는 잠재적으로 자연 선택의 단위로서 그 역할을 할 수 있을 만큼 긴 세대에 걸쳐 지속되는 염색체 물질의 일부로 정의된다."(도킨스 2006: 83; Dawkins 2006: 28.) "여기서 사용하고 있는 유전자라는 말은 수많은 세대까지도 존속되고, 많은 사본 형태로 되기에 충분한 작은 유전 단위를 뜻한다. 이것은 모두 있거나 모두 없다는 융통성 없는 정의가 아니라 이를테면 '크다' 또는 '늙다' 등의 정의처럼 경계가 불분명한 정의이다."(도킨스 2006: 89; Dawkins 2006: 32.)

이는 매우 유연한 정의로서 상황에 따라 실용적인 차원에서 유선사 단위를 임의로 (위의 조건을 충족시키는 한도 내에서) 책정할 수 있다는 것을 의미한다.

도킨스는 유전자 혹은 유전자 단위에 대한 이러한 정의와 그것을 진화의 기본 단위로 하는 진화론을 문화에 그대로 적용시킨다. 베토벤의 운명 교향곡을 예로 들어 설명해 보자.[37] 운명 교향곡 전체는 DNA에, 사용된 모든 종류의 음표는 뉴클레오티드로 이해될 수 있다. 각 악장은 염색체로, 그리고 각 악장의 주제, 소주제, 악구(phrase) 등등은 유전자 단위로 이해될 수 있다. 이 단위들, 혹은 교향곡 전체 혹은 악장이 하나의 유전자로 즉 밈으로 이해될 수 있느냐 아니냐는 단순히 그것들이 위의 정의에서 제시된 조건을 충족시키느냐 아니냐에 달려 있을 뿐이다. 교향곡 악보가 존재하고, 교향곡 악보를 기억하는 사람들이 존재하는 경우 (해석의 차이를 배제한다면) 교향곡 전체를 하나의 밈으로 간주하는 것이 가능하다. 모두 분실될 경우에, 우리가 기억하는 악장, 혹은 그 일부, 혹은 특정한 소절만이 살아남을 수 있다. 이것들이 전달되는 과정에서 변형이 일어날 수 있다는 것은 당연할 것이다.

도킨스는 이러한 설명을 음악뿐만 아니라 모든 종교를 포함한 모든 문화에 대한 설명에 적용시킨다. 따라서 인간의 문화는 이기적인 특성을 지닌 밈들의 각축장이며, 인간은 밈들이 자신들의 생존을 위해 이용하는 수단에 불과하다. 이러한 설명방식은 특히 문화를 인간의 독보적인 창조물로 간주하는 많은 사람들에게 지나치게 작위적이고 도식적인 설명이라는 느낌을 주며, 나아가 불신과 반감을 불러일으킬 수도 있을 것이다. 이 때문에, 우리는 과연 도킨스가 자신의 밈

이론을 진지하게 제기했는가 하는 질문을 던질 수 있다. 그 이유는 그가 1장에서 드러내는 태도 때문이다. 논란이 되는 문장은 다음과 같다.

"이 책은 흥미롭도록 의도했다. 그럼에도 불구하고 이 책에서 도덕을 이끌어 내려고 하는 사람이 있다면 하나의 경고로 다음 글을 읽어주기 바란다. 만약 당신이 나처럼 개개인이 공통의 이익을 향하여 관대하게 비이기적으로 협력할 수 있는 사회를 이룩하기를 원한다면 생물학적 본성으로부터 기대할 것은 거의 없다. 우리는 이기적으로 태어났다. 그러므로 관대함과 이타주의를 가르치도록 시도해 보자. 우리 자신의 이기적 유전자가 무엇을 하는 녀석인지 이해해 보자. 그러면 적어도 우리는 유전자의 의도를 뒤집을 기회를, 즉 다른 종이 결코 생각해 보지도 못했던 기회를 잡을지도 모른다.

관대함과 이타주의를 가르치는 것과 관련하여 논리적으로 말하면, 유전적으로 계승되는 특성을 고정되고 변경 불가능하다고 가정하는 것은 오류다(이 오류는 흔히 볼 수 있다). 우리의 유전자는 우리에게 이기적 행동을 하도록 지시할지 모르나 우리의 전 생애가 반드시 그 유전자를 따라야만 한다고 볼 수는 없다. 이러한 점을 고려할 때 확실히 이타주의를 배우는 것은 유전적으로 이타적 행동을 하도록 프로그램이 만들어져 있는 경우보다 훨씬 어려울 것이다.

인간만이 학습되고 전승되어 온 문화에 영향을 받고 지배를 받는다. …만일 유전자가 현대인의 행동 결정에 아무런 관계가 없다는 것을 알았다고 할지라도, 그리고 우리기 실제로 동물계에서 특이한 존재임을 알았다고 할지라도 최근에 인간이 예외로 됐다는 그 규칙에 대해 아는 것은 여전히 흥미로운 일이다. 또한 우리 종이 우리가 생각하고 싶은 만큼 그렇게 예외적이 아니라면 그 규칙을 배워야 하는 것은 더욱 중요하다."[38]

근래 도킨스의 『이기적 유전자』처럼 많은 논란을 불러온 책은 아마 거의 없을 것이다. 따라서 위의 주장을 진심으로 받아들일지 혹은 정치적인 발언으로 받아들일지는 독자들의 권리일 것이다. 그러나 여기서 필자는 우리가 불교도이든, 유물론자이든, 진화론자이든 아니든, 그의 책에서 배울 것이 있다고 생각하고 그것에 주목할 것이다. 이는 곧 도킨스의 위의 주장을 곧이곧대로 받아들인다는 입장의 표명이기도 하다. 우리가 위의 입장을 진심으로 받아들인다면, 밈에 대한 그의 설명을 긍정적으로 해석할 길이 열린다. 이를 간단히 요약하자면 다음과 같다. 만일 도킨스의 주장대로 우리의 문화, 즉 종교나 이념, 예술 등등이 우리가 처한 생물학적인 본성으로부터 우리를 해방시켜주는 수단이라면, 그것은 우리를 좋은 사회를 구축하도록 이끌어 가야 할 것이다. 그렇지만 인류 역사가 보여주듯이 우리가 그렇게 하지 못하거나 하지 않을 경우, 우리는 스스로 자의식이나 자유의지를 지닌 존재라는 것을 부정하는 것이다. 왜냐하면 그 경우 우리는 생물학적인 유전자와 동일한 본성을 지닌 제 2의 유전자에 의해 지배되고 있는 것이기 때문이다. 필자는 우리 불자들이 도킨스의 이러한 경고와 충언을 진지하게 받아들여야 한다고 믿는다. 불교가 추구하는 길 역시 생물학적 본성과 문화적 억압으로부터 벗어나는 것이기 때문이다.

이타성과 불교 윤리

일반적으로 진화론은 규범윤리학과 양립할 수 없어 보인다. 냉혹한 자연선택을 변할 수 없는 경험적 사실로 받아들이는 진화론의 기본 관점에서 볼 때 도덕과 선의 형이상학적 또는 직관적 근거는 철저히 부정되는 듯이 보인다. 도덕의 기원을 사람들이 느끼는 보편적 규범에서 찾으며 이런 규범은 인간에게 선천적으로 자명한 것으로 주어져 있다고 보는 규범 윤리학과는 달리 진화론의 방식으로 도덕 현상을 설명하려는 사람에게 그러한 보편적이고 직관적인 규범이란 사람들에게 생존에 유리한 방식으로 선천적으로 프로그램되어 있는 것에 불과한 것이다. 〈동물의 세계〉에서 보듯이 생명체의 세계는 자기 생존을 위한 끝없는 투쟁의 드라마를 보여주며, 여기에 타인의 행복을 위한 윤리적 행위의 근거는 찾아볼 수 없는 것처럼 보인다. 그렇지만 몇몇 사회적 곤충들에게 전체를 위한 자기 희생이 행해지고 있다. 실제로 다윈의 진화론에서 가장 큰 문제의 하나는 바로 이런 곤충들에게 나타나는 자기 희생이나 이타주의를 설명하는 일이었다. 자기 존속과 번식을 위해 진화한다는 진화론의 이론적 전제 하에서 일벌과 개미 집단에서 관찰되는 이타적 행위들은 설명되기 어려운 현상이었다.[39] 초기 동물학자들은 이를 '집단선택설'로 설명하고자 했지만, 도킨스는 설사 동물들에게 자애와 배려, 나아가 자기희생 등의 이타적 행위가 보일지라도 그것은 실제적으로 유전자 차원에서 보았을 때 유전자의 '이기적'인 자기 존속과 연결하여 보다 잘 해명될 수 있다고 주장한다. 그는 개체 차원에서의 이타성과 유전자 차원에서의 이기성의 예로 벌침을 쏘는 일벌과 경계음을 내어 동료들을 위험에서 구하는 새의 경우를 들어 설명하고 있다. 침입자를 침으로 쏘는 일벌은 그로 인해 자신은 죽게 되지만 집단을 보호하는 역할을 한다는 점에서 기존의 동물학자들에 의해 이타적 행위로 간주되었지만, 도킨스는 이런 현상을 집단 선택으로 설명하지 않고 유전자 차원에서 근친도(relatedness)라는 개념을 통해서도 설득력있게 설명될 수 있음을 보여주었다.[40]

그의 설명에 의거할 때, 고귀한 것처럼 보이는 이타성조차 실은 유전자의 자기생존을 위해 위장된 전술에 불과한 것이라는 메시지가 피할 수 없는 '사실'로 다가온다. 특히 동물의 일원으로서의 인간이나 인간 사회도 적자생존의 방식으로부터 벗어날 수 없다는 스펜서류의 사회진화론적 해석은 인간을 도덕적으로 무장 해제시키고 있는 듯하다. 더구나 모든 행위의 근본적 동기를 유전자로 환원시키는 분자생물학의 입장에 서 있는 도킨스를 읽고 있노라면 개체의 존재 이유와 도덕성, 공동체 사회와 문화의 중요성은 퇴색해지고 무가치해 보이기까지 한 인상을 받게 되기도 한다.

도킨스 자신도 이러한 문제를 자각하고 있었던 것으로 보인다. 왜냐하면 그는 『이기적 유전자』를 읽고 난 후 삶의 의미와 목적에 대해 절망감을 느낀 독자들이 그에게 보낸 편지의 내용을 서문에서 소개하고 있기 때문이다. 그에게 편지를 보낸 독자처럼 이 책이 주는 "냉혹하고 암울한 메시지"와 "허무하고 목적이 없는 인생"에서 그럼에도 불구하고 "어떻게 아침마다 아무 일 없다는 듯이 참고 일어날 수 있는지" 물을 수 있을 것이다. 이에 대한 도킨스의 대답은 '진화'는 우리가 그것을 원하건 원하지 않건 진실이라는 것이다. 여기서 우리는 아마 진화가 진실이라고 그가 제시하는 자료가 사실은 그의 해석에 지나지 않는다고 비판할 수 있을 것이다. 하지만 이 문제는 너무 본고의 주제를 벗어나기에 여기서 다루지 않겠다. 우리의 주제와 관련해서 중요한 사실은 그가 과학적 사실과 일상적 삶의 가치를 느끼는 것을 전혀 별개로 간주하고 있다는 점이다. 이 생물 세계의 자연법칙이 비록 냉혹하다고 해도 우리가 의미를 부여하고 구축하고 있는 현실적 삶의 세계가 그 때문에 냉혹해지고 잔인해져야 한다는 것을 의미하는 것은 아니다. 오히려 그 때문에 우리의 "친밀하고 따뜻한" 행위가 삶의 의미를 만들어나가기 위해 더욱 필요한 것이라는 사실을 그는 지적하고 있다. 앞에서도 문화적 유전자인 '밈(meme)'을 다룰 때에 우리는 그의 이러한 태도를 비판적 문제 의식으로 해석했지만, 여하튼 이것은 다윈의 본래의 의도와 동떨어진 것은 아니다. 실제 다윈도 일상 생활에서 자애와 박애를 강조했던 휴머니스트가 아니었던가? 이제 우리는 이러한 도킨스의 '이기적' 유전자 중심적 관점에서 어떻게 이타적 행위가 가능한가를 고찰해 보고, 나아가 이것이 불교 이론의 틀 속에서 어떻게 해석될 여지가 있는지를 알아보자.

비록 도킨스가 개체의 행위의 궁극적 목적을 유전자로 환원시킨다고 해도 그는 현대의 일부 생물학자들이 주장하는 것처럼 후에 개체에게 나타날 모든 정보가 이미 유전자 속에 내재해 있고 그것에 의해 개체의 행동이 결정된다고 믿는 유전자 결정론에 서 있는 것이 아니다. 유전자 결정론에 따르면 "인간의 모든 겉모습, 행동, 질병 및 기질은 유전자에 의해 결정된다." 이런 입장에 서 있다면 "인간을 구성하는 모든 요인이 유전자에 의해 결정되므로, 인간을 복합 기계로 간주할 논리적 가능성이 생긴다."[41] 하지만 위에서 우리는 인문 세계의 복합성이 단순히 유전자의 관점에서 설명되기 어려움을 보았고 이에 따라 도킨스가 문화적 유전자를 도입하고 있음을 보았다. 그와 같이 과학의 설명 구조와 삶의 세계가 분리되듯이 그의 관점에서 개체가 유전자의 명령에 직접적으로 종속되지 않고 다른 형이상학이나 윤리적 방식으로 행동하는 것은 전적으로 가능한 일이다. 왜냐하면 유전자 차원에서 개체는 도킨스가 부르듯 '생존 기계(survival machine)'라는 의미에서 오직 유전자의 생존과 복제라는 관심에 의해 전적으로 지배된다고 해도 개체의 차원에서 유전자가 영향을 미칠 수 없는 것들이 있을 수 있기 때문이다. 예를 들어 고등한 생명체에게 생명의 존속을 위해 선택해야 하는 상황은 매 순간 일어나게 된다. 그런데 이 모든 상황을 유전자에게 보고한 후에 행동할 수는 없기 때문이다. 이러한 개체의 독립적 행위는 개체의 생존, 나아가 유전자 자신의 생존에 더 효과적이기 때문에 그런 것이지만, 여기서 시간적 간격 때문에 유전자의 명령으로부터 독립해서 행동할 수 있는 자유영역도 개체에게 확보되는 것이다. 물론 도킨스는 개체의 윤리적 행동 방식의 배후에는 유전자의 생존이라는 '이기적' 목적이 있다고 해석하지만, 중립적으로 말하자면 그의 환원주의적 해석에도 자연주의적 오류가 없다고 보기는 어려울 것이다. 여하튼 비록 유전자의 목적이 생존과 자기 번식에 있다고 해도 유전자와 개체 사이의 간격으로 말미암아 개체의 차원에서 이타적 행위나 자기희생적 행위도 가능한 것이다. 이러한 방식으로 도킨스를 이해한다면 그의 입장은 개체 차원에서의 이타성과 자비의 문제를 논의하는 불교의 관점과 충돌하지 않는다고 보인다.

  필자는 이타성과 불교 윤리에 대한 고찰을 업종자와 개체로서의 식의 관계에 대한 고찰을 통해 수행하고자 한다. 위에서 필자는 불교의 관점에서 볼 때 DNA는 신체에 펴져 있으면서 생명체의 신체적 조건이나 생존의 조건 등을 규정하는 역할을 한다는 점에서 업종자로 간주될 수 있다고 해석했다. 그런데 우리는 일부 학자들이 DNA를 결정론적으로 해석하여 불필요하고 소모적인 논쟁을 불러일으켰다는 점을 잘 알고 있다. 더욱이 DNA는 이기적인 유전자들이 모여 이루어진 것이다. 따라서 유전자들의 이기성과 업이 함께 연상되면, 업과 관련해서도 동일한, 불필요하고 소모적인 논쟁이 일어날 수 있다. 따라서 이타성에 앞서 불교가 어떻게 결정론적 해석으로부터 자유로울 수 있는지를 밝히는 것은 중요할 것이다. 필자가 이타성과 불교 윤리에 대한 고찰을 업종자와 개체로서의 식의 관계에 대한 고찰을 통해 수행하고자 하는 이유는 이 작업이 이타성의 문제뿐만 아니라 불교가 어떻게 결정론적 해석으로부터 자유로울 수 있는지를 함께 밝혀줄 수 있다고 생각하기 때문이다.

  앞에서 설명했듯이, 업종자는 일반적으로 현존재의 조건을 구성하는 역할을 한다. 다시 말해서, 업종자는 식에 의해 운반되는 것으로 재생의 순간에 새로운 존재의 심적-물질적 조건을 결정하는 역할을 한다. 이때 모든 종류의 잠재적 업이 현실화되는 것이 아니라 어떤 특정한 업만이 새로운 재생의 형태에 맞는 방식으로 현실적으로 구성된다고 하는 점을 이해하는 것이 중요하다. 왜냐하면 불교에서는 윤회가 시작도 없고 끝도 없다는 것을 전제하며, 따라서 모든 존재도 해탈하지 못하는 한 과거의 무한한 업을 자체 속에 포함하면서 각각의 업에 맞는 방식으로 재생의 형태[42]를 취하기 때문이다. 따라서 어떤 존재가 업에 의해 인도되어 재생 형태 속으로 들어올 때, 그 존재가 행했던 업 중에서 어떤 업이 주도적인 것으로 작용하여 현생의 재생 형태를 규정하는 힘으로 되는 것이고, 그렇지 않은 업들은 조건이 형성될 때까지 잠재되어 있는 것이다. 이런 점에서 업의 복합체 중에서 어떤 특정한 표현형이 구현되고 다른 대립 형질은 잠재된 채 업종자의 형태로서 존재한다고 말할 수 있다.

이와 같이 유전자와 비교되는 업의 역할은 재생 형태 등을 결정하는 데 중요한 역할을 하지만, 그 자체가 '이기적'인 것만으로 구성된 것은 아니다. 도덕적인 측면에서 욕계에 살고 있는 존재에게 어느 정도 이기적이고 불선(不善)한 요소가 구체적 표현형으로서 나타나고 있기는 하지만, 그것은 동시에 '이타적' 요소도 잠재적으로 포함하고 있는 복합체인 것이다. 또한 자기 존속과 복제성이 유전자의 '이기적' 본성이라고 한다면, 어떤 점에서 그것은 업의 존속성의 측면과 등치시킬 수 있을 것이다. 업은 "그것이 결과를 낳을 때까지" 소멸하면 안 되기 때문에, 업종자 역시 자기의 힘을 보존해야 하며 또 개체성의 중심인, 유전하는 알라야식의 성격에 맞게 '복제'되어야 하는 것이다. 이와 같이 업종자는 미래에 재생에서 구체적 형태로서 표현될 때까지 알라야식의 지속적 흐름 속에 존속해야 한다. 그렇지만, 주의할 점은 그렇다고 개체의 모든 행위의 의미나 목적이 업종자로 환원되거나 또는 업이나 업종자가 개체의 행동과 판단에 전적이고 결정론적인 영향을 미치는 것은 아니라는 점이다. 불교에 따르면 업이란 단지 심작용의 조건을 이루는 역할을 수행할 뿐이다. 현실적인 표현형으로서의 업이건 아니면 잠재적인 힘으로서의 업종자이건, 개체의 행동의 의미가 그것들로 환원될 수는 없으며, 개체의 행동을 결정하는 힘은 전적으로 그의 심작용에서 나오는 것이다. 개인의 의식의 흐름 속에서 다양한 성질의 심작용이 가능하다는 점과 어떤 종류의 심작용을 일으키는가 하는 것은 개체의 선택에 달려 있다고 보는 점에서 흔히 오해되고 있듯이, 업에 대한 결정론적 해석이 개입할 여지는 없다.

  이와 같이 업이 단지 조건을 형성하고 있는 데 비해, 이기성이나 이타성은 개체의 차원에서, 즉 업에 의해 조건지어진 물질적-심리적 요소로서 구성된 현존재의 차원에서 나타난다. 현존재에서 식의 차원은 유식학에 따르면 잠재적인 지속체로서의 알라야식과 현상적인 의식작용으로서의 전식(轉識)으로 대분되고 있는데, 바로 이러한 이중구조로서의 식이 도덕적이고 정신적 행위가 수행되는 장(場)인 것이다. 물론 현존재의 식은 많은 부분, 염오된 업을 통해 조건지어지고 있기 때문에 '이기적' 본성을 가진 것으로서 여겨지지만, 그것이 결정론적 방식으로 이해되는 것은 아니다. 왜냐하면 식의 흐름 속에 아직 표현되지 않은 잠재태로서의 종자가 무수히 포함되어 있고 이것이 어떠한 심작용에 의해 촉발되어 현실화될 가능성도 항시 열려 있기 때문에, 식은 정신적 청정성이 획득되는 장(場)으로서의 역할도 하는 것이다. 그리고 업종자와 식이 결정론적 해석을 넘어서는 이유는 바로 양자의 관계가 일면적이 아니라 상호적이라는 데 있다. 전통적인 유식학의 용어를 사용하여 알라야식과 전식의 상호작용을 표현하면 '종자생현행(種子生現行)', '현행훈종자(現行熏種子)'의 이중 관계가 된다. 그 의미는 알라야식 속에 저장된 업의 종자가 현실화된 의식 작용으로 산출될 수 있고, 동시에 의식 작용은 그것에 의해 산출된 업의 종자를 다시 알라야식 속에 저장한다는 것이다. 이는 유전자와 그에 의해 원격 조정되는 '생존 기계'로서의 개체라는 도킨스적 의미에서의 일방 관계가 아니라 개체와 업종자가 동시에 상호작용하는 쌍방 관계라는 것이다.

업종자와 식, 또는 유전자와 개체 사이의 상호작용의 의미는 그것이 불교에서 단순히 이론이 아니라 구제론이라는 점을 고려할 때 확연해진다. 이 때 중요한 것은 이기성의 심리적 메커니즘의 이해와 그 극복이다. 그리고 그 극복은 유전자나 업종자에서 시작될 수는 없기 때문에 개체 차원에서 시작되어야 할 것이다.『섭대승론』(MSg I. 58)은 알라야식이 **아견**(我見, ātmadṛṣṭi)★, 즉 '이기적'인 의미에서 자아의 식에 의해 훈습(熏習)되고 있다고 말함으로써 개체의 차원에서 자아중심적 인식이 윤회의 핵심적인 역할을 한다고 간주한다. 그리고 다른 개소에서 이러한 아견의 본질은 바로 자신과 타인을 구분하는 데 있다[43]고 말함으로써, 불교에서 개체의 자아중심성을 극복하기 위해 무엇이 요청되는지를 보여준다. 그것은 개체의 존속이라는 '이기성'의 차원을 이타성의 차원으로 바꾸어 놓는 것이다. 그렇다면 구제론으로서의 불교에게 실천적 측면에서 중요한 것은 어떻게 자아의식과 밀접하게 연결되어 있는 '이기성'을 극복하고 이타성을 구현할 수 있는가 하는 점에 있을 것이다. 불교, 특히 대승불교에서 이러한 이기성의 극복은 자아의 비본질성에 대한 통찰로서의 **공성**(空性, śūnyatā)★의 인식과 연결되며, 이타성의 함양은 대비(大悲, mahākaruṇā)와 관련되기 때문에, 이하에서는 공성과 대비의 문제를 간략하게나마 서술하겠다.

붓다의 최초의 설법인 『초전법륜경』에서는 **갈애**(渴愛)★가 윤회의 근본적 원인이라고 하여 정서적 측면과 관계있는 욕망이 중시되는데 비해, 대승불교에서는 아견이 일반적으로 그 역할을 대체하고 있다. 자신을 어떤 것과 동일시하려는 심리적 요소로서의 아만(我慢, asmimāna)이 아견과 함께 언급되는 경우도 있지만, 이것도 넓은 의미에서 아견에 근거하는 것이기 때문에 대승불교에서는 궁극적으로 아견이 문제되는 것이다. 아견이란 '자신이 존재한다'고 보는 견해로서 불교의 핵심이론인 무아(無我)의 메시지와 정면으로 충돌하는 관념이다. 무아를 자아의 비존재라고 본다면 무아를 철저히 인식할 때 바로 자아중심성이 해체되고 극복될 수 있으리라는 것은 확실할 것이다. 자아 관념의 해체가 무아이듯이, 우리가 실체적 존재라고 간주했던 어떤 것의 비존재가 바로 공이라는 점에서 무아와 공성의 인식은 서로 통한다. 따라서 불교에서 이기심의 근원적 제거는 공성의 인식을 통해 비로소 가능하다고 말할 수 있다.

그런데 불교 사상사에서 무아의 교설은 항시 동일한 것이 아니다. 그 내용과 그것을 명상하는 방식도 학파에 따라 다르다. 특히 우리가 소승(小乘)이라고 부르는 부파불교와 대승불교 사이에는 커다란 이해의 차이가 있다. 전통적으로 그 차이를 부파의 경우 **인무아**(人無我, pudgalanairātmya)★로, 대승의 경우 **법무아**(法無我, dharmanairātmya)★로 부르고 있으며, 이들 각각은 아공(我空)과 법공(法空)에 대응하고 있다. 인무아란 자아를 구성하고 있는 5종의 구성요소, 즉 **오온**★은 존재하고 있지만 이들 오온이 모여 형성된 **개아**★는 명칭적 존재에 불과하고 진실로는 존재하고 있지 않다는 설명이다. 유명한 『나선비구경』의 말대로 수레를 구성하고 있는 요소들은 존재하지만 수레는 명칭적 존재에 불과하듯이. 게이는 명칭일 뿐이며 다만 개아를 구성하는 요소들만이 실재하는 것이다. 반면에 법무아의 관점에 따르면 개아를 구성하는 요소들 역시 실체적 존재라고 말할 수 없는 것이다. 왜냐하면 실체라고 한다면 그것들은 자족적인 성질을 갖고 있어야만 하고 또 다른 것에 의존해서 생겨나는 것, 즉 연기적인 존재로 간주될 수는 없기 때문이다. 그렇지만 이들 요소들이 자족적이지도 못하고 또 연기적 존재라는 것은 명확하기 때문에 그것들도 궁극적 의미에서 '공'한 것이다.

이들 두 가지 방식은 이기적 자아중심성을 해체하는데 있어 모두 나름대로의 특색을 갖고 있다. 먼저 인무아의 방식을 보자. 이것은 수레의 비유에서도 나타나듯이 전형적인 환원의 방식을 사용하여 우리가 일상적으로 존재한다고 믿는 자아를 부정하면서 실재하는 것을 오온으로 환원시키는 방식이다. 이 방식에 따르면 환원되기 이전의 존재는 진정으로 존재하는 것이 아니다. 이런 환원적 이해가 불교의 실천 수행에서 보여주는 효과에 대해서는 충분히 납득할 수 있지만,[44] 문제는 개체로서의 존재를 이런 환원적 방식에 의해 이해하는 것이 과연 윤리학적 측면에서 어떤 기능을 할 것인가 하는 점이다. 그것은 지나치게 소극적인 방식이 아닌가 하는 의문이 제기될 수 있다. 서양철학사에서도 로크와 흄이 이와 비슷한 환원방식을 사용하고 있다고 보이는데, 이 방식이 가진 윤리적 효과에 대해 파핏(Derek Parfit)은 다음과 같이 옹호하고 있다.

"이 진실은 우리를 우울하게 하는가? 몇 사람들에게는 그럴지도 모른다. 하지만 나는 그것이 해탈적인 것이며 위로를 준다고 생각한다. 나의 존재가 이러저러한 사실일 뿐이라고 믿는다면 나는 자신 속에 감금된 것처럼 보인다. 나의 생은 유리 터널과 같은 것으로, 나는 그 안을 매년 빨리 지나가지만 그 끝에는 어둠만이 있을 것이다. 내가 관점을 바꾼다면 유리로 된 터널의 벽은 사라질 것이다. 자! 나는 열린 공간에 살고 있다. 나의 삶과 타인의 삶 사이에는 아직 차이가 있지만 그 차이는 미약하다. 타인이 점차 친밀하게 된다. 나는 나의 삶의 남은 부분에 대해 덜 근심하며, 타인의 삶에 대해 더욱 관심을 갖게 된다."[45]

파핏은 이런 환원 방식이 비록 소극적인 것처럼 보이지만 그럼에도 불구하고 공동체적 의식으로 확장될 수 있고, 인간을 자기 자신만의 폐쇄된 세계가 아닌 자타에게 열린 세계로 인도할 수 있음을 보여준다고 주장한다. 그것은 시더리츠(Mark Siderits)가 언급하고 있는 것처럼[46] 불교에서 개아를 단순한 구성요소인 오온으로 환원하는 방식과 매우 흡사하다. 아마 우리의 현존재가 소멸한다고 하더라도 그 구성요소인 오온은 존재한다고 믿는다면, 비록 그 오온과 우리의 자아 존재를 동일시할 수는 없다고 하더라도 어떤 점에서 우리의 고통이나 절망감은 한결 누그러질 것이다. 아니, 동일하게 고통받는 다른 존재들에 대한 순수한 연민과 관심이 생겨날 수도 있을 것이다.

그렇지만 앞에서 보았듯이 환원적 방식은 이들 요소들이 실체적으로 존재하고 있다는 사실에 의거하고 있으며, 실체성 관념은 쉽사리 오온을 자아와 동일시하는 경향으로 변질되기 쉽다. 나아가 개체가 부분으로 환원되는, 이런 소극적인 환원 방식만으로는 존재의 심층의 깊숙한 곳에 뿌리박고 있는 잠재적인 자아의식을 제거하기에

역부족일 뿐 이니라 직극직인 의미에서 모든 존재들에 대한 부차별적인 이타성을 실현하기에는 부족하다고 보는 사람들이 나타났다. 그들은 스스로를 '대승'이라고 부르면서, 자신들은 이런 환원적 방식에 의거하지 않으며 '소승'들이 실체라고 간주했던 이들 요소조차 본질적인 면에서 비존재한다고 주장했다. 이것이 바로 법무아의 의미이다. 왜냐하면 실체란 모든 면에서 자족적이며 자기원인적인 존재라는 점을 전제하지만, 이 세계의 모든 요소는 다른 것에 의해 조건 지어져서 생겨나는 연기적 존재에 불과한 것이기 때문이다. 그렇다면 어떤 점에서 이런 법무아의 인식이 환원적 방식이 제공하는 "타인의 삶에 대한 관심"을 넘어 보다 넓은 지평에서 이타성을 실현시킬 수 있는 것인가?

대승에 따르면 보다 확대되고 심화된 이타성의 실현은 오온이나 현상적인 존재가 자체적으로 불변하는 존재성을 갖고 있지 않기에, 즉 법무아이기 때문에 가능한 것이다. 이런 법무아의 인식 위에서 모든 번뇌의 근원인 자아의식이 발붙일 여지는 조금도 없을 것이다. **공성***과 법무아가 어떻게 타인에 대한 연민과 관심으로 발전하는가를 인도 불교가 낳은 가장 위대한 불교시인인 샨티데바(寂天, śāntideva)는 그의 주옥같은 시집 『입보리행론』에서 다음과 같이 노래하고 있다.[47]

> 먼저 자타의 평등성을 관찰해야 하느니
> 누구나 행복을 원하고 고통을 피하려 한다는 점에서 같기 때문에,
> 자신을 보호하듯 타인을 보호해야 한다네. (BCA 8.90)
>
> 그러므로 나는 타인의 고통을 없애야 하네.

그것이 나의 고통과 차이가 없기 때문이네.
나는 타인에게 행복을 주어야 하네.
그들도 나와 같은 존재이기 때문이라네. (BCA 8.94)

만일 고통을 겪는 주체가 없다면
나의 고통과 타인의 고통이 어찌 다르겠는가?
고통은 어디까지 고통일 뿐이기에
구별하지 말고 모든 고통을 없애야 한다네. (BCA 8.102)

자아란 없는 이 몸에 대해 관습적으로 자아의 관념이 일어나듯이
왜 [상응하는] 관습을 통해 타인에 대해서도
[그들이] 자아라는 [관념]을 일으키지 않는가? (BCA 8.115)

첫 번째 게송이 말하듯이 타인에 대한 연민심은 그들이 자신과 본질적인 면에서 하등 차이가 없다는 인식을 통해 나오는 것이다. 평등성이 곧 공성의 다른 의미라고 본다면 연민심은 모든 존재의 본질적인 평등성에 근거하고 있음을 알 수 있다. 이 점에서 이타성의 실현은 일상적 차원이나 또는 '맘' 차원의 해석을 넘어서는 것이다. 이것이 불교에서 말하는 구제와 해탈의 본래적 의미이지 선민의식에 의거한 타인의 구제는 결국 차별의식에 의거한 행위일 뿐이며 그런 한에서 불교에서 말하는 대비심과는 거리가 있는 것이다.

이에 비해 두 번째 게송은 이런 연민심이 도덕적 황금률에 의거해 있음을 보여준다. 황금률이란 소극적으로 표현하면 "네가 원하지 않는 것을 타인에게도 베풀지 말라."이며, 적극적으로 표현하면 "네가

원하는 대로 타인에게 행하라."라는 준칙이다. 여기서 무아에 입각한 설명과는 달리 자신과 타인이라는 일상적 차원의 구분이 이루어지고 있다. 그 이유는 초기 불교 윤리의 특색을 이루는 초연성의 이상 대신에 현실 차원에서의 대승의 보살 윤리를 통한 적극적인 중생 구제가 의도되고 있기 때문일 것이다.

반면 세 번째 게송에서 고통의 제거와 관련해 무아의 입장이 제시되고 있다. 이 몸을 자세히 분석해 보면 여기에 자아 관념과 연결시킬만한 어떤 것도 없음을 알게 되기 때문에, 샨티데바는 다만 주인 없는 고통만이 있을 뿐이며 따라서 그것을 제거하거나 없애려고 할 때 그것이 나의 고통인지 아니면 타인의 고통인지를 구별할 근거가 없다고 지적한다. 하지만 여기서 고통을 제거해야 할 필요성에 대해 말하고 있지 고통 자체가 없다고 하지 않는 점에 주목하자. 만일 고통 자체가 없다고 말한다면 그것은 승의적인 진술일지는 몰라도 보살행의 포기에 다름아니기 때문이다.

마지막 게송은 자아관념을 타인에게로 확대하여 이타행의 실천을 지향하고 있다는 점에서 주목된다. 무아설에 의거한 불교에서의 자아 의식은 주로 부정적 함축성을 가지고 있지만 여기서의 자아 관념은 적극적인 의미에서 사용되고 있으며, 어떤 점에서 황금률을 적극적으로 표현하는 연장선상에서의 설명 방식이라고 말할 수도 있다. 여하튼 이는 모든 중생에게 자아라는 지위를 부여함에 의해 자신을 그와 동일시하고 이에 근거하여 이타행의 실천을 가장 적극적인 차원에서 계발시키려는 것이다. 그럼으로써 그런 행위가 일상적 관습으로 되도록 유도하는 것이라고 보인다.

위에서 우리는 아견(我見)의 본질이 자신과 타인의 구별에 놓여 있다고 하는 『섭대승론』의 설명에서 시작하여 불교에서 어떻게 자아의식을 극복하고 타인에 대한 연민과 대비심을 계발시킬 수 있는지를 보았다. 중요한 것은 불교에서 자아의식은 환영이라고 간주되고 있다는 점이다. 자신을 DNA와 동일시하건 아니면 신체와 동일시하건 그러한 자아의식은 실재와 대응하는 것이 아니며 단지 우리의 욕망과 무지에 의해 투사된 것일 따름이다. 투사된 대상을 실재라고 믿고 집착하는 한, 우리는 자아라는 감옥에서 벗어나 타인과 세계의 열린 지평으로 나아갈 수 없는 것이다. 위에서 샨티데바를 인용해서 보여주었듯이 그러한 이타적 태도를 함양시키는 방식은 다양할 것이다. 평등심을 통해서, 황금률에 입각해서, 또는 무아의 인식을 통해서도 가능할 것이다.

맺는 말

불교는 마음이건 물질이건 모든 것은 끊임없이 변화한다는 사실을 가장 기본적인 진리로서 받아들이고 있으며, 그 중에서 특히 마음의 변화 과정에 대해서는 무엇보다 관심을 갖고 관찰하고 있다. 하지만 신체를 제외하고 물질 세계가 구체적으로 변화해 가는가의 양태에 대해서는 거의 논의하고 있지 않다. 이는 물질 자체에 대한 무관심에서가 아니라 물질에 대한 탐착을 여의고자 하는 불교의 기본적인 정신적 태도에 기인할 것이다. 물질이나 외부의 대상 세계 자체가 불교의 관심사가 된 적은 결코 없었다. 동물의 다양함 자체에 대한 불교의 기술이나 탐구가 드문 것도 이러한 불교의 근본적인 태도 때문일 것이다.

　이런 점에서 생명체와 종의 다양성의 이유를 탐구하는 진화론과 불교 사이에는 큰 차이점도 존재한다. 학문적 관점에서 그 차이를 논하자면 불교는 생명의 다양성을 인정하면서도 진화론처럼 그 다양함이 어떤 과정을 거쳐 나왔는지에 대해서는 관심을 갖지 않는다. 다만 현존하는 생명체, 특히 동물의 먹고 먹히는 자연 세계의 비정함에 대해 관찰하고 있을 뿐이다. 반면, 진화론은 역으로 그 과정에 대해서는 설명하지만 생명체, 특히 인간이 어떻게 의식과 자유의지를 갖고 있는지는 설명하지 못하며, 따라서 도덕적, 정신적 심성을 강화함을 통해 생물학적 본성을 극복할 수 있는 방법이나 가능성을 설명하는 데 한계를 갖는다. 그렇지만 이 글에서는 이런 기본적 차이점을 전제하면서도 불교가 가진 과학에 대한 개방적이고 수용적 태도에 비추어 진화론의 어떤 점과 양립할 수 있으며, 어떤 점과는 양립할 수 없는지를 논의하고자 했다. 또 양립할 여지가 있다고 해도 그 한계는 무엇인지를 보여주고자 했다.

　불교가 진화론과 가장 다른 점은 불교가 현상 세계를 설명하는 데 있어 심-신 이원론을 절대로 버릴 수 없다는 점이다. 또 다른 차이점은 불교가 모든 존재의 구원을 목표로 하는 형이상학적 목표를 갖고 있다는 점이다. 진화론에서 획득 형질은 유전되지 않는다고 믿지만, 만일 수행을 통해 획득된 상태가 유전되지 않는다면 이는 모든 종교와 윤리적 행위에 있어 치명적인 것이 될 것이다. 이 글에서는 이런 두 가지 차이를 전제하면서 세 가지 점에서 도킨스의 『이기적 유전자』에 나오는 설명을 불교, 특히 유식학 이론과의 비교를 시도해 보았다. (1) 최초의 생명의 탄생에 대한 진화론의 추정과 이에 대응하는 불교경전의 논의, (2) 유전자의 역할과 그에 대응하는 불교 이론의 함축적 설명 및 그 의미, (3) 이타성의 문제와 불교 윤리이다. 불교사상의 다양한 측면은 물론 현대의 진화론이 제시하는 다양한 해석들과 그것이 의거하는 풍부한 자료를 제대로 소개하지도 또 소화하지 못한 것은 이 글의 한계이지만, 이들 세 가지 점에 대한 논의를 통해 불교와 진화론 사이의 공통점과 차이점이 조금이라도 명확해졌다면 다행일 것이다.

1　본고는 다윈 탄생 200주년과 『종의 기원』 출판 150주년을 기념하여 불교와 진화론의 관계를 모색하기 위해 2009년 11월 27일 개최된 〈붓다와 다윈의 만남-진화론과 연기론의 학술적 조명〉이라는 학술대회에서 발표된 원고에 기초하여 작성되었다. 본고의 초고를 읽어주고 특히 도킨스의 『이기적 유전자』 내용의 세세한 점에 이르기까지 많은 유익한 지적과 조언을 아끼지 않은 원석영 박사께 진심으로 감사의 마음을 전한다. 아울러 본고가 가진 문제점과 한계를 지적해 주신 김성철 교수, 우희종 교수, 한형조 교수께도 감사드린다. 본고의 내용은 『한국불교학』 56집(2010. 02)에 실린 「진화론과 불교사상의 접점: 『이기적 유전자』와 업종자를 중심으로」와 많은 부분 겹친다는 점을 밝혀둔다.

2　최근 불교와 진화론의 관계에 대한 두 편의 에세이가 『불교평론』 40호(2009년 가을)에 실렸다. 하나는 김성철의 「진화론과 뇌과학으로 조명한 불교」이고 다른 하나는 정윤선의 「창조주의와 진화론의 논쟁에 비추어 본 불자의 과학관」이다. 본고의 기술은 상기 두 편의 기술 방향과 달리 진화론과 불교의 연결 가능성을 탐색하는데 초점을 맞추었다.

3　일본 사회에서는 사람이 낮은 존재 형태로부터 높은 존재 형태로 진화한다는 관념이 (오늘날 대부분의 진화론자들은 이런 상하 개념을 받아들이지 않지만) 저항 없이 받아들여졌다는 사실은 이를 방증해 준다. *Encyclopedia of Science and Religion* (2nd Ed.), MacMillan Reference USA, 2003: 76 참조.

4　진화에 목적성이 없다는 사실에 대해서 최재천(2003), 71면 이하 참조.

5   업(karma)의 이론이 인도 사상에서 어떻게 형성되었고 인도 철학의 각 학파들이 이를 자신들의 체계 속으로 통합시키려고 시도했는가에 대한 좋은 입문서로서 J. Bronkhorst, *Karma and Teleology: A problem and its solutions in Indian Philosophy*. Tokyo 2000이 있다.

6   불교가 심-신 이원론적 관점을 갖고 있다는 표현에 대해 문제를 제기하는 사람이 있을 수 있다. 그렇지만 불교가 이원론에 의거하고 있다는 말은 힌두 정통철학의 상키야 학파처럼 정신(puruṣa)과 물질(prakṛti)의 두 실체가 존재하고 있다는 의미는 아니다. 오온의 범주에서 분명히 드러나듯이, 심적 요소로서의 명(名, nāman)과 물질적 요소로서의 색(色, rūpa)이 경험세계를 구성하고 있다는 사실을 지적한 것이다. 왜냐하면 5온은 색 외에 심리적 요소인 수(受, vedanā), 상(想, saṃjñā), 행(行, saṃskāra), 식(識, vijñāna)의 네 가지 요소로 구성되기 때문이다. 여기서 열반 등의 궁극적인 것이 5온에 의해 포괄되거나 포함되지 않는다는 것은 전제되어 있다. 이러한 불교의 기본적 관점은 모든 것을 물리적인 것으로 환원시키는 현대철학에서의 물리주의자의 입장이나 그와 반대로 모든 궁극적인 것을 정신적 실재로서의 아트만으로 환원시키는 인도의 전통학파의 관점과 양립할 수 없을 것이다. 모든 것을 '단지 표상일 뿐(唯識, vijñaptimātra)'인 것으로 환원시키는 대승 유식학파의 입장에 대해서는 다른 기회에 논의할 것이다.

7   여기서 필자는 에드워드 윌슨(Edward Wilson)이 주창하는 '통섭(consiliance)' 개념이 가진 위험을 지적하고 싶다. 그가 말하는 '통섭'이 궁극적으로 인문학이나 인문적 세계를 생물학적 방식으로 환원시키는 것에 지나지 않는다는 이남인(2009)의 비판을 참조할 것.

8   이 지적은 〈붓다와 다윈의 만남-진화론과 연기론의 학술적 조명〉 학술발표에서 토론자로 나온 우희종 교수에 의해 제기된 것이다.

9   이에 대해서는 루스(2004), 54-57면 참조.

10   Dawkins (2006), p. vii.

11   이 경은 법장부 전승의 『장아함경(長阿含經)』의 『소연경(小緣經)』(T1: 36a-39a) 및 유부 전승의 『중아함경(中阿含經)』(T1, no. 154)에 대응한다. 본고의 용어선택에서는 『소연경(小緣經)』을 따랐다.

12 rasa-paṭhavī (또는 paṭhavī-rasa)는 PED에 따르면 "먼지로서의 또는 매우 미세한 지(地)(earth as dust or in great fineness)", "굳은 형태를 취하기 이전의 최초의 지(地)(primitive earth before taking solid shape)"로 번역된다. 슈비츠 하우젠(Schmithausen, 2005, p.167)은 이를 "달콤한 지(地)(juicy earth)"로 번역한다. 한역(T1: 37c6f)은 '땅에서 솟아오른 감천(甘泉)'으로 풀어 번역하고 있다.

13 bhūmi-pappaṭaka는 PED에 따르면 "흙에서 나는 새싹(outgrowths in the soils)"의 의미이다. 슈비츠 하우젠(Schmithausen, 2005, p.167)은 이를 "땅의 껍질(earth-bark)"로 번역한다. 한역(T1: 37c21)은 "自然地肥"로 번역하고 있다.

14 badālatā는 PED에 따르면 "기어다니는 동물(creeper)"이다. 슈미트 하우젠(Schmithausen, 2005, p.167)은 유사한 전거를 제시하면서 비슷하게 "달콤한 기어다니는 동물(tasty creeper)"로 번역한다. 한역(T1: 37c26)은 "추후지비(麤厚地肥)"로 번역한다.

15 akaṭṭha-pāko sāli 로서, 한역은 "껍질과 겨가 없는 갱미(粳米)"이다.

16 이 경은 리그베다(Ṛgveda 10.90)의 뿌루샤 찬가나 창조설화(Ṛgveda 10.129)에 나오는 고대 인도인의 우주론적 관념을 불교적으로 각색한 것으로서, 중생과 우주의 생성과 소멸, 전개에 대한 불교적 관념을 명확히 보여준다. 국가 성립과정의 기술에서 바라문 계급에 대한 사문 계급의 우월성이 드러나 있는 것 이외에도 이 경이 지니고 있는 베다 신화와의 결정적인 차이점은 정신적인 그리고 도덕적인 가치를 강조하고 있다는 데 있다.

17 AKBh 23,16f.: upāttam iti ko 'rthaḥ / yac cittacaittair adhiṣṭhānabhāvenopagṛhātam anugrahopaghātābhyām anyonyānuvidhānāt, yal loke sacetanam ity ucyate. ("집수된 것이란 무엇인가? 심과 심소에 의해 의지처라는 것으로서 파악된 것이다. 손해와 이익 양자를 갖고 서로 향하고 있기 때문이다. **세간**★에서 의식을 가진 것이라고 설해진다.").

18 『유가론』 T30: 666a11ff.

19 Schmithausen(1987) fn. 196 참조.

20 YBh 24,16f.(= T30: 283a16ff.)에서 다음과 같이 정의되고 있다. "cit-

tavaśena ca tan (= kalala-rūpam) na pariklidyate, tasya ca anugrahopaghātāc cittacaittānām (Schmithausen 1987, fn. 184에 따라 교정) anugrahopaghātaā / tasmāt tad anyonyayogakṣemam ity ucyate." ("심의 힘에 의해 그것은 부패되지 않는다. 그것이 손상되고 이익되기 때문에 심과 심소도 손상되고 이익된다. 따라서 그것을 상호 안위공동이라고 부른다.").

21　SNS V. 2: rten dang bcas pa'i dbang po gzugs can len pa (=有色諸根及所依執受).

22　SNS V. 2: mtshan ma dang ming dang rnam par rtog pa la tha snyad 'dogs pa'i spros pa'i bag chags len pa (相名分別言說戲論習氣執受). 위의 번역은 티벳역의 구문에 의거해 이루어졌다.

23　이것은 대승불교에서 핵심적 장애로서 간주된 '분별(分別)'의 이해와 관련되어 있다. 유식문헌에서 이 문제는 주로 삼성설(三性說)의 맥락에서 다루어지고 있지만, 특히 초기유식문헌인「보살지」제4장「진실의품」이나 그 부분에 대한「섭결택분」의 대응개소인 ⟨오사장(五事章)⟩에서의 논의가 가장 자세하다.

24　이 문제는 나중에 거론될 것이다.

25　DN II 63: viññāṇaṃ ca hi ānanda mātu kucchi(smi)ṃ na okkamissatha, api nu kho nāmarūpaṃ mātu kucchismiṃ sa(m)mucc(h)issatha (Schmithausen 1987: fn. 238 참조).

26　YBh 24,4f; SNS V. 2; MAVT 40,1. Schmithausen 1987: 37 참조.

27　여덟 가지 상태는『유가론』(YBh 28,1ff.; T31: 284c26ff)에서 다음과 같이 설해지고 있다. "kalala-avasthā, arbuda-, peśy-, ghana-, praśākha-, keśaromanakha-, indriya-, vyañjana-. kalala"는 우유[와 같은 수정란]의 윗부분과 결합되어 있는, 내적으로 유동적인 상태. arbuda란 내외로 우유의 상태가 유지되고 있으면서 살의 상태를 아직 획득하지 못한 상태. peśī란 살의 상태이지만 매우 유연한 것. ghana는 딱딱하게 되어 만질 수 있는 상태. praśākha란 살에 의해 손발 등의 支가 나타나는 상태. keśaromanakha란 거기에서 머리털과 몸털, 손톱이 생겨나는 상태. indriya란 그 후에 안근(眼根) 등이 생겨나는 상태. vyañjana란 그 후에 그것의 의지처가 분명하게 생겨나는 상태이다.

28 그러나 우리가 보게 되듯이, 문제는 다른 곳에 놓여 있다.

29 AKBh 192,5f.: karmajaṃ lokavaicitryam (= 277,3). "세간의 다양함은 업에서 나왔다." 세친은 『구사론』에서 이 동일한 명제를 '업품'과 '수면품'의 도입부에서 반복해서 제시하고 있어 그가 얼마나 이 명제의 함축적 의미를 중시하고 있는가를 보여준다.

30 이것은 초기불교 이래 6근과 6경이 만날 때 6식이 생겨난다는 18계의 설명구조 속에 포함되어 있다.

31 도킨스(2006), 13장 참조.

32 도킨스(2006), 404쪽, Dawkins p.238

33 도킨스(2006), 168쪽, Dawkins p.86.

34 도킨스(2006), 67쪽, Dawkins p.18 참조.

35 도킨스(2006), 130쪽. Dawkins p.60.

36 이러한 그의 태도는 부정적으로 평가되지는 않지만, 필자가 지적하려는 것은 그 물음이 여전히 미결정된 채 남아있다는 사실이다.

37 도킨스 자신이 (2006: 340) 문화적 유전자의 예로 교향곡 제9번을 들고 잇다.

38 도킨스 2006: 43-44. (The Selfish Gene, p. 3).

39 최재천(2003), 53-55면 참조.

40 진화론에서의 초기의 '집단선택' 이론에 대해서는 장대익(2003), 224면 이하 및 도킨스(2006), 49면 이하 참조. '근친도' 개념의 의미에 대해서는 도킨스(2006), 176면 이하 및 44면 이하 참조.

41 이상하(2003), 92-92면.

42 불교의 우주론에 따르면 이러한 재생의 형태(趣)는 그곳에 사는 중생의 범주에 따라 구분해서 지옥중생, 아귀, 축생, 아수라, 인(人), 천(天)의 6종으로 나뉜다. 이를 다시 공간적 영역으로 구분하면 욕계, 색계, 무색계의 삼계(三界)가 된다. 이들은 그들 각각이 지은 업에 성질에 따라 상응하는 존재로 태어나는 것이다. 예를 들어 불선한 행위를 많이 한 자는 지옥에 떨어지고 선업을 많이 지은 자는 천의 세계에 사는 존재로 태어난다는 식으로 행위의 도덕적 성질에 따라 분류되어 있다. 여기서 기독교와는 달리 그 행위의 과보를 받은 연후에는 모든 중생들은 다시 적절한 영역에서 태어나게 된다고 설명된다.

43 MSg II. 2 (10): bdag dang gzhan gyi bye brag gi rnam par rig pa gang yin pa de ni bdag tu lta ba'i bag chags kyi sa bon las byung ba'i phyir ro// (若自他差別識 此由我見熏習種子).

44 붓다의 첫 다섯 제자들에게 오온의 환원적 설명 방식이 주었던 효과에 대한 상세한 분석으로 Tilmann Vetter, *The Ideas and Meditative Practices of Early Buddhism*. Leiden & New York 1988, 2부 (김성철 역, 『초기불교의 이념과 명상』 서울 2009, Part II)을 보라.

45 Derek Parfit 1984: 281; Mark Siderits 2007: 69 참조.

46 Siderits 2007: 69.

47 이하의 인용은 석혜능, 『입보살행론』(부산 2009)의 번역을 조금 수정해 사용했다.

약호와 원전

AKBh Abhidharmakośa-Bhāṣya (Vasubandhu). Ed. P. Pradhan, Patna 1975.
BCA Bodhicaryāvatāra (Śāntideva). Ed. P.L. Vaidya, Darbhanga 1960.
DN Dīghanikāya.
MSg 攝大乘論 上 (長尾雅人), 東京 1982.
MAVT Madhyāntavibhāga-ṭīkā (Sthiramati). Ed. S. Yamaguchi, Nagoya 1934.
PED Pāli English Dictionary
SNS Saṃdhinirmocana Sūtra. Ed. E. Lamotte, Louvain 1935.

YBh　Yogācārabhūmi of Ācārya Asaṅga. Ed. V. Bhattacharya, Calcutta 1957.

참고문헌

Dawkins, Richard, *The Selfish Gene*. (30th Anniversary Edition, the first Ed. 1975) Oxford 2006.
Dennett, Daniel, *Darwin's Dangerous Idea*. New York 1995.
Derek, Parfit, *Reasons and Persons*. Oxford University Press 1984.
Schmithausen, Lambert, *Alayavijñana* Part I+II, Tokyo 1987.
Schmithausen, Lambert, "Man and the World: On the Myth of Origin of the Agaññasutta". 『佛敎大學總合硏究所紀要別冊』 2005.
Siderits, Mark, *Buddhism as Philosophy*. Indianapolis/cambridge 2007.
Waldron, William S., *The Buddhist Unconscious*. London 2003.

김성철, 「진화론과 뇌과학으로 조명한 불교」, 『불교평론』 40호, 2009년 가을.
리처드 도킨스, 『이기적 유전자』 (홍영남 역) 2006.
――, 『만들어진 신』 (이한음 옮김) 2007.
마이클 루스, 『진화론의 철학』. 서울: 아카넷 2004.
데이비드 슬론 윌슨, 『진화론의 유혹』 (김영희, 이미전, 정지영 옮김). 서울 2007.
이남인, 「인문학과 자연과학은 어떻게 만날 수 있는가? 통섭 개념에 대한 비판을 토대로 삼아」. 『철학연구』 87, 2009.
이상하, 「가변적 자연: 진화론과 기계론의 관계」. 『진화론과 철학』. 서울: 철학과 현실사 2003.
이한구, 「진화론의 관점에서 본 철학」. 『진화론과 철학』. 서울: 철학과 현실사 2003.
장대익, 「선택이론의 개념적 쟁점: 선택의 수준과 단위, 그리고 힘에 관하여」. 『진화론과 철학』. 서울: 철학과 현실사 2003.
정윤선, 「창조주의와 진화론의 논쟁에 비추어 본 불자의 과학관」, 『불교평론』 40호, 2009년 가을.
철학연구회편, 『진화론과 철학』 (『철학연구』 제59집 별책), 서울 2003.
최재천, 「다윈의 진화론: 철학논의를 위한 기본개념」. 『진화론과 철학』. 서울: 철학과 현실사, 2003.

Buddha and Darwin

철저하게 유물론적 과학인 진화생물학은 이 부분에서 불교의 무아연기론과 도저히 넘기 힘든 선을 그을 수밖에 없다. "업(業)과 보(報)는 있지만 업을 짓는 작자는 없다"는 『잡아함경』의 명제는 연기와 무아의 표상적 의미와 언뜻 흡사해 보이던 다원주의를 철저하게 유물론적 수준으로 철수시킨다. "닭은 달걀이 더 많은 달걀을 생산하기 위해 잠시 만들어낸 매개체에 지나지 않는다"는 사회생물학적 수사에서 우리가 쉽사리 삶의 주체라고 생각하던 닭이라는 존재를 실재하지 않는 무아로 보는 관점에는 충분히 동행할 수 있지만, 부모의 DNA로부터 그 닭이 만들어지는 엄연한 과학적 사실 앞에서 '업을 짓는 작자'가 없다는 주장은 받아들일 수 없다.

'진화론적 해탈'은
가능한가 —
불교와 진화론의
지적 통섭

2

최재천

최재천

서울대학교를 졸업한 후 미국 펜실베이니아주립대학에서 생태학 석사와 하버드대학에서 진화생물학 박사 학위를 받았다. 하버드대학 전임강사, 미시건대학 조교수, 서울대학교 교수를 역임하고 현재는 이화여자대학교 에코과학부의 교수로 재직하고 있다. 인간을 비롯한 여러 동물들의 성과 사회성의 생태와 진화, 그리고 동물의 인지능력과 인간 두뇌의 진화에 대해 연구하고 있다. 평생 '생명'이라는 화두를 붙들고 다양한 학문의 관점에서 그 본질을 분석하고 이해하고자 노력하고 있다.

영국 케임브리지대학출판부에서 출간한 전문서적들을 비롯하여 『최재천의 인간과 동물』『당신의 인생을 이모작하라』『대담』『지식의 통섭』등의 저서와 『인간은 왜 늙는가』『인간의 그늘에서』『통섭─지식의 대통합』등의 역서, 『과학, 종교, 윤리의 대화』『상상 오디세이』 『21세기 다윈혁명』등의 편저를 출간했다. 통섭원 원장과 기후변화센터, 136환경포럼 등의 공동대표를 맡고 있다.

"이제부터 나는 나 자신을 다윈주의자라고 부르리라."

―달라이 라마(The Dalai Lama)

"다윈이 사용했던 단어들은 측은지심과 도덕을 말하기 위해 티베트 불자들이 사용하는 단어들과 동일하다. 만일 우연의 일치라면 참으로 놀랄만한 일치이다."

―폴 에크먼(Paul Ekman)

표정 연구로 유명한 세계적인 심리학자 폴 에크먼은 우연한 기회에 티베트의 종교 지도자 달라이 라마를 만나 두터운 친분을 쌓기 시작했다. 그가 달라이 라마에게 다윈의 저서 『인간과 동물의 감정 표현 (*The Expression of the Emotions in Man and Animals*)』의 내용을 들려주자 달라이 라마가 "이제부터 나는 나 자신을 다윈주의자라고 부르리라"고 화답했다는 이야기는 전세계 불자들은 물론 진화와 뇌를 연구하는 과학자들에게도 대단히 신선한 충격을 불러일으켰다. 2008년 이들이 함께 펴낸 책 『감정 인지: 장애를 넘어 심리적 균형과 동정에 이르다(*Emotional Awareness: Overcoming the Obstacles to Psychological Balance and Compassion*)』에는 공감/감정이입(empathy)과 동정/측은지심(compassion, sympathy)에 이르는 불교의 교리와 다윈의 생각 간의 유사성에 관해 의미 있는 논의가 담겨 있다.

나는 개인적으로 1970년대 말 미국에 유학하며 다윈을 '영접'하던 때부터 왠지 모르게 그의 생각들이 동양의 사상적 흐름과 맥이 닿아 있다는 느낌을 떨칠 수 없었다. 다윈의 이론은 불교는 물론 노장사상과도 상당히 흡사한 부분들이 있다고 생각했다. 그래서 언젠가 안식년을 맞으면 많은 과학사학자들이 그랬던 것처럼 다윈의 서재를 뒤지는 작업을 해보고 싶었다. 에크먼은 다윈이 어쩌면 티베트 지역을 여행하며 채집을 했던 그의 절친한 친구인 식물학자 조셉 후커(Joseph Hooker)와 서신을 주고받는 과정에서 불교의 가르침을 접할 기회가 있었을지 모른다고 주장한다. 에크먼은 다윈이 비록 불교에 귀의한 것은 아니지만 인간의 자애심에 대한 그의 생각을 보면 거의 불자와 다름 없다고 말한다. 우리는 남이 고통을 받는 걸 보면 나도 고통스러워지며 남의 고통을 줄임으로써 내 고통도 줄어들도록 만들려고 한다. 다윈과 티베트 불자들은 바로 이 생각을 공유한다. 세계적인 영장류학자이자 현재 미국 에머리 대학(Emory University)의 여키스 국립 영장류 연구센터(Yerkes National Primate Research Center)의 소장인 프란스 드 월(Frans de Waal)은 그의 근저 『공감의 진화(*The Age of Empathy*)』에서 공감(empathy)과 동정(sympathy)을 명확하게 구분하며, 우리의 인간의 그런 감정들이 동물에 그 진화적 기원을 두고 있다고 설명했다. 표범의 공격을 받아 다친 짝을 보살피는 침팬지, 공포에 떨고 있는 어린 코끼리들을 안심시키려고 특수한 신호를 개발한 어른 코끼리, 부상당한 동료가 회복하는 동안 숨을 쉴 수 있도록 번갈아 물 위로 떠받쳐 주는 돌고래 등 ……. 동물 세계의 역지사지(易地思之, "Putting oneself in someone else's shoes")에 의한 서로 돕는 행동은 수없이 많이 관찰되었다.

2009년은 다윈이 탄생한 지 200년이자 그의 저서 『종의 기원(On the Origin of Species)』이 출간된 지 150년이 되는 뜻깊은 해이다. 그래서 세계 각국은 2009년을 '다윈의 해(The Year of Darwin)'로 정하고 많은 학술대회와 행사를 열었다. 우리 주변에는 아직도 다윈을 그저 따개비, 지렁이, 식충식물 등을 연구하며 자연선택론에 입각하여 진화적 현상을 설명하려 했던 영국의 한 생물학자로만 알고 있는 이들이 대부분이며, 그가 사상가로서 우리 현대인의 의식구조에 얼마나 큰 영향을 미쳤는가를 인식하는 사람들은 그리 많지 않은 것 같다. 하지만 서양에서는 이미 오래 전부터 다윈에 대한 재평가가 활발히 이루어져 왔다. 지난 밀레니엄을 마감하던 1998년 미국의 몇몇 언론인들은 학자와 예술가들을 대상으로 한 설문조사 결과를 바탕으로 지난 1천년 동안 인류에게 가장 큰 영향을 미친 인물 1천명을 선정하여 『1천년, 1천인(1,000 Years, 1,000 People)』이란 책을 출간했다. 구텐베르크가 1위를 한 이 조사에서 다윈은 전체 7위에 선정되었다. 나는 만일 우리가 동일한 설문조사를 우리나라에서 실시한다면 다윈이 7위는커녕 100위 안에도 들지 못할 것을 확신한다. 다윈에 대한 이같은 인식 차이가 단순히 서양과 우리, 또는 '선진국'과 우리 사이의 현학적 간극을 나타내는 것이라면 그냥 덮어둘 수도 있을 것이다. 그러나 다윈의 해를 맞아 내가 우리 학계의 여러 학자들과 함께 집필한 『21세기 다윈 혁명』에 적나라하게 드러나 있듯이 21세기로 접어들며 다윈의 영향을 받지 않는 학문 분야를 찾기 어려워지는 상황에서 우리나라가 여전히 '다윈 후진국'에 머무는 것은 분명히 문제가 있어 보인다.

이 간극을 줄여보려는 노력의 일환으로 2005년에 나는 우리나라 학계에서 다윈과 관련한 연구를 하는 30~40대 학자들을 한데 모아 '다윈 포럼'을 만들었다. 포럼에 참여한 학자들은 모두 제일 첫 작업으로 다윈의 대표 저서 세 권—『종의 기원』, 『인간의 유래(The Descent of Man, and Selection in Relation to Sex, 1871)』, 『감정 표현』—을 다시 번역하기로 합의했다. 또한 다윈 탄생 200주년 기념 학술 사업의 일환으로 나는 다윈 진화론의 현재를 가늠하는 책을 쓰기로 했다. 한편 〈한국일보〉는 내게 우리 시대 최고의 다윈 연구자들 중 다섯을 선택하여 인터뷰를 진행해 달라는 부탁을 해왔다. 그래서 나는 어렵사리 다윈이 한 때 갈라파고스 제도에서 채집했으며 그의 자연선택 이론을 정립하는 데 결정적인 자료를 제공한 핀치새(Darwin's finch)를 현장에서 무려 36년간이나 관찰하며 실험해온 프린스턴 대학의 피터 그랜트(Peter Grant)와 로즈매리 그랜트(Rosemary Grant) 교수, 『빈 서판』, 『언어 본능』 『마음은 어떻게 작동하는가』 등으로 우리 독자들에게도 잘 알려진 하버드 대학의 언어학자이자 진화심리학자인 스티븐 핑커(Steven Pinker), 다윈의 이론을 철학과 접목시킨 미국 터프스 대학의 대니얼 데닛(Daniel Dennett), 그 유명한 『이기적 유전자』의 저자이자 옥스퍼드 대학 동물학과의 교수 리처드 도킨스(Richard Dawkins), 그리고 하버드 대학의 사회생물학자 에드워드 윌슨(Edward Wilson)을 섭외하여 인터뷰를 진행했다. 그러는 동안 나는 다른 다윈 연구자들을 예닐곱 정도만 보태면 그럴듯한 책이 한 권 되겠다는 생각을 히곤 금년 내내 세계를 돌며 다윈 인터뷰를 계속했다.

지난 10월 20일 이 시리즈의 맨 마지막으로 내가 인터뷰한 학자는 다윈에 관한 연구로 최고의 권위를 자랑하는 하버드 대학 과학사학과의 재닛 브라운(Janet Browne) 교수였다. 그에게 나는 바로 이 질문을 했다. 다윈이 과연 그의 일생 동안 동양의 사상을 접할 기회가 있었는지? 그는 상당히 단호하게 그런 일은 없었다고 대답했다. 하지만 그는 위대한 사상가들은 종종 완벽하게 독립적으로 거의 비슷한 결론을 도출해내곤 한다며 다윈과 불교의 경우는 '특별히 의미있는 예'라고 말했다. 현재 우리에게 주어진 자료에 의하면 이 경우는 순전히 우연의 결과로 보인다. 나는 이 글에서 이 아름다운 우연이 지구의 역사에서 가장 대표적인 사회성 동물인 우리 인간의 본성에 어떤 영향을 미쳤는지에 대해 논하고자 한다. 우선 다윈의 자연선택 이론에서 바라본 공감, 동정 등의 사회성이 어떻게 진화했는지 검토한 다음 불교의 가르침 중에서 시사하는 바를 간단히 살펴보려 한다. 불교에 대한 학술적 전문성이 일천한 관계로 본격적인 논의는 불가능하다는 점을 미리 고백하며 대체로 무아(無我)의 개념과 연기론(緣起論)의 기본적인 내용을 다윈의 진화론과 연계해보는 시도를 하려 한다. 어디까지나 시도인 만큼 혹독한 비난보다는 따뜻한 비판을 기대해본다.

다윈의 자연선택론과 유전자의 눈높이

다윈의 자연선택론이 등장하기 전 거의 2천 년 동안 서양의 자연과학을 지배해온 사상적 토대는 플라톤의 본질주의(essentialism)였다. 플라톤에 의하면 이 세상은 영원불변의 완벽한 진리 또는 전형(idea)으로 이루어져 있으며 그러한 전형으로부터의 변이(variation)는 진리의 불완전한 투영에 불과하다는 것이다. 따라서 생물의 종들은 영원불변의 존재들일 수밖에 없다. 금이 은으로 변할 수 없듯이 한 종이 다른 종으로 변할 수는 없다는 것이다(Mayr 1982). 이 같은 관념은 훗날 기독교 신학에 의해 더욱 굳건히 서양인들의 사고방식을 지배하게 된다. 창세기 제1장에 기록되어 있는 대로 이 우주는 물론 그를 구성하고 있는 모든 생물체들이 하나님에 의해 창조되었다는 믿음은 기존의 종불변성과 자연스럽게 부합하는 개념이었다.

생물의 불변성에 처음으로 이견을 제시한 이들은 18세기 프랑스의 생물학자 뷔퐁(George-Louis Leclerc de Buffon)과 라마르크(Jean Baptiste de Lamark)였다. 이들 중 라마르크는 특히 인간을 위시한 모든 생물종들이 모두 다른 종들로부터 파생되었으며 생물은 모두 새로운 환경에 적응하기 위하여 스스로 변화를 일으킬 수 있는 생명력을 갖고 있다고 주장했다. 이른바 '용불용설'이라 불리는 그의 이론에 따르면 쓰임이 많은 구조는 계속 발달하지만 그렇지 않은 것은 퇴화하기 때문에 각 생명체가 당대에 얻은 좋은 형질이 다음 세대로 전달되어 진보적인 진화를 가져온다는 것이다. 이를테면 기린의 목은 더 높은 가지에 매달린 이파리를 먹기 위해 끊임없이 목을 늘이려고 노력한 개체들이 보다 목이 긴 자식들을 낳음으로써 점점 더 길어졌다는 것이다.

다윈은 모든 생물종들이 다른 종들로부터 진화했다는 점에서는 라마르크와 의견을 같이 하나, 그 같은 변화를 일으키는 메커니즘에 관해서는 근본적으로 다른 이론을 제시했다. 다윈에 의하면 기린의 목이 길어진 것은 몇몇 개체들의 노력에 의해 얻어진 이른바 '획득 형질'이 유전되어 발생한 현상이 아니다. 이는 목의 길이가 조금씩 다른 개체들 중 더 긴 목을 가진 개체들이 더 많은 먹이를 취할 수 있었고, 그 결과 더 많은 자손을 낳을 수 있었기 때문에 세대를 거듭하며 점점 더 목이 긴 개체들이 많아졌다는 것으로 설명된다. 개체군 내에 이미 존재하고 있었던 변이 중 생존과 번식에 이득이 되는 것이 자연선택되어 그 빈도가 증가한다는 것이다.

진화란 한 마디로 변화를 의미한다. 그 중에서도 특히 세대 간에 일어나는 생물체의 형태와 행동의 변화를 뜻한다. DNA의 구조로부터 사회생활에 이르기까지 생물의 형질은 세대를 거치면서 조상의 형질로부터 변화한다. 그렇다면 이러한 변화는 어떻게 생겨나는 것인가? 1858년 다윈과 월리스(Alfred Russel Wallace)는 영국 린니언 학회(Linnean Society)에서 진화는 자연선택의 결과로 발생한다고 발표했다. 다윈과 월리스는 각각 독립적으로 진화를 일으키는 메커니즘이 바로 자연선택이란 이론을 정립했는데, 자연선택이 일어나기 위한 조건으로 그들은 다음의 네 가지를 들었다.

1 자연계의 거의 모든 개체군에는 각 개체들 간에 변이가 존재한다.
2 어떤 변이는 유전한다.
3 생물은 환경이 뒷받침할 수 있는 이상으로 많은 자손을 낳는다.
4 주어진 환경에 잘 적응하도록 도와주는 형질을 지닌 개체들이 보다 많이 살아 남아 더 많은 자손을 남긴다.

첫째 조건인 변이에 관하여 잠시 살펴보자. 자연계에 존재하는 거의 모든 형질들에는 대체로 변이가 존재하기 마련이지만, 만일 변이가 없다고 가정한다면 선택의 여지도 없음을 의미한다. 형질(character)이 동일한 개체들 간에 아무리 선택을 한다 해도 아무런 변화를 기대할 수 없는 것이기 때문에 자연선택은 변이를 가진 형질에만 일어날 수 있다. 플라톤의 본질주의가 자연계에 존재하는 모든 변이를 전형의 불완전한 투영으로 보는데 반해 다윈의 진화론은 그 변이 자체가 바로 변화를 일으키는 실체라고 설명한다.

이러한 변이들 중 유전하는 것만이 자연선택의 대상이 된다는 것이 둘째 조건이다. 다세포 생물은 기능적으로 서로 다른 두 가지 종류의 세포들로 구성되어 있다. 하나는 몸의 구조를 이루는 체세포이고 다른 하나는 번식을 위해 만들어지는 생식세포이다. 한 생명체가 생애를 통해 아무리 많은 변화를 겪는다 해도 그것이 생식세포 내의 변화가 아니면 다음 세대로 전해질 수 없다. 체세포의 변화는 당대에만 나타날 뿐 자손에는 전달되지 않는다. 이것이 바로 라마르크의 '획득형질 유전(inheritance of acquired character)'의 맹점이다.

사실 다윈은 현대 생물학적 관점으로 보아 매우 그릇된 유전 메커니즘을 구상하고 있었다. 다윈은 부모의 서로 다른 형질들이 마치 물감이 섞이듯 혼합되어 자손에 발현된다고 믿었다. 붉은 꽃과 흰 꽃을 교배했을 때 때로 분홍색 꽃이 나오듯 말이다. 현대 생물학에서는 이 같은 예가 멘델의 유전법칙을 따르지 않는 이른바 불완전 우성의 경우라는 것을 잘 알고 있지만 염색체의 존재가 밝혀지지 않았던 시절에 살았던 다윈에게는 혼합 이론(blending theory of heredity)이 보편적인 것으로 여겨졌던 것이다.

다윈과 거의 같은 시기에 지금의 체코 지방인 모라비아에서는 멘델(Gregor Mendel)이라는 승려가 수도원에서 완두콩을 기르며 유전의 메커니즘을 밝히는 실험을 수행하고 있었다. 그 역시 염색체의 존재를 모르고 실험을 수행했지만 그의 연구는 이른바 입자설 유전 이론(particulate theory of heredity)의 기초 자료를 제공하게 되었다. 재미있는 사실은 다윈의 서재에서 훗날 멘델의 논문이 실린 책이 발견되었는데 다른 논문들에는 다윈이 읽은 흔적들이 남아 있으나 유독 멘델의 논문에는 아무런 흔적이 없었다는 것이다. 수학을 어지간히 싫어했던 다윈이라 숫자가 지나치게 많이 나온 멘델의 논문은 그냥 지나쳤던 것으로 보인다.

셋째 조건은 다윈이 경제학자 맬서스(Thomas Malthus)의 『인구론』(1798)을 읽고 깨달은 개념이다. 다윈이 태어나기 이미 10여 년 전에 발표된 이 논문에서 맬서스는 인간을 포함한 모든 생물 집단은 환경적인 제한 요인이 없다면 기하급수적으로 성장하는 성향을 지닌다고 설명했다. 유명한 생태학자 맥아더(Robert MacArthur)는 생물의 성장 속도에 대해 다음과 같은 계산을 한 적이 있다.

> 매 20분마다 세포분열을 하는 박테리아의 경우 불과 36시간이면 지구의 표면 전체를 한 자 깊이로 덮을 것이고 한 시간만 더 지나면 우리 키를 훌쩍 넘을 것이다. 또 어느 동식물이건 일단 태어나면 죽지 않는다고 가정할 때 그저 수천 년이면 그 집단은 저 끝없는 우주를 향해 빛의 속도로 팽창해 나갈 것이다 (MacArthur 1972).

자연선택의 넷째 조건은 셋째 조건의 자연스런 귀결로 나타난다. 어느 집단이건 태어나는 모든 개체들이 다 번식의 기회를 갖는 것은 아니다. 대부분의 개체들은 번식기에 이르기 전에 죽어 사라지고 주어진 환경에 보다 잘 적응할 수 있도록 도와주는 형질들을 지닌 개체들만이 살아남아 자손을 남기게 된다. 아무리 변이가 존재하고 또 유전한다고 하더라도 모든 개체가 다 번식기에 이르러 똑같은 수의 자손을 남긴다면 그 개체군의 유전자 빈도에는 아무런 변화도 발생하지 않는다. 따라서 진화란 간단히 말해서 유전자들이 자신들이 몸담고 있는 개체들의 번식을 도와 자신들의 복사체를 보다 많이 퍼뜨리려는 경쟁의 결과로 나타나는 현상이다.

진화생물학에서는 이 네 가지를 묶어 흔히 진화의 필요충분조건이라 부른다. 왜냐하면 이 네 가지 조건이 모두 함께 갖춰져야 자연선택이 일어날 수 있고 또 모두 갖춰지기만 하면 자연선택은 반드시 일어날 수밖에 없기 때문이다. 이런 점에서 볼 때 다윈의 자연선택론은 더 이상 가설(hypothesis)이 아닌 엄연한 이론(theory)이다. 또 위에 열거한 네 가지 조건만 갖춰지면 진화가 반드시 일어날 수밖에 없다는 점에서 보면 자연선택은 사물이 근거하여 성립하는 근본 법칙 즉 원리(principle)라 할 수 있다.

1960년대에 접어들며 진화생물학은 커다란 개념적 혁신을 맞게 된다. 진화생물학이 그 논리적 기초를 다윈의 자연선택론에 둔다고는 했으나 많은 생물학자들은 자연선택의 단위 및 대상에 관해 제대로 이해하지 못하고 있었다. 이를테면 생물은 모두 자기가 속해 있는 집단이나 종의 보전을 위해 자신을 희생하도록 진화했다고 믿었다. 이 같은 '집단의 이익을 위하여(for the good of group)' 식의 논리는 스스로 번식을 자제하는 집단조절기능을 가진 종들만이 이 지구상에 남아 있고 그렇지 못한 종들은 자원 고갈로 인해 멸종했다는 이른바 집단선택설(group selection)에 입각한 것이다. 이 같은 집단선택설적 자연선택 이론은 다윈의 개체중심적 이론에 어긋나는 것으로 특수한 조건이 갖춰지지 않는 한 실제에 적용되기 어렵다(Williams 1966).

가상적인 예를 하나 들어보자. 바닷가 벼랑 위에 서식하고 있는 어떤 갈매기 집단을 상상해 보자. 갈매기는 대개 암수가 한번 짝을 지면 평생토록 같이 사는 전형적인 일부일처제 동물이다. 이 갈매기들은 암수 한 쌍이 해마다 알을 둘만 낳아 기른다고 가정하자. 따라서 자원을 지나치게 고갈시키는 일도 없다고 하자. 그리고 이러한 성향은 대대로 유전된다고 하자. 어느 날 이 집단에 세 개의 알을 낳는 돌연변이가 발생했다고 하자. 자원을 고갈시키지 않는 집단이므로 먹이가 부족할 것도 없으니 알을 셋이나 낳은 쌍도 세 마리의 새끼를 키우는데 별 어려움이 없을 것이다. 이 새끼들이 다 잘 자라 각자 또 번식을 하게 되고, 또 그 새끼들이 또 번식하고 하는 식으로 몇 세대를 지나게 되면 이 집단엔 '세 알 유전형'이 원래의 '두 알 유전형'보다 훨씬 많게 될 것이다.

시간이 더 지나면 네 알 유전형도 생겨날 것이다. 알을 더 많이 낳으면 낳을수록 더 많은 새끼들을 키워낼 수 있다면 갈매기들은 세대를 거듭하면서 점점 더 많은 알을 낳게 될 것이다. 그러나 결국 알의 수는 부모가 키울 수 있는 한도 내에서 조절될 것이다. 따라서 우리가 자연에서 관찰하는 알의 수는 부모의 부양 능력과 여러 환경 요인의 영향 아래 가장 많은 새끼들을 배출하도록 자연선택된 적응의 결과이다. 개체가 집단의 존속을 위해 자발적으로 산아 제한을 하는 체제는 결코 진화할 수 없다. 왜냐하면 자기만의 이익을 추구하는 개체들을 막을 길이 없기 때문이다.

　미국의 만화가 라슨(Gary Larson)은 집단선택설의 모순을 만화 한 컷으로 기가 막히게 잘 표현했다. 설치류의 동물 나그네쥐(lemming)는 오랫동안 자살을 하는 것으로 알려졌다. 그들이 자살을 하는 이유를 설명하기 위해 대부분의 사람들이 제시하는 '이론'은 철저하게 집단선택설의 관점을 지닌 것이었다. 자원은 한정되어 있는데 너도 나도 살려 하면 모두가 살기 어려워지기 때문에 일부 '숭고한' 나그네쥐들이 동료들을 위해 죽어준다는 설명이었다. 하지만 라슨의 만화에서 보듯이 그 숭고한 나그네쥐들 중 어느 날 구명대를 두르고 내려오는 돌연변이 개체가 나타났다고 가정하자. 만일 구명대를 두르고자 하는 이기적 성향이 유전하는 변이라면 이듬 해 봄에는 구명대를 두르고 내려오는 나그네쥐들이 더 많아질 것이다. 남을 위해 자신을 희생하는 고귀한 유전자들은 숭고한 나그네쥐들의 죽음과 함께 사라져버리고 말지만 이기적 유전자는 다음 세대에 전달되어 발현되기 때문이다. 이처럼 집단 수준의 선택은 개체 수준의 선택을 당할 수 없기 때문에 집단선택은 그만큼 일어나기 어려울 수밖에 없다.

　다윈에게도 몇 가지 풀기 어려운 고민들이 있었다(Cronin 1991, Choe and Crespi 1997a, b). 그 중에서도 가장 심각했던 문제는 바로 몇몇 사회성 동물들이 나타내는 자기 희생 또는 이타주의였다. 다윈의 철저하리만치 개체 중심적인 이론으로는 남을 돕기 위해 자신의 생존과 번식을 희생하는 행동이 어떻게 진화할 수 있었는지 설명할 수 없었다. 특히 개미나 벌과 같은 이른바 사회성 곤충들의 집단에서 벌어지는 일개미나 일벌들의 번식 희생은 다윈을 무척이나 괴롭혔던 불가사의한 생명 현상이었다. 모든 생명체는 자신의 번식을 위해서 행동하도록 진화했다는 다윈의 이론으로는 각기 다른 생명체들로 태어나 스스로 번식을 억제하고 오로지 여왕으로 하여금 홀로 번식할 수 있도록 평생 봉사하는 일개미나 일벌들의 헌신적 행동을 이해할 수 없었다. 다윈은 끝내 이 문제에 관한 한 명확한 답을 얻지 못한 채 세상을 떠나고 말았다.

이타주의적 행동이 어떻게 기본적으로 이기적인 개체들로 구성된 사회에서 진화할 수 있는가에 대한 논리적인 설명을 처음으로 제공한 사람은 영국의 생물학자 윌리엄 해밀턴(William Hamilton)이었다. 두 편의 연속 논문(Hamilton 1964)으로 발표된 그의 이론이 나온 것은 다윈의 『종의 기원』이 출간된 지 무려 100년이 넘게 흐른 뒤였다. 포괄적응도 이론(inclusive fitness theory) 또는 혈연선택론(kin selection theory)으로 알려진 해밀턴의 이론은 개체 수준에서는 엄연한 이타주의적 행동이 유전자 수준에서 분석해보면 사실상 이기적인 행동에 지나지 않음을 보여준다. 해밀턴의 이론에 의하면 번식이란 결국 유전자들이 자신들의 복사체들을 퍼뜨리기 위한 수단이라는 것이다. 하버드대학의 사회생물학자 윌슨(Edward Wilson)은 영국 작가 버틀러(Samuel Butler)의 표현을 빌어 "닭은 달걀이 더 많은 달걀을 얻기 위해 잠시 만들어낸 매개체에 불과하다"고 설명했다. 나는 최근에 출간한 내 에세이집의 제목을 『알이 닭을 낳는다(최재천 2001)』로 지었다. 같은 뜻을 보다 간략하게 표현했다고 생각한다. 도킨스(Richard Dawkins)에 의하면 긴 진화의 역사를 통해 볼 때 개체는 잠시 나타났다 사라지는 덧없는 존재이고, 영원히 살아 남을 수 있는 것은 바로 자손 대대로 물려주는 유전자이다. 유성생식을 하는 생물의 경우, 사실상 개체들이 직접 자신들의 복사체를 만드는 것은 아니다. 후손에 전달되는 실체는 다름 아닌 유전자이기 때문에 적응 형질들은 집단을 위해서도 아니고 개체를 위해서도 아니라 유전자를 위해서 만들어지는 것이다. 이에 도킨스는 개체를 '생존 기계(survival machine)'라 부르고, 끊임없이 복제되어 후세에 전달되는 유전자, 즉 DNA를 '불멸의 나선(immortal coil)'이라고 일컫는다. 개체의 몸을 이루고 있는 물질은 수명을 다하면 사라지고 말지만 그 개체의 특성에 관한 정보는 영원히 살아 남을 수 있다는 뜻이다.

그러나 결국 유전자도 개체의 번식을 통해야만 자신의 복사체들을 퍼뜨릴 수 있다. 한 개체 내의 유전자들의 운명은 그 개체에게 달려있다. 다윈의 고민 두 가지에 대한 분석을 다룬 저서『개미와 공작(The Ant and the Peacock)』에서 크로닌(Helena Cronin)은 다음과 같이 설명한다.

> 유전자들은 스스로 발가벗고 자연선택의 심판을 기다리지 않는다. 그들은 꼬리나 가죽, 또는 근육이나 껍질을 내세운다. 그들은 또 빨리 달릴 수 있는 능력이나 기막힌 위장술, 배우자를 매료시키는 힘, 훌륭한 둥지를 만드는 능력 등을 내세운다. 유전자들의 차이는 이러한 표현형(phenotype)의 차이로 나타난다. 자연선택은 표현형적 변이에 작용함으로써 유전자에 작용하게 되는 것이다. 따라서 유전자들은 그들의 표현형적 효과의 선택가치(selective value)에 비례하여 다음 세대에 전파된다(Cronin 1991).

자연선택은 유전자, 개체, 집단, 그리고 심지어는 종의 수준에서도 일어날 수 있지만 적응(adaptation)은 주로 개체, 즉 표현형 수준에서 형성되기 때문에 개체선택이 가장 강력한 신화석 요인이라고 간주해야 할 것이다. 자연선택은 표현형에 작용하고, 그 결과로 후세에 전달되는 것은 유전자이다.

도킨스의 표현을 빌면 진화란, 자연선택이라는 눈이 먼 시계공에게 맡겨진 시계의 운명과도 같은 것이다. 늘 차고 다니던 시계가 고장이 나서 시계방에 가지고 갔는데 시계를 고쳐 주겠다는 시계공이 눈먼 장님이라고 상상해 보라. 그 시계가 제대로 고쳐지리라고 기대하기는 어려울 것이다. 지금 지구상에 현존하는 엄청난 생물다양성도 그 동안 이 지구에 살았다 멸종한 모든 종들에 비하면 극소수에 지나지 않는 것도 바로 이 때문이다. 하지만 자연선택은 비록 눈은 멀었으나 매우 끈질긴 시계공이다. 지구상에 현존하는 종들 중에는 이 눈먼 시계공의 실수로 멸종의 길을 걷고 있는 것들도 있지만 그 눈먼 시계공이 어쩌다 운좋게 조금이나마 기능을 향상시킨 후 끈질기게 붙들고 고친 덕분에 변화하는 환경에도 비교적 잘 적응하며 살고 있는 종들도 적지 않은 것이다.

생명의 한계성과 영속성

'생명(life)'이란 단어를 초등학생용 옥스퍼드 영어사전(The Oxford Junior Dictionary)에서 찾아보면 '출생에서 사망까지의 기간'이라고 정의하고 있다. 물론 성인용 옥스퍼드 사전에는 더 많은 해설들이 있지만, 어린아이들에게 생명의 개념을 설명하기 위해 '살아 있다'는 의미의 '시간적' 정의를 선택한 것이다.

종교에서도 대체로 우리에게 일단 한계성 생명을 부여한 다음 믿음과 의식을 통해 영원불멸의 경지에 도달할 수 있다고 가르친다. 기독교의 가르침에 따르면 우리가 우리를 창조하신 영원불멸의 존재를 믿고 그를 거역하여 지은 원죄를 인정하면 내세에 이르러 영원히 생존할 수 있다고 한다. 불교에서는 생명이 한계성을 지니되 그것을 담아줄 그릇, 즉 육체를 바꿔가며 윤회한다고 가르친다. 한계성을 전제로 한 생명의 개념이지만 영생의 가능성을 열어 놓은 것이다.

생물학적 생명의 개념은 생명의 주체가 무엇인가라는 관점에서 논의되어야 한다. 생명의 주체란 다시 말해서 진화의 단위 즉 자연선택의 수준을 말한다. 자연선택론을 제창한 다윈에게 있어서 생명의 주체 또는 진화의 단위는 논란의 여지도 없이 '개체'의 수준이었다. 당시의 생물학적 지식으로는 개체가 바로 출생과 사망의 실체이고 번식의 단위였기 때문이다. 그러나 개체란 그 한계가 대단히 모호한 개념이다(Hull 1978). 딸기의 경우를 예로 들어보자. 지상에 나와 있는 부분만을 보면 물리적으로 분리되어 있는 각각의 줄기들이 제각기 독립적으로 꽃을 피우고 열매를 맺는다. 그러나 그들 중 한 줄기를 잡고 들어올려 보면 상당히 넓은 면적에 퍼져 있던 개체들이 줄줄이 딸려 올라오는 것을 알 수 있다. 독립된 개체들처럼 보이던 지상 줄기들이 실제로는 모두 지하 줄기로 연결되어 있는 하나의 개체이기 때문이다.

바이러스를 제외하면 가장 간단한 생명체인 단세포 생물 박테리아는 세포 분열을 통해 한 개체가 둘로 갈라지는 방법으로 번식한다. 그러나 그들 중 일부는 상황이 여의치 않게 되면 접합(conjugation)이라는 방법을 통해 유전 물질의 일부를 교환하여 회춘을 꾀하기도 한다. 따라서 성공적인 박테리아는 자기 고유의 개체적 특성과 성분을 잃지 않은 채 영원히 살아남을 수도 있다.

사회성 곤충들의 이타주의적 행동 역시 개체의 범주를 모호하게 하는 문제이다. 일개미나 일벌들이 스스로 생식 활동을 포기하는 일은 개체의 수준에서 보면 전혀 적응적이지 못한 행동이다. 그러나 일개미나 일벌 개체들이 일정한 시간이 경과한 후 직접적인 번식을 이루지 못한 채 사라지더라도 그들의 어머니인 여왕이라는 개체의 몸을 빌어 오히려 더 많은 유전자를 후세에 남기게 된다. 유전자의 관점에서 보면 대단히 성공적인 번식을 한 셈이다.

그러나 아무리 후세에 정보를 전달하는 주체가 유전자라고 하더라도 그것은 홀로 행동할 수 있는 생명의 단위가 아니다. 유전자는 언제나 다른 유전자들과 함께 어느 특정한 생명체를 이루며 행동한다. 따라서 그 생명체의 안녕과 번영이 그 속에 들어있는 유전자의 운명을 좌우함은 말할 나위도 없다. 어느 특정한 유전자가 혼자서든 또는 같은 개체 내에 공존하는 다른 유전자들과의 협동을 통해서든 자신이 속해있는 개체로 하여금 성공적으로 번식하게끔 한다면, 유전자의 관점에서 본 생명은 영속 가능성을 지닌다. 그러나 똑같은 상황을 개체의 관점에서 보면 한계성이 내재된 영속성을 의미하는 것이다.

멘델의 유전법칙 중 제1법칙인 분리의 법칙(law of segregation)에 의하면 평균적으로 한 개체의 자손 중 반은 같은 대립형질(allele)을 물려받고 나머지 반은 다른 대립형질을 물려받는다. 그러나 때로 개체에 악영향을 미치면서까지 다른 유전자들을 물리치고 자신의 빈도만을 높이는 초이기적인 유전자(ultra-selfish gene)들이 있다(Crow 1988;

Warren et al. 1988). 이 같은 초이기적 유전자들과 또 그들의 확산을 저지하려는 억제 유전자(suppressor gene)들은 모두 같은 개체의 유전자군(genome)에 존재하나 서로의 이해가 상반되는 관계로 끊임없이 경쟁한다. 이런 점에서 유전자들의 활동은 의정 활동에 비유되기도 한다. 한편으로는 자신을 뽑아준 선거구의 주민들을 위해 일해야 하지만 국가 전체의 안녕을 간과할 수 없는 것이 국회의원들의 의무인 것처럼, 유전자들의 활동도 갈등과 협동의 연속이기 때문이다. 이러한 현상은 흔히 '유전자간 분쟁(intragenomic conflict)'이라 부르며 최근 이에 대하여 대단히 활발한 연구가 진행되고 있다(Hurst 1992).

화학자들과 생물학자들의 연구에 의하면 지금으로부터 약 30~40억 년 전 지구의 표면을 덮고 있던 원시 바다 속에 떠다니던 각종 유기물들이 태양으로부터 내리쬐는 자외선 등의 에너지에 의해 점점 더 커다란 분자들로 합성되던 중 우연히 자신의 복사체들을 만들어내는 능력을 지닌 분자, 즉 DNA가 탄생하면서 이 지구상에 생명의 역사가 시작된 것이다. 그 후, 보다 정확히 말해 지금으로부터 약 6백만 년 전, DNA는 자기 복제를 보다 더 효과적으로 수행해줄 근육, 심장, 눈 등의 생존 기계들을 만드는데 성공한다. 태초에는 보잘 것 없는 단순한 화학물질에 지나지 않았지만 단세포 생물을 거쳐 급기야는 인간을 비롯한 복잡한 다세포 생물들이 분화되어 나온 것이다. 그러나 제각기 다른 모습을 하고 있는 이 모든 생물체들 속에 태초부터 지금까지 살고 있는 존재는 바로 다름아닌 불멸의 나선, DNA이다.

지구의 생명의 역사는 한 마디로 유전자의 일대기이다. 태초의 생명의 늪에서 우연히 태어나 자기와 똑같이 생긴 복사체를 복제해낼 줄 아는 능력을 획득한 DNA라는 화학 물질은 지금도 여러 다른 모습의 생물을 만들며 존속하고 있다. 나는 내 부모의 유전자로 만들어진 존재이고, 내 부모는 또 그의 부모의 유전자를 받아 태어난 존재들이다. 내가 만일 번식에 성공하기만 하면, 또는 해밀턴의 이론에 따르면 포괄적인 번식 적응에 성공하기만 하면 내 유전자는 내가 사라지고 난 후에도 어쩌면 영원히 존재할 수 있다. DNA는 난자와 정자라는 배우자 안에 압축되어 들어가 서로 만나면 다시 화려하게 하나의 생명체를 만들었다가 그 생명체의 죽음과 더불어 한 줌 흙으로 돌아가지만, 또 다른 생명체를 만들 수 있는 기회를 갖기도 한다. 이처럼 생명체는 끊임없이 해체와 생성의 순환을 이어가고 있는 것이다.

기독교의 자연관과 다윈의 자연관

창세기 제1장은 하느님이 우리 인간을 만드신 후, "생육하고 번성하여 땅에 충만하라, 땅을 정복하라, 바다의 고기와 공중의 새와 땅에 움직이는 모든 생물을 다스리라" 하셨다고 전한다. 우리 인간에게 인간을 제외한 자연의 모든 것을 정복하고 관리할 자격을 부여한 것이다. 이 같은 기독교의 가르침이 오늘날 우리 인류가 겪고 있는 이 엄청난 환경 위기에 어떤 원인 제공을 한 것인지는 역사학자들에 의해 보다 심도있게 분석되어야 할 것이다. 하지만, 인간을 자연의 한 부분으로 생각하고 자연과 조화를 이루며 살도록 가르친 대부분의 동양 사상들과는 큰 차이가 있는 것이 사실이다(Tucker and Williams 1997).

창세기 제9장에 이르면 방주를 만들어 대홍수로부터 살아 남은 노아와 그 아들들에게 하느님은 또다시 복을 내려주시며 이르시되 "생육하고 번성하여 땅에 충만하라. 땅의 모든 짐승과 공중의 모든 새와 땅에 기는 모든 것과 바다의 모든 고기가 너희를 두려워하며 너희를 무서워하리니 이들은 너희 손에 붙이웠음이라" 하셨다. 우리 인간에게 자연을 관리할 권리와 더불어 소유권도 부여한 것이다. 하느님이 이르신 대로 우리 인간은 농업의 개발과 산업혁명으로부터 시작된 기계 문명의 발달에 힘입어 성공적으로 생육하고 번성하여 급기야는 실로 이 땅에 충만하기에 이르렀다. 하지만 오늘날 우리가 겪고 있는 거의 모든 환경 문제가 궁극적으로 지나치게 성공적인 우리 자신의 성장에 기인한다는 사실을 볼 때 과연 '충만함'만이 최선의 길이었나 의심스럽다.

기독교의 자연관은 철저하게 이원론(二元論, dualism)적이다. 하느님은 오로지 우리 인간만 당신의 형상대로 창조하셨다는 믿음은, 인간과 인간을 제외한 모든 자연을 완벽하게 이분화한다. 이 같은 이원론에 철학적 논리를 제공한 사람은 바로 근세 철학의 아버지라고 불리는 데카르트였다. 데카르트는 이 세계의 존재를 '물질적 존재'와 '정신적 존재'로 양분했다. 물질적 존재는 반드시 크기와 형태를 지녀야 하므로 필연적으로 일정한 공간을 점유한다. 그리고 어떤 특정한 시간 속에 존재한다. 이에 비해 정신적 존재는 오로지 생각에 기초하므로 어떠한 공간도 차지할 필요가 없다. 데카르트는 인간의 신체를 포함하여 공간을 차지하는 모든 자연 물체들을 '자동 기계' 즉 저절로 움직이는 기계로 규정한다. 반면, 데카르트에게 정신은 생각하는 능력을 의미한다. 그런데 자연은 나름대로 정밀한 기계이긴 하지만, 기계는 스스로 자신 및 자신과 다른 존재들을 능동적으로 이해할 수 없다. 자연은 저절로(自) 그럴(然) 뿐이다.

데카르트는 서양의 기독교적 세계관을 전수함은 물론, 그리스 철학의 합리주의를 계승하기도 했다. 그러나 그가 서양철학사에서 '근세 철학의 아버지'라고 불리는 가장 큰 이유는 그가 '나(我)' 자신의 의식에 명증하게 떠오르는 내용 외에는 그 어떠한 것도 '확실한' 인식으로 인정할 수 없음을 밝혔기 때문이다. 그는 또한 철학의 학문적 체계를 확립하기 위해 당시 절대적인 학문으로 여겨졌던 수학을 '방법적 회의'의 일환으로 의심할 뿐 아니라 기독교의 '선한 신(善神, benign God)' 개념까지 회의의 범주에 끌어들였다. 하지만 생각하는 '나'는 엄연히 존재하므로 "나는 생각한다. 그러므로 나는 존재한다"라는 명제를 도출할 수 있었다. 여기서 '나'는 정신의 존재로서의 자아를 말하며, 이는 오로지 의식의 현상으로만 확인된다. 데카르트의 이같은 '이원론적 형이상학'은 우리의 육체와 정신을 서로 근본적으로 다른 법칙을 좇는 존재로 간주한다. 육체는 다른 동물들이나 자연 물체들처럼 기계론적 법칙을 따르는 자동기계이지만, 정신은 자연 세계 안에 존재하면서도 물질적인 존재들과는 달리 정신 자신의 자율적인 법칙을 좇는 존재이다. 따라서 정신은 육체와 더불어 죽지 않으며 자연의 어떤 물질적 존재와도 구별되는 실체이다.

인간을 자연으로부터 구분하는 데카르트의 형이상학적 이원론은 이후 존 로크(John Locke)의 경험론으로 이어진다. 『시민정부론(The Second Treatise of Civil Government)』에 드러나 있는 그의 자연관은 기독교 사상의 정직한 확장에 지나지 않는다. 최인숙(2003)이 번역한 로크의 설명을 인용하자면 다음과 같다.

"사람들에게 이 세계를 하나의 공유물로서 부여한 신은 또한 그것을 생활의 최대의 이익과 편의에 도움이 되게 이용할 수 있도록 이성도 부여해 주었다. 이 대지와 그 위에 존재하는 모든 것들은 사람들의 생존의 유지와 편의를 위하여 부여된 것이다. 또한 이 대지가 자연적으로 산출하는 과실과 이 대지가 먹여 살리는 짐승들은 모두 자연의 자발적인 손으로 되는 산물이기 때문에 인류 모두에게 귀속된다. 그것들이 이와 같이 자연의 상태로 있는 동안에는 다른 사람들을 물리치고 그것들 중의 어떤 것을 사적으로 지배하는 일은 원래 누구에게도 허용되어 있지 않다. 그러나 그것들은 사람들이 이용하라고 주어진 것이므로, 그것들이 무엇인가에 이용되기에 앞서, 또는 어떤 특정한 사람들에게 유익한 것으로 되기에 앞서, 먼저 어떠한 방법으로 그것들을 차지하는 수단이 반드시 있어야만 한다. 미개한 인디언은 토지를 울타리로 둘러싸서 차지하는 방식(enclosure)을 알지 못하고, 아직까지도 공유지의 일원(tenant in common)으로 남아 있다. 그러나 인디언을 먹여 살리는 과실이나 사슴고기가 실질적으로 그의 생존에 도움이 되기 위해서는, 과실이나 사슴고기가 우선 그의 것, 즉 그 자신의 일부가 되어야만 한다. 그렇게 된 다음에야 다른 어떤 사람도 그 과실이나 사슴고기에 대해 권리를 가질 수 없는 것이다."라고 설명한다.

로크에 따르면, 자연은 하느님은 우리 인간의 이익과 편의를 위해 자연을 선사하며 그를 활용할 수 있도록 '이성'도 함께 주었다. 인간은 이성에 기반한 노동에 의해 자연상태의 '공유물'을 개인의 '사유물'

로 만들 수 있게 된 것이다. 로크는 더 나아가서 신이 인간에게 준 자연은 그대로 두면 아무런 가치가 없는 것이며 인간의 노동에 의해 인간화된 자연만이 가치를 지닌다고 주장했다. 예를 들어, 아메리카 인디언들은 세상에서 가장 비옥하고 광활한 토지를 갖고 있으면서도 노동을 통해 땅의 가치를 개선하지 않았기 때문에 영국의 한낱 날품팔이 일꾼보다도 의식주 생활에서 뒤떨어지게 된 것이라고 로크는 주장한다. 이 같은 로크의 사상은 데카르트의 철학과 더불어 근대 서양인들의 의식의 확립에 커다란 영향을 미쳤다. 기독교 사상에서 출발한 서양인들의 이원론적 사고는 데카르트, 스피노자, 로크, 흄 등의 철학을 거치며 이성과 합리의 개념에 힘입어 더욱 굳건해진다.

이러한 시대적 배경에서, 인간을 포함한 이 세상 모든 생명이 태초에 하나의 생명체로부터 분화되어 나왔다고 설파한 다윈의 일원론(一元論, monism)적 자연관은 가히 혁명적인 사건이었다. 다윈은 『종의 기원』에서 그 당시 유전자는커녕 염색체의 존재도 모르는 상황이었지만 특유의 논리적인 사고에 의해 지금 우리가 보고 있는 이 엄청난 생물다양성이 "지극히 단순한 시작으로부터(from so simple a beginning)" 진화한 것이라고 추론했다. 분자생물학적 방법론으로 재무장한 현대 진화생물학은 유전자 간의 유연 관계를 조사하여 다윈이 절대적으로 옳았음을 확인하고 있다. 이처럼 과학적 사실에 입각한 다윈의 일원론은 시간이 흐름에 따라 서양인은 물론 모든 세계인의 의식을 완전히 바꿔놓았다.

환경 문제는 이제 더 이상 물러설 수 없는 벼랑 끝에 서 있다. 자연 속에 어우러져 사는 것이 아니라 그것을 지배하려는 우리 인간의 오만한 사고 방식, 경제 성장 제일주의의 근시안적 정책, 나만 살고 보자 식의 이기주의적 도덕관 등에 획기적인 변화가 일어나지 않는 한 지구 생태계의 미래는 그야말로 불을 보듯 뻔하다. 매년 일본의 아사히 신문이 발표하는 '지구 환경 시계'는 위험 수위인 9시를 훌쩍 넘은 지 오래이다. 새로운 의식구조에 입각한 획기적인 정책이 절실한 때이다. 우리 인류를 이 같이 심각한 환경 위기에서 구원해주리라는 기대로 생태학이 각광을 받고 있다. 최근 들어 생태학을 언급하지 않고는 인간과 자연의 관계에 대해 말하는 것이 불가능하게 되었다. 그래서 우리 시대를 '생태학의 시대(Age of Ecology)'라고도 한다(Worster 1977).

그러나 과연 생태학이 우리를 구원해줄 것인가? 2002년 한국생태학회는 제8회 세계생태학대회(International Congress of Ecology, IN-TECOL)를 유치하여 8월 11일부터 18일까지 코엑스 켄벤션홀에서 큰 잔치를 벌였다. 세계생태학대회는 4년마다 장소를 옮겨가며 여는, 생태학자들에게는 가장 큰 행사이다. '변화하는 세계 속의 생태학(Ecology in a Changing World)'이라는 주제로 열린 이번 대회에 기조연설을 맡은 석학들 중에는 미국 록펠러대학 인구문제연구소에서 인구, 식량, 환경 등 인류가 직면한 여러 사회 문제들에 대한 생태학적 해결 방안을 찾고 있는 코언(Joel Cohen) 교수도 들어 있었다. 그는 문화일보와 가진 인터뷰에서 생태학이 우리 인류를 이 엄청난 환경 위기에서 구원해줄 수 있느냐?는 조금은 어이없는 기자의 질문에 다음과 같이 답했다. "생태학 혼자서 우리를 위기로부터 구할 것이라고는 단정할 수 없지만 생태학 없이는 인류를 위기로부터 구원할 수 없을 것이라 확신한다."

대하소설 『토지』의 작가 고 박경리 선생은 생전에 자연을 얘기할 때 '환경'이라는 단어를 사용하지 않았다. 환경이란 단어는 이미 '생물을 제외한 나머지'라는 뜻을 내포하고 있기 때문이다. 그래서 환경이라는 말보다 '생태'라는 말을 즐겨 썼다. 구태여 구별하자면 인간중심주의(anthropocentrism) 또는 생명중심주의(biocentrism)와 구별되는 이른바 생태중심주의(ecocentrism)에 가까운 생각이다. 그의 생각은 서구 생태중심주의적 윤리를 대표하는 레오폴드(Aldo Leopold)의 '대지윤리(land ethic)'의 개념과 흡사하다. 레오폴드에게 대지는 단순히 개인 재산으로서의 토지가 아니라 생명 에너지의 원천이자 흐름이며 생태 네트워크이다. 하지만 서양의 생태학이 박경리가 생각하는 포괄적인 개념을 가지고 있는지는 한번 정리할 필요가 있다. 생태학은 흔히 "생물과 환경의 관계를 과학적으로 연구하는 학문"이라고 정의된다. 이는 1869년 '생태학'이란 용어를 처음으로 만들어낸 것으로 알려진 독일의 생물학자 헤켈(Ernst Heinrich Haeckel)이 정리한 개념이다. 생태학(영어: ecology; 독일어: Oekologie)은 그리스어로 '집' 또는 '집안'을 뜻하는 "oikos"와 학문의 어미인 "logos"가 합쳐져 만들어진 용어이다. 이를테면 생태학은 '집을 연구하는 과학'이라는 뜻이다. 그런데 서양의 생태학은 어딘지 모르게 '집'을 '그 집 안에 살고 있는 사람'과 독립적으로 존재하는 것으로 보고 발달해온 것 같다.

생태학이 언제나 이 같은 이념을 지녔던 것은 아니다. 생태학이 자연과학의 한 분야로서 그 이름을 갖춘 것은 헤켈과 함께 시작하지만, 그 때 처음 생겨난 학문은 아니다. 생태학의 현대사는 적어도 18세기로 거슬러 올라간다. 당시 생태학은 지구를 하나의 생명망(fabric of life), 즉 지구상의 모든 살아있는 생명체들을 상호 작용하는 전체로 보았기 때문에 '자연의 경제(economy of nature)'라는 관점에서 생명을 바라보았다. 따라서 이 당시 생태학은 다분히 목가적이고 낭만적인 성격을 띤다. 환경사학자 워스터(Donald Worster)는 이 같은 목가적인 관점을 다분히 비관적인 관점으로 바꿔버린 사람이 다윈이라고 평가한다. 다윈은 흔히 진화생물학자로 널리 알려져 있지만 사실 지난 2~3세기 동안의 생태학 역사에서도 그만큼 중요한 인물은 없다. 다윈의 자연선택론은 진화의 메커니즘을 설명하는 가장 막강한 이론이지만 그 설명이 벌어지는 현장은 사실 생태학이다. 그래서 위대한 생태학자 허친슨(George Evelyn Hutchinson)은 일찍이 "진화라는 연극은 생태라는 극장에서 벌어진다"고 했다.

생태학에 미친 다윈의 영향을 분석한 워스터는 다윈주의적 생태학을 "암울한 과학"이라 부른다(Worster 1977). 그러나 나는 이 점에 동의하지 않는다. 다윈의 이론은 언뜻 보기에 염세주의적인 것처럼 보이지만 좀더 본질적으로 깊이 파고들어가 보면 전혀 그렇지 않다. 뿐만 아니라 나는 다윈의 세계가 상당히 불교적이라고 생각한다. 다윈 이전의 생태학이 막연하게 불교의 세계와 같은 목가적인 느낌을 불러일으키는 것과 달리, 다윈주의 생태학은 이론의 수준에서부터 불교의 가르침과 맥을 같이 하는 점들이 있어 보인다.

무아연기론과 다윈주의의 유사성

화석 증거에 의하면 지구상에 태어나 지금까지 살고 있거나 이미 사라져간 모든 생물들 중 인간은 거의 막내격이다. 분자유전학적 분석 결과에 따르면 인류와 침팬지가 하나의 공동 조상으로부터 분화된 것은 지금으로부터 불과 6~700만 년 전의 일이다. 이 시간은 진화사의 관점에서 보면 그리 긴 시간이 아니다. 지구의 역사를 하루에 비유한다면 1분도 채 되지 않는 지극히 짧은 시간이다. 현생 인류 (Homo sapiens)가 탄생한 것은 그보다도 훨씬 최근인 15만 내지 23만 년 전의 일이다. 그러고 보면 인간은 그야말로 순간에 '창조'된 동물이라 해도 과언이 아니다.

분명한 것은 진화가 결코 우리 인류를 탄생시키기 위해 만들어진 과정이 아니라는 사실이다. 자연선택은 어떤 목표를 향해 합목적적으로 진행되는 미래지향적 과정도 아니며 보다 나은 미래를 위해 모든 합리적인 해결 방법을 총동원할 수 있는 공학적인 과정도 아니다. 그래서 적자생존의 과정을 수없이 반복하고 난 결과는 어쩔 수 없이 완벽한 인간의 등장일 수밖에 없다는 식의 생각은 지나친 인본주의 또는 인간 중심주의의 결과에 지나지 않는다. 생명은 지극히 낭비적이고 기계적이며 미래지향적이지도 못하고 다분히 비인간적인 과정에 의해 창조되었다. 하지만 그처럼 부실해 보이는 과정이 오랜 세월 동안 수많은 단계들을 거듭하며 선택의 결과들이 누적된 끝에 오늘날 이처럼 정교하고 훌륭한 적응 현상들을 낳은 것이다.

인간의 본성, 의식, 문화 등 우리가 특별히 인간적인 특성으로 간주하는 모든 속성들도 다 궁극적으로는 다원주의적 진화 과정에 의한 설계에 따라 만들어진 것이다. 그리고 유전자란 도덕이나 윤리 의식을 가진 주체가 아니라 오로지 자기 복제를 하기 위해 끊임없이 노력하는 이기적인 존재일 뿐이다. 이것이 바로 자연선택이 비도덕적, 더 정확히 말하면 '무도덕적'인 과정일 수밖에 없는 이유이다. 이처럼 자연선택은 근본적으로 지극히 단순하고 기계적인 과정이지만 이 엄청난 생명의 다양성을 탄생시킨, '자연이 선택한' 가장 강력한 메커니즘이기도 하다.

그렇다고 해서 자칫 '이기적인 유전자'라는 표현이 표방하는 것처럼 느껴지는 대로 유전자 자체가 이기적이라는 뜻은 결코 아니다. 유전자는 이기적인 성향을 띨 수 있는 생명체가 아니다. 다만 유전자는 할 줄 아는 것이 오로지 자신의 복사체를 만드는 일뿐이며, 그래서 이기적인 결과를 빚는 것이다. 역설적으로 들리겠지만 이기적인 유전자가 바로 우리를 '도덕적인 동물(Wright 1994)'로 만들어준 장본인이다. 따라서 도덕성도 어쩔 수 없이 진화의 산물이다. 어느 사회에서든 보다 도덕적인 개체들이 더 많은 유전자를 후세에 남겼기 때문에 도덕성이 오늘날까지 우리 인간의 본성으로 남아 있는 것이다. 인간의 도덕적 성향이 생물학적인 근거를 지닌 적응 현상이지만, 또 한편으로는 우리 스스로 선량하다고 믿는 성향 역시 무시할 수 없다. 우리가 진실로 도덕적인 삶을 영위하려면 우선 먼저 우리가 어떻게 생겨먹은 동물인가를 이해해야 한다.

생물학자로서 나는 가끔 이런 상상을 해본다. 다윈의 진화론에 따르면 자연은 그 누구의 관리도 받지 않는 상태에서 자연적인 선택 과정을 거치는 것이지만, 때로 자연선택을 하나의 주체로 생각하고 그들의 본부가 어딘가에 있다고 상상해 본다. 이름하여 'DNA 본부(DNA headquarter)'다. 그곳에는 백남준의 설치미술 전시장을 연상하게 할 만큼 수많은 TV 모니터들이 있다. 모니터들은 저마다 맡고 있는 생물종의 일거수일투족을 살피고 있다. 그 중에는 개미를 살피는 모니터도 있고, 까치를 살피는 모니터도 있으며, 물론 우리 인간을 살피는 모니터도 있다. 그곳 슈퍼컴퓨터에는 실시간으로 각 생물종들의 DNA 복제 업적이 보고되고 평가된다. 어느 모니터의 업적이 더 훌륭한가는 그리 중요하지 않다. 업적의 총합이 중요할 뿐이다. DNA들은 지금 각각 다른 생물의 몸 속에 들어앉아 있지만 모두 태초의 한 DNA로부터 분화되어 나온 한 집안 식구이기 때문이다. DNA 본부에서는 요즘 인간들이 다른 생물종들을 멸종의 위기로 몰며 DNA의 다른 사업들을 망치고 있는 것에 대해 심각한 우려를 표하고 있다. DNA의 똑같은 후손 중의 하나에 지나지 않는 우리 인간에게 그럴 권리가 없다는 점을 일깨워주고 싶어한다.

진화란 결국 생물의 형질이 유전자라는 정보 물질을 통하여 전파되는 과정을 말한다. 어느 특정한 형질을 지님으로써 그 개체가 보다 많은 자손을 퍼뜨릴 수 있다면 그 형질의 발현에 관여하는 유전자들은 보다 많은 복사체들을 후세에 남길 것이다. 이렇듯 현대 진화생물학은 생명의 문제를 유전자의 관점에서 바라보길 요구한다. 유전자의 관점은 일반인들에게는 리처드 도킨스의 『이기적 유전자』를 통해 널리 알려졌지만, 원래 다윈 이래 가장 위대한 생물학자로 칭송 받았던 윌리엄 해밀턴의 이론에서 온 것이다. 유전자의 관점에서 바라보는 생명은 끊임없이 해체되고 다시 조합되어 새 생명으로 윤회하는 불교의 기본 사상과 적어도 표면적으로는 상당한 유사성을 지닌다.

철학자 마셜(Peter Marshall)은 불교가 생태학적 존재(ecological self)의 계발에 특별히 좋은 근거를 제공한다고 주장한다. 불교에서는 주체와 객체, 인간과 자연, 신과 현실 세계 등 사이에 존재하는 구분이 사라지기 때문이다. 한편 생물학자인 나는 연기론(緣起論)에 특별한 관심을 갖고 있다. 그 중에서도 부파불교의 **업감연기**(業感緣起)★의 개념

(은정희 1991, 이홍우 1991, 소광섭 1999, 한자경 2006)은 다분히 진화론적이다. 불교는 우리의 몸과 마음을 각각 겉으로 드러나는 물리적인 것들을 의미하는 색(色, rūpa)과 색과 연관되어 있으되 보이지 않는 심리적인 것들을 뜻하는 명(名, nama)으로 부른다. 명은 다시 수(受, vedanā), 상(想, saṃjñā), 행(行, saṃskāra), 식(識, vijñāna)의 네 개념으로 나뉘고, 이 넷과 색을 합하여 **오온**(五蘊)★이라 칭한다. 나[아(我)]라는 존재는 실재하는 것이 아니라 오온 또는 오음(五陰)의 집합체에 불과하다는 **무아론**(無我論)★은 생명체를 이루는 물질은 죽음과 더불어 서서히 소멸하지만 새로운 생명체에 관한 유전정보를 담고 있는 유전자 즉 DNA는 영원히 살아남을 수 있다는 진화생물학의 원리와 상당히 흡사하다. 생명체 즉 일시적인 집합체가 해체되어 죽게 되어도 업(業)의 힘으로 새로운 집합체가 만들어져 윤회한다는 업의 상속 역시 태초부터 지금까지 온갖 형태의 몸을 빌어 복제 실험을 거듭해온 DNA의 활동을 연상하게 한다. 어차피 생명의 역사란 DNA의 일대기에 지나지 않으니 말이다.

"**명색**★은 식을 연하여 생한다. 그런데 이제 다시 명색을 연하여 식이 있다고 하면 어떻게 되는 것인가?"라는 『잡아함경(雜阿含經)』의 물음에 불교철학자 김성철은 사뭇 구체적인 생물학의 예를 들어 답한다. 그는 식을 '중음신'으로, 그리고 명색을 수정란으로 해석한다.

> "식이 자궁 속에 들어가 수정란에 부착되면, 그 수정란은 하나의 생명으로서 성장하기 시작한다. 이때 식이 부착된 수정란을 명색이라고 부른다. 명이란 정신을 의미하고, 색이란 육체를 의미한다. DNA라는 물질 덩어리[색]였던 수정란에 식[명]이 부착

됨으로써 비로소 생명이 탄생하게 되는 것이다." (김성철 2004)

인간의 경우 임신의 거의 80%가 이런 저런 이유로 산모의 몸 속에서 자연 유산되는 것으로 알려져 있다. 발생학 또는 산부인학에서는 이 같은 경우들을 착상 과정의 오류로 간주한다. 김성철에 따르면 이는 모두 식이 자궁 속으로 들어오지 못했거나 들어왔더라도 제대로 수정란에 부착되지 못해서 일어나는 현상이라는 것일텐데, 현대 과학적 사고는 분명 아니지만 흥미로운 직관이라고 생각한다.

김성철 교수는 또한 본 심포지엄의 토론자로 참여하여 진화생물학에서 말하는 '이기적 유전자에 의해 발휘되는 이타심'은 "종(種) 내에 국한한 이타심"일 것이라고 지적하며, 그렇다면 불교 윤리에서 말하는 '모든 생명체에 대한 이타심' 즉 '종을 초월한 이타심'을 진화생물학은 어떻게 해석하는가 물었다.『인간의 위대한 스승들』이라는 책에서 동물행동학자 마크 베코프(Marc Bekoff)는 다음과 같은 이야기를 들려준다. 디트로이트 동물원에서 어느 날 '조조'라는 이름의 침팬지가 하수구에 빠지는 사건이 발생했다. 침팬지는 우리와 유전자의 거의 99%를 공유하는 동물이지만 물을 무척 무서워하며 수영을 할 줄 모른다. 어쩌다 물에 빠져 허우적거리는 조조를 가리키며 관람객들이 소리를 지르는 사이에 홀연 릭 스워프(Rick Swope)라는 남자가 물로 뛰어들었다. 수영을 전혀 하지 못하며 체중도 엄청난 조조를 물 밖으로 끌어올리느라 거의 목숨을 잃을 뻔했던 그에게 사람들은 왜 그런 위험한 일을 했느냐고 물었다. 그러자 그는 다음과 같이 말했다. "언뜻 그의 눈을 들여다보게 되었어요. 사람의 눈이었습니다. 그리고 그 눈은 이렇게 말하고 있었습니다. 누가 나를 살려줄 사람

없나요?"

자식을 구하기 위해 불 속으로 뛰어드는 부모의 애틋한 사랑은 물론 감동적이지만, 생판 모르는 사람을 구하려다 목숨을 잃은 사람들에 대한 이야기는 차원이 다른 감동을 준다. 술에 취한 일본인을 선로에서 끌어내리다 죽은 이수현씨의 곁에는 사실 함께 구조 작업을 하다 죽은 세키네 시로라는 이름의 일본인 사진가가 있었다. 같은 일본인인 그에 대한 애도와 한국인인 이수현에 대한 애도는 비교가 되지 않는다. 유전적으로 관련이 있는 사람을 구하려는 행위는 해밀턴의 포괄적응도 개념으로 설명이 가능하다. 그러나 이수현씨의 희생도 그렇지만 스워프의 경우나 우리 주변에서 가끔 주인을 구하고 장렬한 죽음을 맞이하는 개들의 경우는 어떻게 이해해야 하는 것일까? 서로 종이 다른 개체들 간의 이타적 행동은 도대체 어떻게 진화된 것일까?

바로 이 문제에 처음으로 진화적 메커니즘을 제공한 사람은 해밀턴이 하버드 대학에 초빙교수로 있던 시절 그곳에서 박사 학위를 받은 트리버즈(Robert Trivers)였다. 해밀턴의 친족 이타주의(kin altruism)에 상응하여 '호혜성 이타주의(reciprocal altruism)'라고 명명된 그의 이론에 따르면, 지금 이 순간 서로 도움을 주고받는 게 아니라 미래의 보답을 기대하며 남에게 도움을 주는 행위로 인해 인간을 비롯한 많은 동물들의 사회성이 진화했다는 것이다. 일종의 계약 이타주의(binding altruism)인 셈이다.

1971년 트리버즈의 이론이 발표되자 인간 사회의 호혜성 이타주의 행동의 예는 수없이 많이 논의되었지만 다른 동물의 예는 그리 쉽게 발견되지 않았다. 1977년에 이르러서야 인간이 아닌 다른 영장류에서 첫 예가 보고되었다. 그레이그 패커(Craig Packer)는 올리브비비(olive baboon) 수컷들 간의 호혜성 동맹 관계를 연구하여 으뜸수컷(dominant male)을 피해 발정기의 암컷에게 접근하기 위해 버금수컷(subordinate male)들이 서로 도움을 주고 받는다는 사실을 관찰했다. 그 후 침팬지를 비롯한 다양한 영장류 사회에서 상호 털고르기, 음식 나눠먹기 등의 호혜성 행동들이 보고되었지만 트리버즈 이론에 가장 결정적인 도움이 된 연구는 단연 윌킨슨(Gerald Wilkinson)의 흡혈박쥐 연구였다. 중남미 열대에 서식하는 흡혈박쥐들은 밤마다 소나 말 같은 큰 동물의 피를 빨아먹고 사는데 워낙 신진대사가 빨라 연이어 사흘 밤만 피를 빨지 못하면 죽음을 면치 못한다. 그래서 흡혈박쥐의 사회에는 서로 피를 나눠먹는 풍습이 진화했다. 윌킨슨의 연구에 따르면 흡혈박쥐들은 우선 친척들과 가장 빈번하게 피를 나눠먹지만 오랫동안 가까운 자리에 함께 매달려 있는 짝꿍들에게도 피를 나눠주고 또 훗날 피를 얻어먹기도 한다. 이들은 서로를 분명히 인식하며 오랫동안 호혜 관계를 유지한다. 이들이 피를 빨지 못하고 돌아오는 확률에 의거하여 예상 수명을 계산해보면 태어나서 3년을 버티기 힘들 것으로 보인다. 그러나 서로 피를 나눠먹는 전통 덕택에 흡혈박쥐들은 야생에서 15년 이상을 살기도 한다.

흡혈박쥐와 영장류 사회의 예들이 호혜성 이타주의 개념을 설명하는 데 매우 유용하긴 하지만 도대체 그런 호혜 관계가 애당초 어떻게 시작될 수 있는지를 설명하는 데에는 트리버즈 자신이 처음부터 사용했던 청소놀래기의 예가 가장 훌륭해 보인다. 열대지방 바다의 산호초 주변에는 다른 물고기들의 몸을 깨끗이 청소해주며 살아가는 물고기들이 있다. 물고기들은 우리처럼 손이 있어서 몸의 구석구석을 손질할 수 없기 때문에 주기적으로 이 같은 청소 서비스를 받을 수 있는 곳을 찾는다. 몸집이 큰 물고기는 청소놀래기에게 그야말로 온몸을 다 맡긴다. 청소놀래기는 아가미 덮개 밑으로 파고들어 마치 자동차 필터처럼 생긴 아가미의 속살에 붙어 있는 온갖 이물질들을 제거하질 않나 아예 입 속에 들어가 치아 사이까지 마치 치과의사가 스케일링을 하듯 꼼꼼하게 청소한다. 바로 이 장면에서 한번 생각해 보자. 청소 서비스를 받으러 온 물고기가 마침 배도 출출하다면 마음의 갈등을 일으킬 수 있을 것이다. 이미 입 안에 들어와 청소에 여념이 없는 놀래기는 그야말로 독 안에 든 쥐와 다름없다. 그냥 꿀꺽 삼키면 그만이다. 하지만 그래 본들 그 날 한번의 식사를 해결했을 뿐이다. 앞으로 허구한 날 누가 제 몸 구석구석을 청소해줄 것인가? 한 끼의 식사보다는 오랜 세월 동안 단골 서비스를 받는 게 훨씬 유리하기 때문에 그들은 서로 돕는 관계를 유지하는 것이다.

진화생물학에서는 해밀턴의 친족 이타주의 이론과 트리버즈의 호혜성 이타주의 이론만 가지면 일단 이타심의 기원과 진화에 대해 기본적인 설명이 가능하다고 생각한다. 물론 진화론적 설명은 보편성은 지니지만 종종 구체적인 예들에 완벽하게 적확한 분석을 제공하지는 못한다. 종을 초월한 이타심의 경우에도 진화생물학은 불교와 인도의 자이나교(Jainism)가 포괄하는 범위를 두루 포용하지는 못한다. 그러나 불교에서도 인간을 제외한 다른 동물들 전반에 대한 기본적인 자애심은 인정한다 하더라도 우리 인간에게 치명적인 해를 끼치는 포식동물이나 병원균에까지 감정이입 동정심을 갖는 것은 아닌 걸로 보아 진화론적 분석이 그 시작조차 하지 못할 상황은 아니리라 기대해본다.

불교와 다원주의의 메울 수 없는 간극(間隙)

불교의 교설과 다원주의의 유사성은 엄청나게 많이 끌어낼 수 있다. 하지만 나는 그런 유사성은 모두 표상적인 수준을 벗어나지 못하며, 실제로 둘 사이 간에는 넘기 어려운 근본적인 차이가 존재한다고 생각한다. 한자경은 『불교의 무아론』(2006)에서 이에 대해 상세하게 논하고 있다. 불교에서 인간 자아는 단적으로 말해 오온 화합물이다. 그렇지만 오온 화합물로서 자아의 존재를 설정하는 유아론(有我論)을 표방한다고 해서 유물론적 사고를 한다는 뜻은 결코 아니라는 것이다. 오히려 불교는 무아론을 내세우고 있어 언뜻 듣기에는 비판의 여지가 상당히 있어 보인다. 한자경은 그래서 다음과 같이 묻는다. "만일 자아가 존재하지 않는다면, 행위를 하는 자, 즉 업을 짓는 자와 그 행위에 의한 결과, 즉 **업보**★를 받는 자는 과연 누구란 말인가? 만일 자아가 존재하지 않는다면, 이 생에서의 업에 따라 다음 생으로 윤회하는 자는 과연 누구란 말인가?"

한자경에 따르면, 불교가 인간 자아를 오온으로 설명하지만 그 오온 안에는 자아를 구성할 만한 것이 존재하지 않는다는 것이다. 불교의 무아론은 요소들이 화합하여 만들어내는 결과물을 새로운 존재로 인정하지 않는다. 한자경은 "요소들과 구분되는 '집'에 상응하는 새로운 실재는 없으며, 따라서 '집'이란 그에 상응하는 실재가 존재하지 않는 이름, 실명(實名) 아닌 가명(假名)에 지나지 않는다"고 본다. 또한 불교 무아론은 "인연 화합 결과물의 실재성만 부정하고 그것을 이루는 요소들의 실재성은 인정하는 요소주의가 아니다." 실재하지 않는 집의 담, 벽, 천장 등이 돌이나 나무로 되어 있더라도 집이 존재하지 않는다고 말하지 않고 집은 돌 또는 나무의 집합에 지나지 않는다고 말할 수는 없다는 것이다. 오온의 화합물은 물론, 그를 이루는 각각의 온도 실체가 아니며 모든 것은 다 다른 것들의 인연 화합으로 이루어진 것이다.

불교 무아론의 반유물론적 본질은 사후 자아 존속의 문제에 이르러 더욱 극명하게 드러난다. 사후 자아의 존속 여부를 묻는 질문에 석가는 그 질문 자체에 전제되어 있는 자아의 관념에 이의를 제기한다. 그 질문은 "생전의 자기 동일적 자아를 이미 전제하고 그 자아가 죽음 이후에도 멸하지 않고 동일하게 남는가 아니면 죽음과 더불어 단멸하는가를 묻고 있기 때문"이다. 석가에 따르면, 자기 동일적 자아란 애당초 존재하지 않는다. 윤회가 반드시 자기 동일적 자아의 존재를 전제해야 하는 것은 아니다. 『미린다팡하』에는 석가의 다음과 같은 물음이 소개되어 있다. "어떤 사람이 한 등에서 다른 등으로 불을 붙인다고 할 경우, 한 등이 다른 등으로 옮겨간다고 할 수 있겠는가?"

철저하게 유물론적 과학인 진화생물학은 이 부분에서 불교의 무아연기론과 도저히 넘기 힘든 선을 그을 수밖에 없다. "업(業)과 보(報)는 있지만 업을 짓는 작자는 없다"는 『잡아함경』의 명제는 연기와 무아의 표상적 의미와 언뜻 흡사해 보이던 다원주의를 철저하게 유물론적 수준으로 철수시킨다. "닭은 달걀이 더 많은 달걀을 생산하기 위해 잠시 만들어낸 매개체에 지나지 않는다"는 사회생물학적 수사에서 우리가 쉽사리 삶의 주체라고 생각하던 닭이라는 존재를 실재하지 않는 무아로 보는 관점에는 충분히 동행할 수 있지만, 부모의 DNA로부터 그 닭이 만들어지는 엄연한 과학적 사실 앞에서 '업을 짓는 작자'가 없다는 주장은 받아들일 수 없다. 자연의 기(氣)로 생겨난 우리의 영혼이 죽음과 더불어 다시 자연의 기로 회귀한다는 노장 사상의 설명과도 표면적으로는 유사할지 모른다. 비록 육체를 이루던 요소들은 다시 한 줌 흙으로 돌아가지만 내 DNA는 자식의 몸을 통해 내 사후에도 계속 존속할 수 있는 엄연한 실재이기 때문이다. 이런 관점에서 볼 때 어떻게 철저하게 유물론적 체계의 다윈주의가 궁극적으로 달라이 라마가 설파하는 공감과 동정의 차원에 도달할 수 있었는지가 오히려 신기할 따름이다.

나는 과학과 종교는 결코 하나로 융합(融合)할 수는 없어도 충분히 통섭(統攝)할 수는 있다고 생각한다. 바야흐로 소통의 시대를 맞아 통합, 융합, 통섭 등의 용어가 여러 학문 분야에서 회자되고 있다. 나는 이미 『통섭—지식의 대통합』과 『지식의 통섭—학문의 경계를 넘다』에서 이 세 용어의 개념을 구분하여 설명한 바 있다. 통합이 다분히 이질적인 것들을 단순히 물리적으로 한데 섞어 놓은 상태를 의미한다면, 융합은 "녹아서 또는 녹여서 하나로 합침"이라는 우리말 사전의 뜻풀이처럼 합쳐지기 전의 형태를 거의 알아볼 수 없을 정도로 한데 어우러지는 것을 뜻한다. '녹을 융(融)'은 곡식을 찌는 세발솥(鬲)에서 김이 새어 나오는 모습이 마치 벌레(蟲)의 모습을 닮았다 하여 만들어진 글자라고 한다. 그래서 융합은 흔히 핵, 세포, 조직 등이 합쳐지는 과정을 묘사할 때 사용된다. 이에 비하면 통섭은 서로 다른 이론 또는 요소들이 한데 모여 새로운 단위로 거듭나는 과정을 의미한다. 통합과 융합의 병렬적 합침이 아니라 서로 다른 분야의 만남으로 인해 둘 사이에서 예기치 못했던 새로운 개념이나 분야가 탄생하는 것을 뜻한다. 우리에게는 '가지 않은 길'로 잘 알려진 미국의 시인

프로스트(Robert Frost)의 또 다른 시 '담을 고치며(Mending Wall)'에는 "좋은 담이 좋은 이웃을 만든다(Good fences make good neighbors)"라는 구절이 있다. 담이 아예 없으면 이웃이 아니다. 한 집안이다. 그러나 한 집안이라고 해서 늘 행복한 것은 결코 아니다. 학문의 경계가 지금처럼 되어 있는 데에는 다 그럴만한 역사적 배경이 있다. 통섭은 학문의 경계를 완전히 허물려는 시도가 아니다. 다만 학문 간의 담을 충분히 낮춰 넘나듦을 쉽게 하자는 것이다. 그래서 통합이 다분히 물리적인 합침이고 융합이 화학적인 합침이라면, 통섭은 이를테면 생물학적 합침이다. 서로 다른 학문들이 만나 하나의 학문으로 융합되는 게 아니라 서로 충분히 소통하다 보면 둘 사이에서 자식이 태어날 수 있다. 부모 학문의 유전자를 적절히 잘 섞은 자식 학문이 탄생할 수 있다. 기술은 융합할 수 있다. 정보 기술(IT), 바이오 기술(BT), 나노 기술(NT) 사이의 기술적 융합은 얼마든지 가능하다. 하지만 인문학과 자연과학이 융합될 수는 없다. 다만 통섭될 수 있을 뿐이다. 기술은 융합될 수 있고 지식은 통섭될 수 있다. 과학과 종교는 결코 하나의 단위로 융합될 수는 없다. 하지만 서로가 서로를 충분히 알게 되면 통섭될 수는 있다고 생각한다. 종교 중에서도 불교가 진화론과 지적 통섭의 가능성이 특별히 높아 보인다고 생각하는 것은 나뿐이 아닌 듯싶다.

　유전자의 눈높이에서 바라보는 생명은 언뜻 섬뜩하고 허무해 보인다. 그러나 그 약간의 소름 끼침과 허무함을 받아들이면 스스로가 철저하게 겸허해지는 경험을 하게 된다. 그리곤 자연의 일부로 거듭나게 된다. 마치 불교의 **해탈*** 경지로 들어서는 듯한 착각을 느낄 수 있다. 연기적 윤회로부터의 일탈인 해탈을 '나'라는 개인의 차원에서 이룰 게 아니라 나를 구성하는 유전자에 기댐으로써 얻을 수 있는 것은 아닐까 생각해본다. 한 가지 분명한 것은 이 같은 생각을 하다 보면 어느 순간부터 정말 거짓말처럼 마음이 비워지는 걸 느낄 수 있다는 점이다. 어쩌면 이것이 바로 불교의 기본 교설이 말하는 '무상함(anicca)'과 무아의 '공(空)'의 개념에 도달하는 길이 아닐까 생각해본다.

현재 우리 인류가 저지르고 있는 환경 파괴 및 온갖 잔인한 행동들을 보면 우리는 순간에 사라지고 말 동물처럼 보인다. 먼 훗날 이 지구상에 인간에 버금가거나 능가하는 생명체가 탄생하여 지구의 역사를 재정리한다면 과연 우리 인간을 어떻게 평가할 것인가? 우선 그들의 역사책에 거의 언급조차 되지 않을 확률도 매우 높다고 본다. 워낙 짧게 살다가 절멸한 종이기 때문이다. 하지만 달리 보면 워낙 저질러놓은 잘못이 엄청나 비록 그리 긴 세월을 생존하지 못했다 하더라도 퍽 중요했던 종으로 기록될 가능성 역시 높다. 일찍이 "인간은 역사의 무대에 잠깐 등장하여 충분히 이해하지도 못하는 역할을 하다가 사라진다"고 한 셰익스피어의 경고가 다시금 새롭다.

참고문헌

제인 구달 외 지음,『인간의 위대한 스승들』채수문 옮김 (서울: 바이북스, 2009).
김성철,『중론: 논리로부터의 해탈, 논리에 의한 해탈』(서울: 불교시대사, 2004).
『미린다팡하』동봉 옮김 (서울: 홍법원, 1992).
소광섭,『물리학과 대승기신론』(서울: 서울대학교 출판부, 1999).
은정희,『대승기신론소』(역주) (서울: 일지사, 1991).
이홍우,『대승기신론』(역주) (서울: 경서원, 1991).
최인숙,「서양철학에서 본 자연—현재의 환경·생태 문제 및 우리들의 삶의 방향을 염두에 두고 고찰함」, 제2회 불교생태학세미나,『자연, 환경인가 주체인가』(서울: 동국대학교 불교문화연구원, 2003).
최재천,『알이 닭을 낳는다』(서울: 도요새, 2001).
최재천,「멋진 신세계를 위한 새로운 생명윤리」, pp. 197-204,『우리 시대의 윤리』(서울: 뜨인돌, 2001).
최재천,「다윈, 불교에 귀의하다: 불교와 진화생태학의 만남」, pp. 119-152, 제2회 불교생태학세미나,『자연, 환경인가 주체인가』(서울: 동국대학교 불교문화연구원, 2003).
최재천,「다윈의 진화론: 철학 논의를 위한 기본 개념」, pp. 45-81; 철학연구회,『진화론과 철학』(서울: 철학과 현실사, 2003).
최재천,「사회과학, 다윈을 만나다」, pp. 15-57; 최재천 외 지음,『사회생물학, 인간의 본성을 말하다』(부산: 산지니, 2008).
최재천·주일우 엮음,『지식의 통섭—학문의 경계를 넘다』(서울: 이음, 2007).
최재천 외 18인,『21세기 다윈 혁명』, (서울: 사이언스북스, 2009).
한자경,『불교의 무아론』(서울: 이화여자대학교출판부, 2006).

Choe, J. C. and B. J. Crespi (eds.), *The Evolution of Social Behavior in Insects and Arachnids* (Cambridge: Cambridge University Press, 1997a).

Choe, J. C. and B. J. Crespi (eds.), *The Evolution of Mating Systems in Insects and Arachnids* (Cambridge: Cambridge University Press, 1997a).

Cronin, H., *The Ant and the Peacock* (Cambridge: Cambridge University Press, 1991).

Crow, J. F., "Anecdotal, historical and critical commentaries on genetics: the ultraselfish gene". *Genetics* 118 (1988): 389-391.

Dalai Lama and P. Ekman, *Emotional Awareness: Overcoming the Obstacles to Psychological Balance and Compassion* (New York: Macmillan, 2008).

Darwin, C., *On the Origin of Species by Means of Natural Selection, or the Preservation of Favoured Races in the Struggle for Life* (London: Murray, 1859).

Darwin, C., *The Descent of Man, and Selection in Relation to Sex* (London: Murray, 1871).

Darwin, C., *The Expression of the Emotions in Man and Animals* (London: Murray, 1872).

Dawkins, R., *The Selfish Gene* (Oxford: Oxford University Press, 1976) (『이기적 유전자』 홍영남 옮김 [서울: 을유문화사, 1993].).

Dawkins, R., *The Extended Phenotype* (Oxford: Oxford University Press, 1982) (『확장된 표현형』 홍영남 옮김 [서울: 을유문화사, 2004].).

Dawkins, R., *The Blind Watchmaker* (London: Longman, 1986) (『눈먼 시계공』 이용철 옮김 [서울: 사이언스북스, 2004].).

Dawkins, R., *River out of Eden* (New York: Basic Books, 1995) (『에덴의 강』, 이용철 옮김 [서울: 사이언스북스, 2005].).

Dawkins, R., *Climbing Mount Improbable* (New York: W. W. Norton, 1996).

De Waal, Frans., *The Age of Empathy* (New York: Harmony Books, 2009).

Dobzhansky, T., "On the dynamics of chromosomal polymorphism in Drosophila." In: *Insect Polymorphism,* J. S. Kennedy (ed.), pp. 11. Symposia of the Royal Entomological Society of London, Vol. 1. (London: Royal Entomological Society, 1961).

Gould, S. J., *Wonderful Life* (New York: W. W. Norton, 1989) (『생명 그 경이로움에 대하여』. 2004. 김동광 옮김. 경문사, 서울).

Hamilton, W. D., "The genetical evolution of social behaviour, I & II" *Journal of Theoretical Biology* 7 (1964): 1-52.

Gottlieb, A. H., B. Bowers, H. Gottlieb, and B. Bowers, *1,000 Years, 1,000*

People: Ranking the Men and Women Who Shaped the Millenium (New York: Kodansha America, 1998).

Hull, D. L., "A matter of individuality", *Philosophy of Science* 45 (1978): 335-360.

Hurst, L. D., "Intragenomic conflict as an evolutionary force." *Proceedings of the Royal Society of London, Series B* 248 (1992): 135-140.

Locke, John., *The Second Treatise of Civil Government* (New York: Hafner Publishing Co., 1947).

MacArthur, R. H., *Geographical Ecology: Patterns in the Distribution of Species* (New York: Harper & Row, 1972).

Malthus, T. R., *An Essay on the Principle of Population, As It Affects the Future Improvement of Society, with Remarks on the Speculations of Mr. Goodwin, M. Conderset and Other Writers* (London: J. Johnson, 1798).

Marshall, P., *Nature's Web: Rethinking Our Place on Earth* (Armonk, New York: M. E. Sharpe, 1992)

Mayr, E., *The Growth of Biological Thought: Diversity, Evolution, and Inheritance* (Cambridge, Massachusetts: The Belknap Press of Harvard University Press, 1982).

Pinker, S., *The Language Instinct: How the Mind Creates Language* (New York: W. Morrow and Co., 1994) (『언어본능』 김한영 옮김 [서울: 동녘사이언스, 2008]).

Ridley, M., *The Red Queen: Sex and the Evolution of Human Nature* (New York: Viking, 1993) (『붉은 여왕』 김윤택 옮김 [서울: 김영사, 2002]).

Tucker, M. E. and D. R. Williams (eds.), *Buddhism and Ecology* (Cambridge, Massachusetts: Harvard University Press, 1997).

Williams, G. C., *Adaptation and Natural Selection.* (Princeton: Princeton University Press, 1966).

Williams, G. C., *The Pony Fish's Glow and Other Clues to Plan and Purpose in Nature* (New York: Basic Books, 1997).

Wilson, E. O., *The Insect Societies* (Cambridge, Massachusetts: Harvard University Press, 1971).

Wilson, E. O., *Sociobiology: The New Synthesis* (Cambridge, Massachusetts: Harvard University Press, 1975) (『사회생물학』 이병훈·박시룡 옮김 [서울: 민음사, 1992]).

Wilson, E. O., *Consilience: The Unity of Knowledge* (New York: Vintage Books,

1998) (『통섭―지식의 대통합』최재천·장대익 옮김 [서울: 사이언스북스, 2005].).

Worster, D., *Nature's Economy: A History of Ecological Ideas.* (Cambridge: Cambridge University Press, 1977) (『생태학―그 열림과 닫힘의 역사』강헌·문순홍 옮김 [서울: 아카넷, 2002].).

Wright, R., *The Moral Animal* (New York: Pantheon, 1994) (『도덕적 동물』박영준 옮김 [서울: 사이언스북스, 2003].).

# Buddha and Darwin

진화론적 시각과 불교의 연기론은 결국 우리에게 언제나
남겨져 있는 과제를 다시 한 번 환기시킨다. 그것은
과학이건 종교이건 인간의, 인간에 의한, 인간을 위한
일상적 삶을 전제하지 않은 채 논의되고 해석될 때에는
원래의 모습과는 전혀 다른 형태로 우리 모두에게
폭력적으로 다가올 수 있다는 점이다. 최소한 두 관점이
제시하고 있는 관계성에 대한 바른 이해는 과학을
폭력적으로 사용하고 있는 현대 사회의 한계를 극복하는
데에 기여할 것으로 생각된다. 진화론적 시각과 불교의
연기적 관점은 너와 내가 서로 의존하면서 살아가고
있으며, 이와 같은 존재의 열린 관계성이야말로 모든
존재의 본질이자 진화하는 변화의 힘을 밝혀주는 '연기적
진화'라는 새로운 지평을 열어준다.

불교적 진화는
우리의 삶 속에서
어떻게 구현될
것인가

3

우희종

우희종

서울대학교 수의학과를 졸업하고 동경대학교 약학부의 생명약학 협동과정에서 석사와 박사학위를 받았다. 이후 미국 펜실베이니아주립대 의과대학과 하버드 의과대학에서 연구 생활을 하였고, 현재 서울대학교 수의학과 교수로 재직하고 있다. 주 전공은 면역학이며, 학제 간 연구에 깊은 관심을 지니고 있다. 학문은 기본적으로 '종합적이고 복합적인 인간의 삶'을 다룬다는 점에서 과학기술사회학을 비롯한 분과학문의 통합적 소통을 시도하고 있기도 하다.

주요 관심사는 생명의 다양성과 더불어 삶을 통해 나타나는 생의 의미를 이해하는 것이며, 이를 위해 생명과학과 철학, 사회학 뿐 아니라 다양한 종교적 체험도 공부에 적용하고 있다. 특히 분과학문 간이거나 학문과 종교 간의 대화와 소통을 위해서는 상대 분야가 지닌 '암묵지(tacit knowledge)'에 대한 이해가 전제되어야 한다고 믿고 있으며, 주위의 소외되거나 억압된 생명을 위한 삶의 자세가 체화될 때야말로 비로소 진정한 '일상생활 속의 참여'가 가능할 것이라고 생각한다.

들어가며

과학과 종교는 대립과 소통의 다양한 방식으로 서로 교류하며 변화해 왔다. 과학 시대라고 불리는 근대 사회에서 과학은 우리의 삶에 막대한 영향을 끼쳐왔으며, 신자유주의 시대를 맞이하여 세계화의 흐름 속에서 그 파급 효과는 매우 신속하고 또한 규모도 전세계에 걸쳐 있다. 하지만 지구적 규모의 생태 위기를 맞이한 후기 산업사회를 경험하면서 '과학주의(scientism)'에 대한 논란[1]이 제기되는 등 우리에게 신뢰를 주어온 과학 자체에 대한 재평가가 요구되었다. 또한 그동안 서양 근대 과학을 맹목적으로 정당화하고 추구했던 입장을 벗어나 근대 과학이 지닌 태생적 한계를 인식하고 앞으로 무엇이 보완되어야 하는 지에 대하여 진지하게 고민해야 하는 시기에 이르렀다.

생명에 대한 서양 과학의 입장은 진화론이 발표된 후 150년이 지난 지금도 생물학적 측면과 생태적 측면 모두에서 여전히 진화론의 영향 아래 있다고 볼 수 있다.[2] 그러나 다윈의 진화론 이후 생명 현상에 대한 많은 새로운 과학적 지식이 얻어졌고, 그 결과 진화론 자체에 대한 해석 역시 시대에 따라 다양하게 전개되어 왔다. 관계성에 의한 상호 변화에 바탕을 둔 진화론적 사고방식은 150년 전 당시에도 그랬듯이 여전히 생물학뿐만 아니라 신학, 철학, 사회과학 등의 여러 학문에 영향을 미치면서 다양한 형태로 전개되고 있다. 이는 특히 반증(falsification)에 의해 그 영역을 넓혀가는 과학의 특성상 앞으로도 계속될 것으로 보인다. 하지만 여전히 유효한 것은 과학은 자연에 대한 서술이지 규범이 아니라는 점이다.[3]

진화론에서의 진화는 수천만 년이나 수억 년이라는 긴 시간 속에서의 진행된다. 반면 진화 과정 속에서 대부분 백 년을 못넘기는 각 생명체의 삶은 그 긴 시간에 비하면 극히 짧다. 하지만 수억 년의 긴 시간도 오늘 하루라는 짧은 시간의 누적이라는 점에서, 진화 현상에 대해서는 거시적인 역사적 차원뿐 아니라 한 생명체의 삶이라는 미시 차원에서의 실천적 접근도 필요하다. 진화의 주체인 생명체가 보여주는 생명 현상은 보편적이면서 동시에 개별적 특성을 지니기 때문이다.

또한 생명 현상이 보편성과 더불어 개체고유성을 지닌다는 점에서 진화 과정의 보편성과 다양성을 이루게 하는 동력을 아는 것은 중요하다. 따라서 긴 시간에 걸친 진화의 장이 오늘 하루의 삶의 현장을 떠나서 이루어질 수 없다는 점을 생각해보면 길고 긴 시간의 흐름 속에서 보편적 이론을 추구하는 과학으로서의 진화론은 "천상천하 유아독존"이라고 표현되듯이 주체적인 일상의 삶을 강조하는 불교적 시각과 서로 보완될 수 있다.

한편, 과학으로서의 진화론과 종교로서의 불교 연기법을 함께 논의하기 위해서는 과학과 종교가 태생적으로 지니는 특성을 분명히 인식해야 한다. 과학과 종교는 비록 모두 우리의 삶을 전제하고 있지만 그 층위가 서로 다르다. 과학과 종교로서의 불교를 비교하는 데에 있어서 범하기 쉬운 오류는 단순한 유사성의 확인에 머무르는 것이다. 물론 그런 시도에서는 진리로서의 불교적 가르침 속에 현대 진화론이나 다른 과학 분야와도 많은 유사성을 찾을 수는 있다.

하지만 엄밀한 의미에서 서로 비교하기 어려운 과학과 종교라는 각각의 두 영역을 동시에 살필 때에는 과학과 종교가 지니고 있는 근본적 자세와 지향점에 대한 차이를 명확히 할 필요가 있다. 따라서 층위 차이로 인해 나타나는 각각의 입장의 특성을 무시하고 두 영역을 동일 선상에서만 논의함으로써 서로에 대한 오해와 왜곡이 발생하는 것을 피해야 한다. 이를 위해서는 과학과 종교의 서로 다른 특성을 명확히 한 후, 이러한 차이점을 바탕으로 진화론적 생명관과 연기법적 생명관이 보여주는 차이와 동질성을 이해해야 한다. 그러므로 현대생물학적 입장에서 본 진화론적 시각과 생명 존중 및 비폭력의 종교로 알려진 불교의 관점을 비교 검토함으로써 다윈의 진화론과 불교적 연기법의 접점이 명확히 해야 한다. 그러한 검토를 통해 서로의 입장이 분명해질 때 하루하루 현재 진행형으로서의 미시적 진화가 삶의 현장에서 어떻게 이루어져야 하는지에 대한 통찰도 얻을 수 있을 것이기 때문이다.

과학의 입장에서 현대 진화론의 큰 흐름은 20세기 말의 유전자 실체론에 근거한 에드워드 윌슨(Edward Wilson) 및 리처드 도킨스(Richard Dawkins)로 대표되는 사회생물학적 입장, 그리고 이와 대립하는 입장으로서 스티븐 제이 굴드(Stephen Jay Gould)의 단속평형설과 '이보디보(evo-devo)'라고 불리는 진화발생생물학(evolutionary developmental biology) 등으로 대표되는 진화생물학 계열이 있었다. 하지만 21세기 들어 유전자와 생물 발생에 대한 연구가 더욱 진척되어 그동안 연구가 미미했던 후성유전학(epigenetics)이 발전하면서 메타-게놈(meta-genomic) 내지 포스트-게놈(post-genomic) 시대가 이야기되었다.[4] 또 생물학과 복잡계 과학(science of complexity)의 접목,[5] 시스템 생물학의 대두[6] 등으로 관계론적 시각이 확보되면서 전형적인 환원주의적 입장의 사회생물학보다는 진화발생생물학의 입장이 지지를 받게 되었다. 하지만 이 글에서는 진화론의 두 입장을 본격적으로 비교하기보다는 일반인에게 널리 알려진 사회생물학적 입장과 이에 대비되는 불교적 연기론의 관계론적 입장을 다루고 어떻게 하면 이러한 논의가 더 이상 관념적 논의에 그치지 않고 삶의 현장으로 이어질 수 있을지 살펴보기로 한다.

진화론과 연기법

과학과 종교의 층위

논의의 전개를 위하여 조금은 단순화해서 정의하면 근대 과학은 인간을 포함한 사물의 이치를 탐구하여 얻은 지식(知識) 체계이다. 물론 이러한 과학적 지식의 창출이란 전통적인 과학기술사회학(STS; science, technology, and society studies)의 입장처럼 사회적으로 구성되는 것으로 볼 수도 있고 행위자연결망이론(ANT; actor-network theory)에서 주장하듯이 물질도 포함된 이종(異種)적 상호작용에 의한 것으로도 볼 수 있다.[7] 그러나 최소한 과학은 사물의 이치인 사리(事理)에 의거하여 사실(事實; fact)을 밝히는 형태로 제시되어 왔다. 이때 사용하는 방식은 반증적 이해를 통한 분석적 환원주의이며, 생명체에 대해서는 기계론적인 입장을 취한다. 더욱이 과학지식에 의한 기술의 발전은 생산성과 효율을 높임으로써 '가치 지향적'으로 되었고 그 결과 인간에게 편리함을 주면서 욕망을 만족시킬 수 있게 되었지만, 결국 과학기술은 자본주의의 도구로 전락하여 잉여가치를 창출하게 되었다. 이때 인간 위주의 자본주의적 속성과 결합한 맹목적인 과학에 대한 신뢰는 결과적으로 '과학주의(Scientism)'라는 과학의 오만함으로 발현되어 생명에 대한 폭력적 모습을 지니게 된다.

그런 점에서 이 시대의 과학에게 요구되는 것은 겸손이다. 과학이란 본디 끊임없는 자기 반증을 통한 고유 영역의 확대라는 열린 체계임을 잊어서는 안 된다. 과학 발전에 있어서 과학이 싸워온 대상은 흔히 일반적으로 생각하듯이 미신이나 종교가 아니며, 과학은 과학 자신과 싸우면서 발전한다. 특정 시대의 과학자 집단이 공유하고 있는 시대적 기준(norm)에 타협하거나 안주하지 않고 그러한 틀을 부정하면서 보다 더 넓게 영역을 확장해 나아가는 자기 초극적 특성을 지닌 것이 과학이다. 더욱이 이러한 과정에서 이루어지는 과학자 집단의 행위는 전문 학술지를 통하여 서로 소통하면서 합의를 이루어 가는 것으로서 이 지점에서 과학(science)과 연구(research)의 구분이 필요하다.[8]

일반인들은 전문 학술지에 게재된 내용이라면 모두 과학으로 받아들인다. 그러나 일 년 동안에도 수십만 편의 학술 논문이 발표되지만 수 년 후 과학 집단 내에서 인정되어 과학적 사실로 수용되는 내용은 10% 미만이다. 다시 말하면 전문 학술지에 실린 내용은 대부분 연구가 진행 중인 것이며, 과학적 사실로 확정되지 않은 것이 많기 때문에 단지 전문 학술지에 있는 내용이라고 해서 학계에서 인정되어 수용된 과학적 사실과 같은 것은 아니다.[9] 더욱이 과학적 사실이란 위에서 언급한 바와 같이 사회적으로 구성되는 측면이 있기 때문에 과학 행위를 통해 얻은 과학적 결과의 집단 내 수용 과정에 있어서도 그 사회를 구성하고 있는 다양한 집단의 의견을 겸허하게 받아들이는 열린 자세가 필요하다.[10] 과학이 열려있지 못하고 자신만의 시각에 갇혀있을 때, 과학은 사회적 맥락과 분리되어 과학자들만의 지적 유희에 머무르면서 인류에게는 데모클레스의 검이 된다.[11]

한편, 종교는 진리를 말하며 이를 위한 지혜(智慧)를 추구한다. 따라서 진리(眞理)에 의한 진실(眞實; truth)이 중요하며, 대상에 대해서는 직관과 체험을 통한 총체적인 관계론의 입장을 취한다. 종교는 이러한 진리에 대한 체험을 통해 욕망의 비우거나 열린 욕망을 통해서 행복이라는 삶의 의미를 되찾게 한다.[12] 그러나 종교 역시 삶의 현장에서 감사하고 나눈다는 본래의 가치를 잃어버리고 이기적 욕망에 오염되었을 때, 그것은 맹목적이고 비현실적인 모습을 하고 우리에게 폭력적으로 다가온다. 바람직한 종교적 시각을 지니기 위해서는 성직자나 신자 모두 종교의 외형적 틀에 물들지 않고 항상 초심(初心)을 유지한 채 종교가 지니고 있는 교리에 대한 다양한 해석을 수용할 수 있는 사고의 유연성이 필요하다. 따라서 종교가 삶의 현장에서 살아있는 모습이 되기 위해서는 과학과 마찬가지로 열려있을 것이 요구된다.[13]

과학에서 추구하는 것이 '사실'이고, 종교에서는 '진실'을 다룬다. 양자가 지닌 속성의 차이를 이해하기 위해서는 사실과 진실의 차이에 대한 검토가 필요하다. 사실과 진실이 반드시 일치하는 것은 아니다. 많은 부분에서 구분이 어렵기는 해도 양자는 속성상 커다란 차이를 가지고 있다. 비록 진리란 무엇인가 하는 문제가 우리의 사유와 언어의 범위를 넘어서기는 하지만,[14] 진리와 진실이란 시대나 문화를 넘어 항상 우리가 수용할 수 있는 내용이라는 점에 대해서는 이견이 없다. 종교 경전은 몇천 년이라는 시간과 다양한 공간의 간극을 넘어서도 여전히 우리에게 전달되고 수용되면서 삶의 규범으로 작용하고 있다.

한편, 주관적 믿음에 바탕을 둔 종교적 모습과는 다르게 일반적으로 객관적이고 보편적이라고 받아들여지는 과학적 사실도 잘 들여다보면 인간이 종교를 믿는 행위와 전혀 다를 바가 없다. 우리가 받아들이는 과학적 사실이라는 것도 결국 과학자 집단이 제시한 결과를 믿는 행위이기 때문이다. 예를 들어 물건이 떨어지는 것은 중력 때문이라는 것이나 지구가 빠른 속도로 돌고 있다는 것을 의심하는 이는 없다. 하지만 일반인으로서 그 누구도 중력을 연구했거나 지구가 돌고 있다는 것을 체험으로 느낀 이는 없다. 우리는 과학자 집단이 제시한 과학적 증거를 받아들여 단지 그렇다고 믿고 있을 뿐이고, 그것을 과학적 사실이라고 받아들인다.[15] 따라서 사실(facts)이란 우리의 믿음을 반영할 뿐, 결코 시대를 초월해 누구나 인정할 수 있는 진실(truth)과 달리 객관적이거나 불변하는 것이 아니다.[16]

과학적 사실이라는 것은 이와 같이 단지 '과학자 집단 내에서 약속된 규정에 따라' 수행되고 입증되기에[17] 나름대로 공공성을 지니게 될 뿐이다.[18] 그런 점에서 과학 행위를 수행하는 자연과학자 역시 대상에 대한 관찰자로서의 상대적 한계를 지닌다는 점, 서양 과학이 대상을 이해하는 기본적 방식인 환원주의적 접근에는 방법론적 한계가 있다는 점, 더 나아가 과학이란 과학자 집단 내의 약속에 의거하여 이루어지지만 동시에 사회적 가치를 반영하여 구성되는 문화적 행위라는 점에 관해서는 이미 현대 과학철학에서 충분히 지적되었다.[19]

따라서 과학적 사실이란 행위자에게나 그 결과를 받아들이는 일반인에게나 모두 그 시대의 문화적 모습일 뿐이며, 시간이 흐르면서 과거의 과학적 사실은 대부분 역사화된다. 바로크 양식이 비록 현대 서양 미술의 출발점을 이루고는 있지만 이제는 미술사 속에나 남아 있는 것처럼, 뉴턴의 고전역학도 비록 현대물리학의 출발점이기는 했지만 이제 그의 책은 고전이 되어 역사박물관에 보관되어 있을 뿐 누구도 다시 찾지 않는다. 따라서 그동안 과학 문명의 제국주의적 속성에 의해 팽배하던 '과학주의'도 과학철학자들에 의하여 일종의 문화임이 밝혀졌고, 과학적 사실이라는 부분에 있어서도 과학사회학자들에 의해 사회구성적 요소가 내포되어 있음이 지적되면서,[20] 이제 과학이 객관적이고 보편적인 실재(實在)를 다룬다고 더 이상 말할 수 없다.

이와 같이 과학에서 추구하는 사실과 종교가 지향하는 진실 간의 차이가 빚어내는 층위의 차이는 양자 간의 대화나 소통에 있어서 항상 염두에 두지 않으면 안 된다.[21] 다윈에 의해 150년 전에 발표되어 여러 학문 분야에 영향을 미친 진화론에 대한 입장 역시 시대에 따라 다양한 변화를 거쳐 왔다. 하지만 다윈의 진화론에서 분명한 것은 생명체가 주위 환경과의 관계를 통해 변화해 왔다는 것이기 때문에 모든 존재의 관계성을 강조하는 불교의 연기적 관점은 현대 진화론과 서로 소통하고 서로에게 통찰을 제시할 수 있는 측면이 있다. 진화론에 대한 첨단 생명과학의 입장과 불교적 시각을 비교하기 위해서 진화론과 종교가 공통적으로 다루고 있는 생명 현상에 대한 검토가 필요하다.

생명 현상에 대한 미시적 접근

모든 생명체가 겨우 150여 개 미만의 화학 원소로 이루어져 있음에도 불구하고, 인간만 해도 서로 각기 다른 삶을 살아가는 68억의 개체로 존재한다. 나아가 곤충과 미생물, 해양 플랑크톤 등 자신만의 생멸을 지니고 존재하는 셀 수 없이 많은 생명체가 지구를 뒤덮고 있다. 근대 과학은 이러한 생명 현상을 이해하기 위하여 보편성을 추구하는 서양의 합리적 이성에 근거하여 '생명이란 무엇인가?' 혹은 '나는 누구인가?'라는 식의 질문을 던져왔다. 그동안 이 질문에 대해서는 생물학자뿐만 아니라 물리학자이면서도 철학과 생물학에도 관심이 많았던 슈뢰딩거(Erwin Schrödinger)로부터[22] 다양한 분야의 전공자[23] 및 베르그송(Henri Bergson)[24]과 들뢰즈(Gilles Deleuze)[25] 같은 철학자에 이르기까지 많은 이들이 논의를 해왔다. 생명의 특성에 대한 논의는 호흡과 배설 같은 생리학적 측면, 유전자에 의한 정보 전달계로서의 측면, 보다 넓은 관점에서의 열역학 측면 등에서 매우 다양하게 이루어져 왔다.[26]

생명체에 대한 현대 과학의 일반적 정의에 따르면, 생명체란 물질적 형태, 항상성을 유지하기 위한 대사 작용, 자기 복제, 진화의 특징을 지니는 것으로 정의된다. 하지만 이러한 정의는 지극히 물질적인 관점의 정의이다. 그러나 현대 생명과학이나 의학은 이 관점에 따라 생명체를 물질적 기계로 다루고 있다. 이처럼 현재 생명에 대한 대부분의 정의는 근대의 합리적 이성에 근거하여 철저히 유물적이고 동시에 기계론적 관점에서 이루어지고 있으며, 첨단 생명과학도 생명체에 대하여 분석적이고 환원주의적인 입장을 취한다.[27]

하지만 아무리 생명에 대한 논의가 활발해도 여전히 우리에게 그다지 와닿는 답이 없는 것은 그러한 질문이 대상을 바라보는 시각의 보편성을 전제한 전형적인 거대담론의 방식을 벗어나지 못했기 때문이다. 구체적 실체 없이 관계성에 의존하여 다양한 형태의 존재와 자기만의 삶의 형태로 나타나는 뭇 생명체는, 보편성을 찾는 거대담론의 방식으로는 접근하기 어렵다. 보편적 개념으로 생명체를 설명하는 관점에서의 생명의 존엄성이란 그저 나와 같은 인간이기에, 나와 같은 생명이기에 존중해야한다는 식의 당위적 결론밖에 나올 수 없다. 그렇기 때문에 거대담론의 형태를 한 질문들은 생명 현상의 특징을 밝히고 이로부터 생명의 소중함과 존중에 대한 근거를 제시하는 데 별로 도움 되지 못한다.

인간을 포함한 생명체의 모습이 단순한 물질의 모음이 아니라면, 물질적 측면만이 아니라 생명체 고유의 모습이라고 생각되는 또 다른 면에서 바라볼 수도 있다.[28] 자연계의 일부로서 무기 물질과는 구분되는 생명체의 대표적 속성을 생각해 보면, 우선 지구상의 수많은 생명체가 보여주고 있는 놀라운 다양성과 더불어 본능에 의하건 의지에 의하건 생명체가 지니고 있는 '자유로움'을 들 수 있다. 이러한 특성을 고려할 때 생명체의 특징으로서 가장 대표적인 것은 다양성의 근간이 되는 '개체고유성(individuality)'과 '개방성(openness)'이다.[29] 또한 생명체의 이러한 대표적인 두 특성은 내부에서 발아되기에 분리되어 생각될 수 없고 서로 연관되어 있다.[30]

따라서 생명이나 생명체라는 개념은, 거대담론으로 부풀려져서 우리의 삶으로부터 분리된 관념적 개념에서 벗어나 미시적 접근을 통해 권력과 일상의 관계를 보여준 푸코(Michel Foucault)의 방식으로 접근될 필요가 있다.[31] 생명 현상에 있어서 뭇 생명체나 각 개인 한 사람 한 사람이 그 누구도 대신할 수 없는 자기만의 고유한 개체고유성을 지니고 있기 때문에 이 점을 간과해서는 그 어떤 보편적 접근도 성공할 수 없다.[32] 다행히 21세기에 들어와 보편성을 추구하는 기존의 과학적 시각으로는 각 개인의 몸과 마음의 고유성을 설명하기는 어렵다는 인식이 생기면서 생명에 대한 이해에 있어서도 관계론적인 복잡계 과학의 시각에서 어느 정도 신선한 접근이 이루어지고 있다.[33] 또한 복잡계 과학만이 아니라 진화와 개체발생이라는 미시적 연구에 바탕을 둔 진화발생생물학,[34] 그리고 후성유전학[35]의 발전에 따라 각 개체의 고유성은 단순한 물질인 유전자의 형태로 환원되기 어렵다는 것이 명확해지고 있다. 무엇보다도 개체고유성이야말로 집단 내의 다양성을 동시에 의미하는 것이며, 그 다양성의 방식은 그 자체로 종(species) 고유성의 기반이 된다. 이와 같이 생명체의 고유성과 다양성은 동전의 양면이다.

위와 같은 논의를 볼 때 결국, 지금까지 생명에 대한 정의를 시도한 많은 학자들이 주목한 것과 마찬가지로 생명체는 고정된 것이 아니라 주위와의 에너지 교환 등의 상호작용이 필요하며, 환경에 반응하여 자기 조직화를 통해 진화하는 특징을 지닌다. 그러나 더욱 중요한 것은 '생명체의 보다 근본적인 특징인 창발 현상에 의한 개체고유성이야말로 철저히 주위와의 '열려 있음' 덕분에 가능하다'는 점이다.[36] 따라서 생명체는 물질적 형태를 지니고, 자율적인 고유성을 지니며, 동시에 열려 있어 주위에 의존되어 있다. 생명은 프랙탈 구조를 지니며 전체이면서 동시에 부분이고, 부분이면서 동시에 전체성을 지닌다. 이 점은 생명 현상의 특징이라고 할 수 있기 때문에 시공간에 있어서 생명체는 비록 개체로서 부분이지만 그 자체로 곧 시공간 전체이기도 하다.[37] 결국 생명 현상이란 '끊임없는 변화 속에서 전체이면서 부분이고 부분이면서 전체인 상태를 유지하는 창발적 현상'이라고 말할 수 있다.[38] 하나의 작은 생명이 곧 전체이며, 작은 생명체 하나의 죽음도 빅뱅 이후 150억 년[39]의 시간을 담고 있는 한 우주의 소멸을 의미하고, 따라서 모든 생명체는 더 이상 고립되어 소외되거나 단절된 존재가 아닌 것이다.

진화론에 의한 다양한 시각

다윈에 의해 제시된 진화론[40]은 생물학뿐만 아니라 다양한 분야에 영향을 끼쳤다. 이는 그것이 당시까지 서구 사회의 일반적인 개념이었던 '인간'이라는 생태계 내 종의 우월성에 상처를 입힌 것 외에도 인문, 사회 및 종교적으로도 다양한 함의를 지니고 있었기 때문이다. 다윈의 진화론이 갖는 대표적인 사회적 의미로는 당시 서구가 지니고 있던 아리스토텔레스적인 목적론적 시각에 최종적인 타격을 입힌 점과, 이와 더불어 프랜시스 베이컨 등에 의해 어느 정도 확립되어 있던 당시 서구 과학의 귀납적 시각에 대한 재고가 이루어진 것을 들 수 있다.

다윈 당시 진화라는 과정은 일반적으로 생각되듯 최선의 상태로 발전하는 과정이 아니었다. 그러나 다윈의 사촌격인 골턴(Francis Galton)에 의해 '최선'과 '진보'라는 개념이 추가되어 강조됨으로서 후에 우생학적 논의의 기반이 되기도 했다.[41] 하지만 다윈 진화론의 중심 개념은 진보라기보다는 자연선택이다. 이는 후에 진화발생생물학, 사회생물학, 진화심리학 등 다양한 형태로 전개된 현대 진화론에서도 변함없이 유지되고 있는 중심 개념이기도 하다. 현대 생물학적 관점에서 보면 진화 과정에는 목적성이나 의도성이 개입되지 못하며, 그것은 단지 결과적으로 그렇게 보일 뿐이다. 진화를 통한 변화는 주위 환경에 대하여 스스로를 존속 가능하게 하기에 안정적이지만, 동시에 주위에 적응해야 하기에 유동적이다. 변화를 통해 한때는 불안정한 종과 개체들도 시간의 경과에 따라 안정화되어 일반적이 되고, 이와 같은 방식을 통해 생명체는 시간이라는 역사성 속에서 선택되어 변형되고 진화한다. 따라서 진화는 '주어진 조건 속에서 가장 안정된 형태로 진행되는 것일 뿐'이며, 이는 가장 좋은 결과를 향해 변화하는 것을 의미하지는 않는다.

진화론이 지닌 관계론적이며 적응주의적인 시각은 당시의 철학계, 과학계, 그리고 종교계에 영향을 미쳤고, 결국 현대의 생태학자들에게도 깊은 영향을 주었다. 대표적인 경우로 유전자 실체론에 입각한 사회생물학자들과 이에 반대하며 단속평형설을 주장한 스티븐 제이 굴드[42] 같은 학자들이 있다. 하지만 진화론의 주요 개념이자 동전의 양면이라고 볼 수 있는 적자생존과 자연선택이라는 진화적 시각의 요체는 생물체와 주위 환경의 끊임없는 상호작용을 의미하고, 이는 곧 이러한 상호작용이 역사 속에서 누적되어 진화의 압력으로 작용한다는 것을 의미한다. 이것은 시간에 따른 유전자 변형, 돌연변이, 선택, 존속이라는 일련의 과정을 말하기 때문에, 다윈이 밝힌 생명체의 진화는 관계이자 또한 과거로부터의 긴 시간의 누적이며, 시간의 전개에 따른 창발(emergence)적 적응을 말한다. 또한 여기서 진화에서 중요한 개념인 자연선택은 일종의 적응(adaptation)이지만, 이 적응은 생명체의 목적이나 목표가 아니라 상호작용에 의한 상태 그 자체이며, 동시에 구성적인(constructive) 속성을 지닌다.

사회생물학적 통찰과 전개

최근 신다원주의를 넘어서서 개체의 발생이라는 미시적 부분과 긴 시간의 진화라는 거시적 틀을 같이 다루는 '이보디보'에 의한 접근이 이루어지고 있다. 그러나, 진화생물학자들 사이에서도 어떻게 진화가 이루어졌는가에 대한 시각은 여전히 다양하며 이에 대한 해석 역시 다양하다. 분명한 것은 진화는 일종의 질서 잡힌 상태로 전해오는 것이고, 이것은 일종의 정보(information)라는 점이다. 시간의 축적에 따라 더 많은 정보를 축적하게 되므로 진화는 더욱더 복잡해지는 양상을 띠게 된다. 그러나 이러한 정보는 진화하는 개체만으로 이루어지는 것이 아니라 주위 환경과 같이 더불어 유지되고 나타난다. 따라서 환경과 생명체는 같이 진화하며(공진화), 그렇기 때문에 진화는 특정한 목적이나 목표를 향해 나아가는 것이 아니라 진화의 압력에 의해 밀려간다. 이는 마치 불교의 업에 의해 현재의 자신이 규정되는 것과 유사하다. 이렇게 생명체가 업과 같이 진화의 압력에 따라 밀려간다는 주장은 진화의 산물이라고 할 수 있는 인간이 이 세상의 모양을 결정할 수 있다거나 생태계에서의 인간이 우수하고 우월하다고 말하는 것과는 거리가 있다. 덧붙이자면, 다윈도 생명체의 구성을 묘사할 때 더 우월하거나 열등하다는 식의 표현은 사용하지 않았다.

현대 진화론의 한 주류인 사회생물학은 분자생물학이 시작되던

1970년대에 호진적인 재니 연구를 기반으로 에드워드 윌슨이 주창하였다.[43] 그는 인간의 본성을 이해하는 데 사회생물학적 방법론이 가장 중요한 역할을 할 것으로 보았다. 사회생물학자들은 모든 인문사회과학은 생물학으로 설명될 것으로 생각하고 있으며, 따라서 인간의 몸과 마음은 유전자의 자기증식과 확산을 위한 담지체에 불과하다고 본다. 이들에 따르면 인간 문화나 사회적 삶도 유전자에 의해 발현된 또 다른 표현형에 불과하다. 결국 사회생물학이 취하고 있는 생명에 대한 유전자 실체론은 생명체가 지닌 생명 현상을 유전자들의 발현 결과로 보며, 모든 생명 현상은 유전자로 환원시켜 설명될 수 있다고 본다.[44]

이와 같이 사회생물학은 생명체의 가장 근본적인 본질이 유전자에 있으며 인간이 만든 문명이나 문화 역시 유전자의 작용에 불과하다고 간주하지만, 사회생물학자들은 자신들의 주장이 유전자 결정론으로 규정되는 것에 대해 매우 강한 거부감을 보인다. 각종 토론회에서 이들은 종종, 사회생물학의 주장이 유전자 결정론이라면 토론회에 앉아서 관념적인 토론을 하기보다는 유전자를 퍼뜨리기 위해 외부로 돌아다녀야 할 텐데 이렇게 회의장에 있지 않느냐고 말한다. 하지만 사회생물학자들 스스로도 인간의 문화적 활동을 설명하기 위해 문화 유전자 내지 문화 복제자 개념인 밈(meme)을 제시하고 있음을 생각할 때 사회생물학자들이 인간이나 동물의 행위를 생물학적인 것이건 문화적인 것이건 유전자에 의한 것으로 규정하고 있다는 사실에는 변함이 없다. 유전자 결정론이라는 표현에 대해 사회생물학자들이 보이는 강한 거부감은 근세기 역사에서 유전자 결정론에 의해 지지되었던 우생학의 폐해 때문으로 보인다.[45]

한편, 사회생물학이 인간에게 주는 통찰은 개인화된 시각에 근거하여 자신의 탐욕만을 위해[46] 열심히 살아갈 필요가 없으며 더 이상 개체로서의 '나'에 집착할 필요도 없다는 점이다. 사회생물학은 해체된 개체를 통해 보다 넓은 시각에서 삶을 바라보게 해주며, 이타적인 시각과 더불어 인간의 종 우월주의를 극복하는 데 크게 기여했다고 볼 수 있다. 따라서 인간 중심적 근대 과학과 개인주의적 근대 문명에 대한[47] 이러한 통찰은 사회생물학의 소중한 통찰이라고 볼 수 있다. 하지만 이러한 통찰에도 불구하고 사회생물학의 환원주의적 시각은 그 태생적 한계를 노출하고 있다.[48]

사회생물학은 그 주장을 뒷받침하는 근거로써 1970년대 유전자 지식의 수준에 머물고 있다. 사회생물학의 기본적 관점은 1950년대에 유전자를 구성하는 DNA 이중나선 구조를 밝힌 왓슨과 크릭에 의거하고 있으며,[49] 이를 바탕으로 급격히 발전한 1970~80년대의 분자생물학적 시각에 근거한다. 하지만 1970~80년대 분자생물학의 수준은 매우 초보적인 수준이었다. 분자생물학에 근거한 기계론적 생명의 이해는 1990년대에 들어서서 사람 유전자 연구 과제(Human Genome Project, HGP)로 정점에 이르게 되었다. 그런데 2003년 초에 이를 통해 밝혀진 인간 유전자의 구성을 보면, 인간 유전자의 수는 예상치의 30% 정도밖에 안 되는 숫자이며, 유인원과의 차이가 1%에 불과하고, 곤충이 지닌 유전자 수의 두 배도 되지 않았다. 이는 유전자 결정론자들의 예상치보다 너무 적었고, 실망스러운 것이었다.

더욱이 최근의 연구결과에 의하면 인간 유전자의 약 8%가 바이러스로부터 왔다고 한다.[50] 이를 고려할 때, HGP의 결과는 진화를 거쳐 더욱 진보한 동물이란 유전자가 많고 복잡한 동물이어야 한다고 생각하던 이들에게 '다른 동물과의 차이를 나타내는 인간다움이란 무엇'이며, 그 '차이는 어디서 기인하는지'에 대한 보다 깊은 성찰이 필요함을 말해준다.[51] 이에 따라 인간의 두뇌 역시 진화 과정에서 최선의 작품으로 만들어져왔다기보다는 주어진 환경에 그때그때 적응하면서 적당히 형성된 산물임이 지적되고 있으며,[52] 이에 우생학적 유전자 실체론에 대한 반론은 계속되고 있다.[53] 사람의 본성에 대한 통찰에 있어서도 사회생물학적 전통에 입각한 진화심리학[54]의 한계를 지적하면서 인간의 마음이란 마치 면역계처럼 개체 차원에서도 평생 지속적으로 적응 과정을 거친다는 입장도 개진되고 있다.[55]

사회생물학의 한계

사회생물학은 환원주의 전통에서 보면 서양 근대 과학의 정점에 있다. 사회생물학자들에게 삶이나 문화는 물리적 현상에 지나지 않는다. 인문사회과학의 모든 주제는 인지과학이나 신경과학으로 설명이 될 것이며, 두뇌 작용은 유전자의 발현 원리로 풀이될 수 있다. 그들은 최종적으로 생명 현상이나 사회 현상, 나아가 모든 인간 문화가 물리적 원리로 설명될 것이라고 주장한다.

일반인에게 유전자 실체론을 인식시킨 대중 저서인 『이기적 유전자』로 널리 알려진 리처드 도킨스와 사회생물학의 기초를 만든 에드워드 윌슨이 서구 사회에서 대표적인 사회생물학자로서, 이들은 유전자 결정론에 반대 입장을 취해온 진화생물학자 스티븐 제이 굴드나 리처드 르원틴(Richard Lewontin)은[56] 물론 촘스키(Noam Chomsky) 같은 이들과도[57] 긴 논쟁을 벌여왔다. 뿐만 아니라 유전자 결정론의 대표적인 국제적 연구 과제였던 HGP도 미국 지식인 사회로부터의 비판과 우려에 직면하게 되었고, 결국 미국 정부는 이 연구 과제에 소요된 전체 연구비의 일부를 인간 유전자 정보에 대한 윤리적, 법적, 사회적 연구로 돌렸다.[58] 유전자 본질주의적인 시각은 생명의 발현을 잠재태의 표현 과정에서 나타나는 창발 현상으로 파악하는 철학적 입장으로부터도 부정되었고, 오히려 이 점을 통해 들뢰즈는 다원주의에 동감하게 된다.[59]

진화론은 긴 생명체의 흐름을 중심으로 다루고 있지만 불교의 연기적 시각은 그러한 흐름 속에 등장하는 개체의 삶을 이야기하고자 한다. 보편 진리의 추구라는 과학은 불교적으로 말한다면 현상계인 사(事)만을 다루고 있는 것이고, 불교의 이(理)와 사(事)가 통합된 시각을 제시한다. 불교에서는 연기적 시각에 의할 때 현상계(事)는 이름하여 '본질'이라고 하는 그 '무엇'에 대한 일종의 은유이자 상징이다. 은유와 상징으로 표현된 이(理)가 현상계이기에 이를 기술한 인간의 언어나 개념은 결국 달을 가리키는 손가락에 불과하다. 그런 면에서 유전자를 중심으로 한 사회생물학이 근거하고 있는 유전자 실체론은 다양한 맥락에서 변화되며 표상화되는 현상을 일종의 은유로[60] 바라보는 불교의 시각과 차이를 보인다.

사회생물학에 대한 비판적 시각을 접고 전적으로 그들이 취하는 환원적 논리에 따른다 해도, 이들이 강조하는 유전자 실체론에 머물러야 할 타당한 이유는 찾을 수 없다. 사회생물학에서 주장하듯 인간을 유전자로 환원시키고 인간 문화 활동을 설명하기 위해 굳이 밈마저 등장시켜야 하는 논리에 충실히 따른다 해도, 유전자 역시 그것을 구성하고 있는 핵산의 네 가지 단순한 구성물질인 A(adenine), G(guanine), C(cytosine), T(thymine)라는 화학 물질이라는 논리를 진전시킬 수 있다. 즉, 인간이 단지 유전자의 확산을 위한 운반체에 불과하다면 같은 논리에 의해 유전자 역시 위 네 가지 물질의 확산을 위한 운반체에 불과하다고 말할 수 있다. 그럼에도 불구하고 사회생물학에서는 생명에 대한 환원의 정도를 굳이 유전자 단계에서 멈추고 있으며 그 이유에 대한 아무런 명확한 답을 제시하지 않는다. 더욱이 최근에 알려진 바와 같이 단백질만으로 자가 증식과 확산이 가능한 프리온(prion)이라는 존재가 알려짐으로써 생명체와 무생물체 간의 경계가 더욱 모호해져 있음을 고려할 때 유전자 단계에서 멈춘 환원론적 입장은 더 이상 설득력을 지니지 못한다.[61] 사회생물학자의 논리를 빌려 다시 그들의 주장을 쓰면, 결국 인간은 유전자의 그림자에 불과하고, 이들 유전자 역시 유전자를 만드는 핵산의 구성물질인 A, G, T, C를 널리 퍼뜨리기 위한 운반체에 불과하다. 그리하여 이기적인 네 가지 물질은 첫 단계로 유전자를 구성했고, 그 이후는 사회생물학자들이 주장하는 바와 같이 인간이 등장하게 되었다고 말하게 된다.[62]

한편, 사회생물학에 대한 서구 사회의 우려와 유전자 연구에 대한 문제 의식은 생명을 단순히 유전자라는 유물론적 시각으로 보는 것에 대한 막연한 두려움이며, 유전자 정보에 의한 인간성 말살에 대한 염려에 불과하다는 주장도 있다. 그러나 이러한 우려가 과학적 사실을 무시한 단순히 인문사회과학학적 우려에 불과한 것은 아니다. 유전자 결정론이라는 기계론적 관점의 한계는 과학계 내에서도 그 문제점이 지적이 되고 있다. 특히 21세기에 들어와 본격적으로 등장한 이보디보의 발전과 복잡계 과학 및 후성학(epigenetics)의 대두,[63] 그리고 환원이 아닌 합성(synthesis)의 방향으로 생명 연구를 하고 있는 시스템생물학이 사회생물학적 시각의 근본적 변화를 요구한다.

또한 유전자를 구성하는 DNA가 유전자 발현의 주체가 아니라, 지금까지 연구가 늦었던 RNA야말로 진정한 유전자 발현 조절 기능을 담고 있어 유전자를 지휘하여 특정한 표현을 이루게 한다는 최신 연구 결과가 계속 보고되고 있어,[64] 이에 따라 생명의 주인으로 등장하는 것은 DNA로 이루어진 유전자가 아니라 오히려 지금까지 분자생물학에서 일시적 정보 전달체에 불과하다고 보았던 RNA가 될 수 있다.[65] 이러한 연구 결과가 말해주는 것은 생명의 진화가 자기 조직적 현상을 다루는 과정에서 구성 물질만으로 설명될 수 없는 예측 불가능한 새로운 작용과 기능의 형태로 나타난다는 점이다. 따라서 이는 곧 유전자란 행동의 원인이지만 또한 동시에 행동의 결과이기도 하며, 유전자 이외의 요소들도 장기간에 걸쳐 전달되어 진화에 기여한다는 것을 의미한다.

후성유전학의 기원은 생명체에 있어서 유전자형(genotype)과는 구분되는 표현형(phenotype)이 세대를 거듭하는 과정 중에도 유지되는 현상을 연구하는 것으로 시작되었다. 다시 말하면 후성학은 유전자의 돌연변이가 없음에도 불구하고 세대에 걸쳐 나타나는 유전성 표현형을 다룬다. 대부분의 이러한 현상은 그 발현이 점차적으로 유지된다기보다는 발현되거나 혹은 발현되지 않는 양자 간의 선택적 유형으로 나타나게 되고, 결국 유전자 수준에서의 발현이 아닌 염색체의 발현 양상이 바뀌게 되어 구체적인 표현형으로 나타나게 된다.[66] 따라서 몸을 구성하는 유전자만으로 한 개체의 육체를 예견하거나 질병 발생을 단정짓는 것은 매우 위험한 발상이다. 유전자가 기본 틀을 지정하는지는 몰라도, 이제 우리의 몸과 정신이 지닌 풍요로움과 다양함을 발현하는 데에는 해당 유전자 이외의 여러 요인들이 작용한다는 것을 인정하게 된 것이다.

유전자 결정론에 대한 반대되는 요인을 분자 수준에서 규명하고 있는 것이 후성유전학이라면, 유전자 및 이에 관련된 모든 관계의 총체적 집합으로서의 몸이 같은 종에 있어서는 공통된 해부 구조와 생리작용을 갖고 있음에도 불구하고 각 개체만의 신체적 고유성이 존재하는 현상에 접근하게 된 것은 21세기에 들어와 구체적인 학문의 형태로 발전하고 있는 복잡계 과학과 비환원론적 접근을 하고 있는 시스템생물학의 힘이 크다.[67] 생명체의 발현과 생명 현상에서 중요한 개체고유성은 몸의 구조를 만들어 내는 유전자가 아니라 외부로부터 받는 자극과 반응, 그리고 반응을 기억하고 망각함으로써 종합적으로 형성되고 평생 끊임없이 변화해가는 관계에 의한다. 감정이나 이성의 형태로 정신적 자기를 만드는 신경계는 대표적인 가소성(plasticity)을 지닌 생체 조직이고 신체적 자기(self)를 이루는 면역 현상 역시 유사한 과정과 형태를 취하고 있다. 각 개체의 신체적 고유성도 신체를 구성하고 있는 생리 활성 물질이나 세포로 구성된 상태에서 고정되어 결정되는 것이 아니며, 외부와의 상호작용을 통해서 개체의 면역 체계와 주위 환경이 서로 영향을 주고받아 그 결과 기존 면역 체계 자체의 속성이 변화하면서 결정된다. 살아 움직이고 욕망하는 생명 현상이 창발적이듯이 몸을 이루고 있는 이들 구성요소의 상호작용도 복잡계적 창발 현상을 보여준다.

진화에 대한 시각

인간의 몸이 단순히 유전자의 전달자라는 1970년대의 사회생물학적 관점은 일반인들에게는 매우 신선했을지 모르나 생물학자에게는 그리 새로운 개념은 아니다. '이기적 유전자'라는 상징적 표현 때문에 '이타'와 '이기'라는 개념이 진화론에 개입이 된 것일 뿐, 도킨스조차도 이기적 유전자에서 '이기적'이라는 표현은 일종의 상징이자 은유적 측면이 있음을 말하고 있다. 상호작용의 관계에서 이기적이라는 말과 이타적이라는 말은 동전의 양면이다. 결국 특정 관계를 이기적으로 볼 것인지 아니면 이타적으로 볼 것인지는 표현의 문제일 수 있으며, 단지 어느 측면을 강조하느냐를 나타내고 있다.

일찍이 1960년대 말에 린 마굴리스(Lynn Margulis)는 원핵세포(prokaryotic cells) 연구를 통해 기나긴 진화의 모습을 포착했다.[68] 진핵세포(eukryotic cell) 안의 에너지 생산기지인 미토콘드리아(mitochondria)의 기원이 외부에서 진핵세포 속으로 들어간 생명체와의 공생관계로부터 유래했음이 밝혀졌다. 이러한 세포 내 공생관계(endosymbiosis) 개념을 보다 복잡한 생명체로 확대해 보면, 진핵세포로 이루어진 포유동물인 인간도 세포 수준에서 벌어진 상호작용의 산물에 불과하다.[69] 그러나 마굴리스는 사회생물학자들과 유사한 결론에 도달할 수 있었음에도 불구하고, 그들과는 달리 생명체를 각자의 생존을 위한 투쟁의 역사가 아닌 서로 의지하며 진화하는 존재로 파악했다. 생명이란 서로 영향을 주고받으며 함께 진화해온 공동체라고 본 그녀는 이를 더 확대하여 다양한 뭇 생명체의 상의상존을 통해 펼쳐지고 발현되는 전 지구적 생명에 공감하게 된다. 다시 말하면 세포들은 수십억 년 생명 진화의 과정을 고스란히 담고 있으며, 이들을 더 높은 층위의 생명 활동으로 이끈 진화의 힘은 이기적 약육강식이나 적자생존이 아니라는 것이다. 생명체는 세포 내 기관들이 각자의 기능을 지니고 너욱 복잡한 환경에 참여할 수 있도록 서로 공생하는 형태로 진화되어 왔다.

비록 층위는 다르지만 인간 개체의 실체 없음을 지적할 수 있는 유사한 관찰로부터 이토록 상반된 결론을 내릴 수 있었다는 것은 결국 사회생물학자인 도킨스가 모든 것을 설명할 수 있는 원리로 제시했던 유전자의 역할이나 밈이라는 개념이 단지 그들만의 해석과 시각을 제시한 것일 뿐임을 말해 준다. 시스템생물학의 창시자인 영국 옥스퍼드 대학의 데니스 노블(Denis Noble)이 말하듯이, 생명 현상을 단순히 유전자로 환원시키는 것은 이제 낡은 구시대적 관점이 되어버렸다.[70] 서로의 상호작용을 통한 협동과정을 통해 새로운 층위로 도약한 생명은 단순한 음표가 아니라 모두 어우러져 창출되는 하나의 음악과 같다.[71]

돌이켜보면 사회생물학이 등장하던 당시 분자생물학의 입장은 '하나의 유전자로부터 하나의 단백질이 나온다(one gene-one protein)'는 매우 초보적인 유전자 도그마(gene-dogma)에 바탕을 두고 있었다. 뿐만 아니라 진화 과정을 바라보는 사회생물학의 시각은 호전적인 개미에 관한 연구에 근거하고 있었고, '이기적 유전자'라는 표현이 있는 것처럼 그 당시 인간과 유사한 영장류 연구에서 강조되던 침팬지의 호전성도 여기에 기여했다. 인간에게 가장 가까운 유인원인 침팬지는 권력 지향적이며 매우 폭력적인 행태를 보인다. 이러한 침팬지의 모습은 인간이 이기적 유전자의 발현이라는 상징적 표현이 더욱 공감을 얻게 한다. 하지만 그 후 연구된 바와 같이 침팬지와 형제격인 보노보는 매우 협동적이며 이들에게서는 이타적 행위도 쉽게 발견된다.[72] 그런 면에서 비록 사회생물학이 국내에서 진화론의 주류로 제시되고 있지만, 그것은 최근 21세기 들어 보다 가속화되고 발전된 내용을 담고 있는 첨단 생물학의 연구결과를 적극적으로 반영해야 할 필요가 있다. 사회생물학이 대두되던 20세기 말, 해외에서의 뜨거웠던 인간 본성에 대한 생산적 논의는 이제 더 이상 치열한 논쟁거리가 되지 않는다.

생명체와 주위 환경 간의 상호작용으로 빚어지는 진화를 이야기하기 위해 그 관계의 특정 단계나 층위에만 주의를 기울이고 시각을 고정시키면 본래의 상황을 왜곡하는 오류가 생길 수 있다. 이는 무신론 운동을 펼치고 있는 도킨스가 『만들어진 신』에서 기독교를 비판하는 데서도 비슷하게 나타난다.[73] 기독교가 굳이 인격화된 신을 상정하고 강조하면서 교의를 발전시키다보니 도킨스가 지적하는 많은 점들이 공감을 얻기도 하지만, 도킨스가 지적하는 기독교의 신은 전형적인 근본주의적 신이기에 그의 지적은 기독교의 신이 근본주의적 층위나 수준에 머물러 있을 때만 빛을 발한다. 이미 많은 열려있는 기독교 신자와 신학자에게, 도킨스가 지적하는 신 개념은 그리 생산적인 논의를 이끌어 내지 못한다. 마찬가지로 1970~80년대의 분자유전학 지식과 호전적인 사회적 곤충 연구에 근거한 사회생물학은 이미 그 자체로 좋은 통찰을 제시했으나 이제는 그 이후에 펼쳐진 생물학적, 생태학적 연구에 근거하여 더 넓은 시각으로 기존의 유전자 실체론에서 벗어나 보다 새로운 시각과 주장을 제시해야 할 시점이 된 것으로 보인다. 사회생물학자도 사회적 동물로서의 인간과 사회적 압력 간의 상호작용은 보다 복잡한 관계형성과 유지에 필요함을 언급하고 있다.[74] 유전자 수준에 머무르며 지금까지 진화에 있어서 대표적 견해 중의 하나로 받아들여졌던 사회생물학은 유전자를 넘어 새롭게 진화하지 않으면 역사상의 한 학설로만 남게 될 수도 있을 것이다.

진화의 압력과 불교의 업

불교의 연기와 삶

불교의 모든 가르침은 연기법(緣起法)으로부터 나온다 해도 과언이 아니다.[75] 모든 존재의 상호의존성을 밝힌 연기법에 의거할 때, 인간이 감각적 인식에만 의존한 채 끊임없이 변화하는 사물의 관계성을 잊어버리고 특정 개념이나 사물에 집착하여 멈추어버리는 측면을 경계한다. 그런 면에서 열반(涅槃, nirvana)을 강조하는 불교의 가르침은, '열반적정'이라는 말이 담고 있는 욕망의 소멸이라는 표면적 의미[76] 와 더불어 공(空) 사상 및 탈속적 수행에 대한 강조로만 받아들여졌다. 이로 인해 그 내용을 잘 모르는 이들에게 불교는 허무한 것으로 또 일상적 삶을 부정하거나 사회적으로도 매우 소극적인 것으로 오해되는 경향이 있다.

그러나 이러한 불교적 가르침은 모든 존재가 근거하고 있는 '상호 의존적으로 영향을 주고받으며 계속 변화하는 관계성(연기적 실상)'을 말하고자 하는 것이다. 존재는 고정되어 있는 것이 아니라 삶의 현장에서 관계로 인해 형성되어 가는 것이다.[77] 따라서 불교는 감각기관에 의해 받아들여지고 형성된 우리의 표면적 인식 체계를 넘어서서 세상의 연기적 실상에 대한 깨달음을 통해 보다 바람직한 본래의 모습을 성찰하고 그에 따라 살아갈 것을 강조한다. 그 어느 종교보다도 비폭력을 강조하는 불교는 존재의 관계성에 대한 무지(無知)로 인해 생겨나는 것이 곧 폭력이며, 이로 인해 모든 존재의 불필요한 고통이 생겨난다고 말한다. 이와 같이 연기법이란 상호관계성에 대한 재인식이라고 할 수 있다. 그렇기 때문에 자신의 안팎으로 단절되거나 왜곡된 관계를 바로 잡으려는 끊임없는 노력이 무엇보다 중요하며, 이것이 바로 수행이다.

그런데 이렇게 단절되거나 왜곡된 관계는 존재의 잘못된 인식체계를 통해 형성되며 우리의 일상적 삶에서도 그대로 반영되어 펼쳐진다. 따라서 이를 바로 잡기 위한 불교적 수행과 가르침도 일상의 현장에서 이루어져야 한다. 다시 말하면 자기 내면의 왜곡된 인식 외에도 주변에 단절되거나 왜곡된 관계로 인해 고통받는 이들이 있다면 적극적으로 그러한 잘못된 관계를 바로 잡도록 노력해야 함을 의미한다. 그러므로 자신의 주변이나 자신이 속한 사회에서 단절되고 왜곡된 관계로 인해 소외되고 억압받는 이들과 함께 하며, 그러한 참여의 삶을 통해 수행해 가는 것이 불교적 삶이기도 하다.

한편, 모든 생명체의 근원이 욕망임은 누구도 부정하지 못한다. 불교에서 말하는 공(空)은 허무하거나 없다는 의미가 아니라, 우리가 대상을 고정된 실체로 오인하고 집착하는 것을 지적함과 동시에 모든 존재가 고정되어 있지 않고 관계성 속에서 항상 변화하는 것임을 지적하기 위해 사용된 말이다. 욕망의 부정은 욕망을 무시하는 것이 아니라 욕망에 대한 착각과 집착을 없애라는 것으로, 결코 욕망 자체에 대한 부정이 아니다. 이러한 입장은 모든 존재의 있는 그대로를 긍정하는 화엄의 시각이 잘 말해 주고 있다. 연기법에 바탕을 둔 불교적 가르침이란 결코 삶에 대하여 부정적이고 소극적이며 탈속적인 것과는 서리가 낼나. 따라서 불교석 생명관은 늘뢰즈가 말하는 생성을 내재한 욕망에 가깝다.

이와 같이 연기법은 상호의존적인 관계성을 밝히는 것이며, 상호의존적인 관계성은 필연적으로 원인과 결과로 나타나면서 끊임없는 변화로 이어지게 된다. 우리의 삶에서 이러한 관계성은 인과관계로 나타나는데, 이것을 인연이라고 부르며, 이러한 인과관계를 지어내는 의도적 행위를 업(業, karma)라고 부른다.[78] 세상의 모든 존재는 이러한 인과관계로 인해 만들어지고 소멸해가기에, 불교의 연기법에 의거할 때 세상은 곧 업의 바다(業海)이다. 그렇기 때문에 진화와 연기법의 접점을 살피기 위해서는 진화 과정의 이러한 상호의존적 관계성과 더불어 이러한 시각으로부터 필연적으로 도출되는 불교의 업 개념이 진화에 어떻게 반영될 것인지를 검토하는 것이 필요하다.

진화의 압력과 욕망

생명체와 이들의 개체고유성은 물질의 관계성에 바탕을 두어 자기조직적인 창발 현상을 통해 등장한다. 생명체의 동인(動因)과 개체고유성의 발현은 모든 생명체가 지닌 욕망에 의해 이루어진다. 개체고유성으로서의 욕망은 탄생으로부터 소멸을 향한 방향성을 지니고 있기 때문에 물리학적으로 말한다면 방향성을 지니고 있는 힘인 '벡터(vector)'로 나타낼 수 있다. 한편 생명체의 근원으로서의 욕망은 방향성을 지니지 않는 '스칼라(scalar)'적이다. 욕망이 방향성을 지녔을 때 이곳과 저곳, 너와 나, 주와 객이 나타나며, 시간은 과거, 현재, 미래로 나타나 선형적인 흐름을 시작한다.

스칼라적인 욕망을 바탕으로 그러한 욕망이 방향성을 지녀 벡터로 나타날 때 개체고유성이 탄생한다고 말한다면, 개체성이라는 것은 일종의 특정 상태로의 분화 과정(differentiation)이라고 말할 수 있다. 분화는 마치 한 배아로부터 다양한 종류의 세포와 조직이 형성되는 과정과 마찬가지로 차이를 기반으로 자기만의 고유한 기능 획득에 바탕을 둔 다양성을 발현한다. 이는 마치 각기 다른 조직세포가 서로 비슷한 점 없이 자신만의 고유한 기능을 수행하는 것처럼 서로 상호 소통이 어려운 파편화된 분열의 모습도 지니고 있다. 그런 의미에서 중생이라 불리는 뭇 생명체는 스칼라의 배아성(germinal) 욕망이 분화된 조직성(tissular) 욕망으로 전환되어 주위와의 관계 속에서 각자의 욕망을 구체화하는 과정을 통해 드러난 결과라고 말할 수 있다.[79] 이러한 개체적 욕망은 문화적 사회환경과의 관계 속에서 다양한 해석과 형태로 전개된다.[80] '기관 없는 신체(corps sans organe)'로서의 스칼라적 욕망은 계통 발생과 배아 발생 과정에 따라 반복과 차이를 통해 개체화를 이루게 되며, 스칼라적 욕망으로부터 방향성을 지니게 될 때 나타나게 되는 벡터적 욕망은 개체고유성을 유지하고 강화하는 방향으로 진행시키는 힘이다.[81] 운동성을 내포한 벡터적 욕망은 개체화 과정의 중요한 원동력으로서, 벡터라는 말에 이미 담겨 있듯이 개체의 완성을 향해 나아가는 힘이자 긴 시간의 흐름 속에 진화를 일으키는 내재적 힘이기도 하다.

벡터적 힘에 의한 생명체의 발생과 진화에 있어서 그 과정이 단순히 유전자라는 물질적 근거로 환원되지 못하고 복잡계적인 창발 현상으로 발현됨을 확인하는 것은 매우 중요하다.[82] 반복은 차이를 수반한다는 들뢰즈의 관점처럼 생물학적 반복(recapitulation)은 창발적 차이를 수반한다. 반복에 의한 차이는 진화에서의 다양한 표현성의 기원이 되며,[83] 따라서 생명체란 유전자의 영속적 모습의 단면에 불과하다는 사회생물학자등의 근본 입장과는 달리, 종으로서의 동질성 속에 종속된 개체적 삶의 차이와[84] 개체적 삶의 반복 속에 나타나는 계통발생적 다양성이야말로 생명 현상의 창발적 측면을 잘 보여주고 있다.[85]

현대 진화론과 업, 복잡계적 시각

지구상의 수많은 생명체들로 구성되는 생명계(biosphere)가 150개도 안 되는 적은 수의 원소와 단백질, 지방, 탄수화물이라는 한정된 공통 자원으로 이루어져 있다는 점을 고려해 보면, 결국 개체고유성을 지닌 생명체를 규정하는 것은 단순한 구성 물질들이 아니라 그렇게 섭취된 물질의 관계를 통해 자신의 정체성을 발현하게 하는 각 개체 내의 관계성이라고 해야 한다. 관계라는 현상은 고정되어 있는 것이 아니라 시간의 축을 따라 실체 없이 변화를 계속하는 가변적 모습을 지닌다.

그런 면에서 내가 '나'인 것은 바로 지금 이 순간 이 자리에서만 가능하다. 나라는 생명체는 매 순간에서의 현존(現存)만이 있으며 그 외의 나라고 하는 존재는 모두 관념적인 허상이 된다. 물론 이러한 매 순간적 현존으로서의 존재 역시 관계일 뿐이다. 단순한 물질로부터 세상에서 누구도 닮지 않은 나만의 개체고유성을 지니게 되는 생명체야말로 상호관계에 의거해서 유지, 변화되는 창발적인 체계이다. 매 순간의 주위와의 상호작용을 통해 진화 과정에 참여하는 생명체와 그 진화 과정은 관계론적이고 복잡계 현상에 대한 통합적 시각을 제시하는 복잡계 과학을 통해 제대로 이해될 수 있다.[86]

복잡계 과학은 많은 요소들의 상호작용을 연구하며, 요소들의 상호작용에 의한 자기조직화를 통해 창발적 체계를 구성하고 진화가 가능해지는 비선형 구조를 다룬다. 나비 효과로 널리 알려진 무질서 속의 질서라는 개념으로 시작된 복잡계 현상에 대한 연구로는 프랙탈 및 카오스 이론과 네트워크 이론이 있다. 복잡계 과학이 다루는 것은 무질서와 질서라는 두 체계의 극심한 변화의 가장자리이며, 이는 크게 상전이(phase transition), 임계 상태, 척도 불변(scale free), 초기 조건의 민감도, 되먹임(feedback), 그물망(network), 자기조직화 및 창발 현상으로 정리된다. 복잡계 과학을 생물학에 적용한 시스템생물학은 현재 오믹스 생물학(Omics biology)으로 표현되는 유전체학(genomics), 단백체학(proteomics) 등 다양한 학문 영역으로 전개되고 있다. 이러한 연구가 등장한 것은 생명체의 여러 구성 물질들이 단순한 선형적 반응 경로를 취하는 것이 아니라 서로 소통하며(cross-talk) 그물망 구조를 지니고 있기 때문이다. 특히 시스템생물학이 주목받는 이유는 복잡계적 형태인 생명 현상과 더불어 각각의 생명체가 주위 환경 속에서 밀접한 관계를 맺으며 살아가는 생태계가 지닌 관계성이야말로 생명의 모습임에도 불구하고, 근대 과학이 취하고 있는 환원론적 시각이 삶에 대한 총체적 관계나 이에 근거한 복잡계적 접근의 필요성을 인식하지 않은 데 있다.[87]

한편, 이러한 관계성에 대한 재인식과 더불어 '진화의 누적 속에 생겨나는 반복과 차이'야말로 뭇 생명체의 종간 다양성을 만드는 바탕이라면, 개인은 태어난 순간부터 지금까지의 변화를 반영하고 있다. 몸과 마음에 누적된 관계의 집합으로서 생명체를 고려할 때, 비록 내가 나인 것은 바로 지금 이 순간에서만 가능하다. 그러나, 지금의 나라는 존재도 긴 진화의 관점에서 보면 어릴 때의 나, 더 진행하면 내 전신으로서의 부모도 담고 있고, 더 거슬러 올라가 모든 것이 시작된 약 150억 년 전의 우주 대폭발까지 이를 수 있다는 점에서 모든 생명체 하나하나는 약 150억 년의 진화를 지금의 한 몸에 담고 있다고 볼 수 있다. 이것은 불교에서 강조하는 의지적 행위의 결과이자 모든 존재를 구성하는 기본적인 힘인 업(業)과 다르지 않다. 모든 생명체는 존재하는 순간부터 생에 대한 의지를 지니기 때문이다.

그런 면에서 생명의 탄생에 있어서도 서양의 기계론적 입장을 담고 있는 현대 생물학에서는 'DNA로 이루어진 유전자에 프로그램된 유전 정보에 따라 만들어진 몸'을 생명체라고 하여 기계론적으로 정의한다. 반면 불교에서는 정자와 난자가 만나 수정란이 되면서 업(業)에 따라 '간달바'라는 식(識)★이 깃들어 비로소 정신인 명(名)과 육체인 색(色)이 결합된 **명색**★이 나타나 생명체가 시작이 된다고 본다. 불교에서는 생명 개념 자체도 물질적인 면과 정신적인 면이 둘이 아니며 이들의 복합체로 이루어져 있다고 본다.

불교의 중도(中道) 사상에 근거한 불이(不二)적 관점을 고려할 때 명과 색은 별도의 실체가 아니며 엄밀하게 분리되지도 않는다. 따라서 마치 서양의 생기론처럼 식(識)으로서의 간달바가 어딘가에 실체로 존재하다가 정자와 난자의 만남에 따라 결합하는 것이 아니라 정자와 난자의 만남으로 인해 이루어진 관계에 의해 간달바가 창발되어 나타나는 것으로 보아야 한다. 정자와 난자의 만남인 수정과 식의 임함은 서로 의존해 나타나는 현상으로서 물질과 식이라는 두 개의 실체로 분리해서는 안된다.[88]

여기서 몸이 먼저냐 정신이 먼저냐 하는 서양식의 이분법적 사고는 이미 배제되어 있으며, 이렇게 존재하는 시작에 있어서 장차 온전한 인간이 되기 위한 전 단계를 사인(似人)이라고 부르며, 이러한 사인이 온전한 인간으로 태어나는 것은 자궁에 착상되어 발생하는 전 과정을 완료함으로서 이루어지게 된다. 이것은 수정란으로 생겨난 생명체가 자궁 등의 주위 환경과의 상호작용에 의해 탄생이라는 방향성을 지니고 태어남을 의미하며, 비록 한 개체의 탄생이라는 가임기간 중의 짧은 시간이지만 전체 안에 부분이 담겨 있고, 부분 안에 전체가 있는 복잡계적 시각으로 볼 때 이 과정 자체는 긴 시간의 진화 과정을 담고 있는 미시적 진화의 모습으로 볼 수 있다.[89] 불교적 입장에서의 업은 내재적인 잠재태로서의 스칼라적인 욕망과 개체발생적인 벡터적 욕망, 양쪽을 아우르게 되며 이것이 진화의 압력으로 작용한다. 하지만 분명한 것은 진화의 압력으로서의 업은 복잡계적 창발 현상으로 나타나게 된다는 점이 매우 중요하다.

생명체가 탄생하고 진화하는 과정에 대하여 근대 과학은 기계론적인 입장에서 몸과 정신이 분리된 생명 현상을 다루어 왔고 유전자라는 물질로 환원시켜 왔다. 그러나 복잡계 과학과 시스템생물학이 등장한 현대 과학에서는 몸과 마음이 분리되지 않으며, 이는 업에 의해 생명체가 존재하고 끊임없이 변화해 간다는 불교적 연기법과 큰 차이점을 보이지 않는다.

연기적 진화

사회생물학자들의 주장처럼 진화하는 생명체의 근거를 유전자라는 고정된 실체로 국한시킨다면, 『이기적 유전자』를 쓴 도킨스가 『만들어진 신』이라는 저서를 통해 종교적 행위에 대한 무신론적 공격을 시도하는 것은 타당하다. 그것이 기독교적인 인격신과 더불어 지극히 근본주의적인 기독교에 대한 비난에 불과하기는 하지만, 그 바탕에는 유전자에 의한 기계론적 세계관에 근거해 인간의 종교적 행위 자체를 부정하는 입장이 깔려 있다. 에드워드 윌슨의 저서 『통섭』에서도 잘 나타나 있듯이 사회생물학자들의 유전자 실체론은 생물학으로 모든 학문과 종교를 통합하려는 오만에 가까운 입장이다.[90]

이처럼 생명체의 진화를 바라보는 서양 과학의 입장과 접근방법이 여전히 환원주의적 사회생물학 수준으로 설명되는 진화론에만 머물러 있다면 진화론과 불교의 근본적인 접점은 불가능하다. 생명체와 진화의 근거가 단지 유전자라는 고정된 실체가 된다면 기계적 유물론의 입장은 불교에서 부정하는 상론(常論)이 되며, 이는 그 어떤 실체도 인정하지 않는 불교적 세계관과 공존하기가 어렵다. 사회생물학자들의 유전자 실체론 입장에서 본다면 고정되지 않고 지속되는 관계의 이합집산의 동인(動因)으로서의 연기적 업 개념도 전혀 다르게 해석되어야 한다. 그러나 유전자 실체론에 근거한 사회생물학의 입장은 21세기에 들어 밝혀지고 있는 새로운 과학적 연구 결과들에 의해 힘을 잃어가고 있다. 그동안 사회생물학적 견해에 반대하는 입장에서 긴 논쟁을 벌인 굴드, 르원틴, 촘스키 등과 같은 이들의 주장처럼 진화의 본질이란 지속적으로 변화하는 생명체가 주위와 맺어가는 관계로 이루어진다고 말한다면 이것은 불교의 연기적 관점과 서로 상통한다.

물론 사회생물학을 반대하는 서구 학자들의 입장이 연기적 관점과 똑같은 것은 아니다. 이들은 진화의 과정이 우연(contingency)과 무작위(random)라는 것을 강조하는데, 이는 불교적 인과론과는 다르게 보인다. 그러나 굴드 등이 주장하는 우연과 무작위라는 특징도 그러한 현상이 나타나기 위한 바탕이 필요하다고 볼 때, 진화론에서의 우연과 무작위성은 복잡계 과학에서 언급하는 초기 조건에 의한 예측 불가능성이라는 특징을 말하는 것일 뿐 결코 인과적 관계 자체로부터 벗어나는 것은 아니며, 따라서 이는 불교적 인과론과 크게 다르지 않다. 다시 말하면 진화 과정에서의 우연과 무작위라는 것 역시 결코 아무 것도 없는 무(無)에서 인과의 흐름 없이 새로이 생겨나는 것이 아니며, 이를 위한 조건이 전제되어야 하기에 이 역시 조건과 결과라는 인과율의 연장선상에 있다는 점이다. 특히 사회생물학자들이 말하는 진화에서의 점진적 변화를 부정하며 제시된 굴드의 단속평형설 진화론은 인과의 흐름이 운명론적으로 과거, 현재, 미래라는 선형 구조를 지니지 않고[91] 비선형적 관계임을 말하는 불교적 시각에 가깝다.

한편, 진화론과 연기법이라는 두 관점에 있어서 본질적 차이는 없을지 몰라도 우리에게 제시된 모든 과학적, 종교적 개념이 그렇듯이 동일한 개념이라도 해석에 따라 매우 미묘한 입장 차이가 생겨나며, 그 결과 같은 개념이라도 다양한 가치와 의미를 지니게 된다. 예를 들어 진화론의 중심을 이루는 적자생존과 자연선택이라는 개념은 진보라는 개념과 더불어 다윈이 속한 영국보다는 독일에서 환영받았고, 결국 우생학의 근거로 활용되었다. 따라서 '불살생'으로도 표현되듯이 생명 존중을 내세우는 불교가 전형적인 비폭력적 입장임을 고려할 때, 동일한 관계론에 의거한 진화론과 불교적 연기론의 시각이 서로 전혀 다른 모습으로 우리 사회에 나타난 것은 흥미로운 일이다. 이와 같은 차이는 유사한 과학적 관찰을 기반으로 전 지구적 생명에 관한 가이아 이론을 주장한 마굴리스와 생명을 이기적 유전자의 투쟁으로 본 사회생물학자 간의 차이와 유사한 양상이다. 그런 면에서 이러한 차이는 불교가 종교적 입장에서 열려있는 욕망과 지혜로 삶의 의미와 행복을 추구하는 것이라면, 진화론은 과학 이론의 한 분야로서 제시되어 결과적으로 인간의 가치 체계에 귀속되면서 다양한 해석이 가능했기 때문으로 보인다. 분명한 것은 다윈이 의도했건 하지 않았건, 그의 진화론적 생명관이 근대 과학에 의한 인간 중심적 종 차별주의에 기여하게 된 바가 크다는 점이다.

이제 21세기에 들어와 밝혀지고 있는 복잡계 현상의 관계론적 관점과 더불어 최신 유전학적 발견에 의할 때, 1970년대 유전학에 근거하여 도출된 유전자 실체론에 바탕을 둔 기존의 진화론은 앞으로 그 입지가 더욱 좁아질 것으로 보인다. 유전자 자체도 관계성에서 발현되며, 유전자 발현에 대해 알면 알수록 그 발현 주체의 모호성이 더욱 뚜렷해지기 때문이다. 이러한 생명 현상의 모호성은 환원주의적 접근이 가질 수밖에 없는 한계에 기인하며, 동시에 환원주의적 접근의 한계를 야기한다. 다윈의 전통에 서있다고 말할 수 있는 수학자 괴델의 불완전성의 원리나[92] 물리학에서의 하이젠베르크의 불확정성의 원리가 보여주듯이, 모호성은 환원적 실증주의를 전제할 때에만 부정적으로 되는 것이다. 복잡계 과학에서처럼 예측 불가능성을 적극적으로 수용하는 접근을 취한다면, 상호관계성에 의한 모호성이야말로 생명과 삶의 풍요로움을 가져오는 근본 원리가 되며, 이로부터 생명과 진화에 대한 풍부한 시각이 나타날 수 있다.

연기법이라는 불교의 입장은 사물이 지닌 이러한 관계성에 대한 직관적 표현이기에, 앞으로 과학의 비환원론적 방법론과 시각이 확립되면 될수록 진화론과 불교 연기론의 접점은 더욱 활발해질 것으로 판단된다.[93] 진화론적 시각과 불교의 연기론은 결국 우리에게 언제나 남겨져 있는 과제를 다시 한 번 환기시킨다. 그것은 과학이건 종교이건 인간의, 인간에 의한, 인간을 위한 일상적 삶을 전제하지 않은 채 논의되고 해석될 때에는 원래의 모습과는 전혀 다른 형태로 우리 모두에게 폭력적으로 다가올 수 있다는 점이다. 최소한 두 관점이 제시하고 있는 관계성에 대한 바른 이해는 과학을 폭력적으로 사용하고 있는 현대 사회의 한계를 극복하는 데에 기여할 것으로 생각된다. 진화론적 시각과 불교의 연기적 관점은 너와 내가 서로 의존하면서 살아가고 있으며, 이와 같은 존재의 열린 관계성이야말로 모든 존재의 본질이자 진화하는 변화의 힘을 밝혀주는 '연기적 진화'라는 새로운 지평을 열어준다.

현대 진화론과 불교적 입장의 차이

현재의 미시적 진화

약 150억 년의 우주의 역사가 하루하루의 시간이 누적되어 이루어진 점을 생각해 볼 때 150억 년 속에 이루어진 생명의 탄생과 진화도 오늘 하루라는 시간 속의 진화가 그 바탕을 이루어야 한다. 그러나 과학으로서의 진화론은 긴 시간의 누적을 다루는 것이고 결코 하루하루의 일상을 다루지는 않는다. 거대한 시간의 역사 속에 드러나는 생명 현상이라는 결과에 주목하고 그 과정을 밝히는 것이다. 따라서 과학으로서의 진화론은 거대담론의 형태를 취하게 된다. 이에 대한 분자생물학적 근거 자료는 외형은 미시적 자료이기는 하지만 그 해석은 긴 시간의 흔적이라는 관점에서 이루어지고 분석된다. 진화론은 앞으로의 긴 시간의 흐름 속에서 생명체가 어떻게 진화해 갈 것이라고 말하지 않는다. 또 그렇게 말해서도 안되는 것이 과학으로서의 진화론이다. 그것은 불가능한 추정이기 때문이고 그 예측불가능성이란 진화가 복잡계적 현상이기 때문이기도 하다. 그렇기 때문에 과학에서의 진화론은 과거 지향적이다.

 이에 반하여 불교의 연기적 관점은 언제나 현장성과 지금 이 순간에 집중한다. 비록 생명체는 **출리**(出離)★의 연(緣)을 따라 유전(流轉)하지만 불교의 시각은 언제나 지금 이 자리에 있다. 한 생명체가 숨 쉬는 이 자리에서의 한 순간이 이미 현대 천체물리학에서 말하는 150억년의 시간을 담고 있음을 인정한다. 동시에 그 생명체는 '무상(無常)'이라는 표현으로 언제나 변화의 흐름 속에 있는 존재임을 강조하고 있다. 불교 역시 과거, 현재, 미래라는 시간의 흐름속에서 생명체는 언제나 관계성 속에 변화하며 진화라는 과정 속에 놓여있다고 말한다. 불교에서 말하는 과거, 현재, 미래라는 **삼세인과**★에 따라서 '과거의 인(因)을 알고 싶으면 현재의 과(果)를 보라, 미래의 과를 알고 싶으면, 현재의 인을 보라'는 구절에서 볼 수 있듯이 시간이 과거로부터 미래라는 직선으로 흐를 때 진화론과 상통하는 것이다. 그러나 여기서도 강조되는 것은 불교의 관심 대상은 진화론의 주요 관심 대상인 과거가 아니라 현재라는 점이다.

 과학으로서의 진화론과 불교적 관점의 근본적 차이가 드러나는 지점은 진화를 이야기할 때 시간을 선형적으로 볼 것인가 비선형적으로 볼 것인가의 차이에 있다. 대승불교에서의 삼세는 직선상의 시간의 개념을 떠나 과거의 마음도, 현재의 마음도, 미래의 마음도 얻을 수 없다는 비선형적인 시간의 개념을 바탕으로 이루어지고 있기 때문에 삼세의 시간은 지금 이 순간, 이 자리에서의 오직 들숨과 날숨 사이에 자리 잡고 있다. 업(業)이라고 하는 형태로 긴 시간의 누적 속에 지금의 내가 있지만 관심의 대상은 과거의 긴 시간의 역사가 아니라 지금 이 자리이다. 이는 150억년의 시간이 아니라 지금 이 자리에서의 지극히 미시적인 시각이기도 하다. 따라서 불교의 연기적 진화론은 찰나에 삼세가 담겨있다고 보고, 150억년을 담고 있을지라도 삶의 현장 속에 자리 잡은 들숨과 날숨 사이로 표현되는 찰나의 미시적 진화를 강조한다.

진화에 대한 과학적 논쟁이 사회생물학적 입장이건, 아니면 복잡계적이고 시스템생물학적이건 최소한 현대 진화론이 말하고 있는 긴 시간의 역사와 그 과정에서 생명체의 진화를 가능하게 하는 생명체와 환경의 상호작용에 대한 입장은 상호작용과 변화라는 점을 불교와 공유하지만 두 영역의 진화에 대한 관심의 대상이나 접근하는 방식은 전혀 다르다. 진화론은 현재를 알기 위해 과거를 되돌아보는 과거지향적 접근이지만 불교는 미래를 위해 현재를 살피는 미래지향적 접근이라는 점이고, 더 나아가 대승불교에서는 무시무종(無始無終)의 비선형적 시간 속에서 과거나 현재, 미래를 떠나 오직 지금 이 자리라는 시점에 집중한다는 점에서 과학으로서의 진화론과 종교로서의 불교가 확연한 차이를 보여주는 지점이 된다.

미시적 진화의 힘

진화라는 변화의 주체이자 객체로 존재하는 생명체는 삶이라는 형태로 진화의 과정 속에 놓이게 된다. 불교의 연기적 진화가 지금 이 자리에서의 미시적 진화에 초점을 맞추고 있다는 것은 기나긴 우주의 역사를 거쳐 내려오는 진화 과정은 역사성을 지니고[94] 지금 이 자리라는 삶의 현장에서 발현되어 나타나야 하며, 또한 일상적 삶의 현장을 통해 진화 과정에 참여해야 한다는 의미이다. 생물학적 진화론이라는 거대 담론의 큰 틀에서 진화를 보면 주객이 따로 없다. 하지만 연기법에 근거한 미시적 진화에서는 비록 주객이 없다 해도 삶의 현장이라는 점에서 그 분별 없는 가운데에도 분별이 있어[95] 삶의 주인으로서 생명체가 강조된다.

생물학적 진화에서 생명체가 주위 환경과의 다양한 관계맺음을 통하여 다양한 모습으로 진화되어 변화해 가듯이 삶의 현장 속에 펼쳐지는 연기적인 진화에서도 다양한 형태의 관계맺음을 통하여 다양한 삶의 모습으로 나아가게 된다. 하지만 생물학에서의 진화와는 달리 불교의 연기적인 진화 과정에서는 인간이 그 주인이 된다는 점에서 큰 차이가 있다. 이는 비록 모든 생명체는 주위와의 관계를 통해 다양한 모습으로 진화해 가지만 연기적 통찰은 인간이 주인으로서 능동적으로 주위와 바람직한 관계를 맺어 가야함을 시사한다. 삶의 현장에서의 바람직한 관계맺음이란 자기 내면의 개인적인 삶이건, 가족과의 삶이건 혹은 사회에 대한 삶이건 적극적인 관계 개선을 위해서 노력함을 말한다. 그것은 실천의 문제이기도 하다.[96]

적극적 관계 개선을 위한 참여야말로 미시적 진화의 힘이다. 관계성에 대한 철저한 인식을 통해 관계가 단절되거나 왜곡되었을 때 그것을 바로잡기 위한 삶을 치열하게 사는 것이 곧 연기적 진화의 바탕이며, 이것은 생물학적 진화를 포함하되 그것을 뛰어넘는 또 다른 진화의 기제이다. 따라서 불교에서의 비폭력의 가르침은 이러한 연기적 진화의 실상으로부터 나오며 이 점에서 연기적 진화가 생물학적 진화를 뛰어넘는 근거가 된다. 폭력을 해를 끼치는 것이라고 간단히 정의를 할 수 있고[97] 보다 다양하게 논의할 수도 있지만[98] 연기적 관점에서 말한다면 폭력은 '관계의 단절이나 왜곡을 가져오는 행위'이다.[99] 서로 상의상존하며 변화해 가는 관계를 무시하고 타자를 대상화하는 것이 폭력이며, 폭력은 억압으로 나타난다. 특히 연기적 진화라는 면에서 볼 때 폭력은 강자만이 행사하는 것이 아니다. 약자도 체념이라는 형태로 상대방에게 폭력을 행사한다. 그렇기 때문에 불교의 연기적 진화는 관계성에 근거하여 진화의 주인으로서 바람직한 관계를 위해 적극적으로 살아가야 하는 것이고, 이것이 참여이자 동시에 비폭력이다. 이렇게 바람직한 진화를 위한 능동적 참여는 비폭력을 위한, 비폭력을 향한, 비폭력 그 자체로 나타난다. 이것이 연기적 진화의 힘이며 불교적 진화가 생물학적 진화론을 뛰어넘게 되는 결정적인 다른 속성 중의 하나이기도 하다.[100]

나가면서

과학과 종교가 만날 수 있는 것은 과학과 종교 모두 인간의 삶을 위해서 이야기 되는 것이기 때문이다.[101] 우리의 삶을 떠난 학문을 위한 학문, 종교를 위한 종교는 극히 관념적이고 우리의 삶을 억압하는 고동의 원인이 된다. 과학과 종교는 지금 이 자리에서의 인간의 삶이라는 공통의 터전이 있기 때문에 서로 소통하고 상대방의 시각을 이해하는 만남을 통해 다양한 삶에 대한 시각을 우리에게 제시할 수 있다. 현대 진화론과 불교적 시각을 비교 검토하는 것은 우리의 보다 바람직한 삶을 위한 노력의 일환이다. 특히 과학과 불교는 자체의 근본 속성에서 기존의 틀에 저항하면서 스스로를 규정하고 있는 자기 자신을 넘어서는 자기 초극적이라는 면에서 유사성이 있다.[102] 하지만 과학과 종교를 같이 논의하는 것은 두 영역이 다루는 층위에 대한 명확한 차이점을 인식한 후에 시도해야 한다.

현대 진화론의 한 축을 이루는 사회생물학은 다양한 입장에서 비판되었고, 이를 통해 많은 생산적 논의가 서구 사회에서 이루어졌다. 사회생물학이 이루어낸 좋은 통찰에도 불구하고 유전자 실체론이라는 환원론적 시각은 불교의 **무아론***과 대치되는 일종의 상견(常見)에 의거한 유물적 관점이다. 그러나 사회생물학이 근거하고 있는 1970-80년대의 초기 분자유전학에 이어 21세기 들어와서 전개된 현대 후성유전학, 이보디보, 복잡계 과학, 시스템생물학 등의 발전은 관계론적인 통합적 시각에 바탕을 두어 사회생물학의 환원론적 시각을 재검토하고 있다.

관계론에 의거한 현대 진화론과 불교의 연기적 진화론은 많은 부분에서 상응한다. 생명체 자체도 그렇고 종의 진화라는 측면에서도 생명체의 주위 환경과의 진화 과정은 철저히 상호의존적인 관계맺음을 통해 다양한 초기 조건에 따라 지구상의 놀라운 생물 다양성을 이룩했다. 현대 진화론이 보여주고 있는 것은 생명 현상이란 물질로 환원될 수 없고 관계성 속에서 창발되어 나타나는 현상이며, 이는 진화 과정에도 그대로 적용된다는 것이고 이 점에서는 불교적 관점과 그리 다르지 않다.

그러나 우주의 역사라는 약 150억년의 시간도 매일 하루하루의 시간이 누적되어 이루어진다는 점에서 불교의 연기적 진화는 생물학적 진화론과 시각을 달리 한다. 생물학적 진화론에서의 시간은 몇만 년, 몇억 년의 시간대이고 그러한 역사성은 불교에서의 업과 서로 상응하겠지만, 기본적으로 불교에서 주목하고 있는 연기적 진화는 지금 이 자리라는 삶의 현장에서의 관계론적 진화다. 과학으로서의 진화론은 공진화의 형태로 생명체와 환경을 대등하게 놓고 바라본다. 그러나 불교에서는 인간이 그러한 생태계 속에서 수동적으로 변화해가는 것이 아니라 **상구보리 하화중생**(上求菩提 下化衆生)'*이라는 모습으로 삶의 주인이 되어 150억 년, 아니 불교식으로 말한다면 삼세에 걸친 진화 과정에서 언제나 능동적인 참여의 자세를 지녀야 함을 말한다. 일상적 삶의 현장에서의 진화라는 것은 '삶의 자세'를 말한다. 기본적으로 불교의 연기적 진화는 수만, 혹은 수억 년의 진화라는 관념적 진화가 아니라 하루하루의 지금 이 자리에서 '상구보리'라는 '수행(修行)'과 '하화중생'이라는 '신행(信行)'으로 실현되며, 또한 그 수행과 신행이라는 두 모습이 결코 둘이 아님을 말해주는 진화이다. 그렇기 때문에 연기적 진화는 일상 생활 자체가 수행과 신행이 되어야 함을 말하고 있으며, 그것은 삶의 자세이자 또한 간절한 기다림의 자세임을 말한다. 이때의 기다림이란 그 어떤 대상이나 깨달음을 기다리는 것이 아니라 존재의 살아가는 과정 자체로서의 간절한 '깨어있음(覺)'을 말한다.

깨어있음을 통한 진화에의 적극적 참여를 통해 불교적 진화는 생물

획직 진화를 뛰어 넘게 되며, 이러한 변화는 우리 모두에게 각자 생활 속에서의 능동적 '나눔'의 형태로 살아가는 것으로 구체화된다. 나눔이란 상호 관계성의 시작이자 상호 변화의 단초이기 때문이다. 그렇기 때문에 과학으로서의 진화론과는 달리 불교에서 말하는 연기적 진화는 **자타불이**(自他不二)*, **자리이타**(自利利他)*, **동체대비**(同體大悲)*의 형태가 될 것이다. 또한 이를 위해서 필요한 것은 『화엄경』 '보원행원품(普賢行願品)'에서 언급되듯이 '중생수순(衆生隨順)'이라는 삶의 현장에 대한 능동적인 참여이다. 간절한 기다림의 자세로부터 나오는 '깨어있음'이라는 수행과 더불어 자신이 처한 일상의 삶 속에서 주어진 것에 감사하며 이웃과 더불어 나누는 신행이라는 형태야말로, 다양하고 아름다운 생명의 발현을 가능하게 하는 근원적 힘이란 것이 생명의 진화를 바라보는 진정한 불교적 교의가 될 것이다.

이 글은 『종교문화연구, 13호』 (2009) 47-85쪽에 실린 「진화론적 시각과 불교의 연기적 관점의 만남」에 바탕을 두고 있으며, 2009년 교육과학기술부의 재원으로 한국연구재단의 지원을 받아 수행된 연구이다.
(한국연구재단-2009-32A-KRF-2009-32A-A00029)

1 J. M. Leggett, "Medical scientism: good practice or fatal error?," *Jounal of the Royal Society of Medicine*, Vol. 90, No. 2(1997), pp. 97-101, Frederick Olafson, *Naturalism and the Human Condition: Against Scientism* (New York: Routledge, 2001) pp. 76-80 및 Susan Haack, *Defending Science — within Reason: Between Scientism And Cynicism* (Amherst, NY: Prometheus Books, 2003) pp.17-30.

2 Karl Popper, "Natural Selection and the Emergence of Mind," in Gerard Radnitzky & W. W. Bartley, ed., *Evolutionary Epistemology, Rationality, and the Sociology of Knowledge* (La Salle, Ill.: Open Court, 1987), pp. 137-153.

3 찰스 길리스피, 『객관성의 칼날 : 과학사상의 옮김사에 관한 에세이』, 이필렬 옮김 (새물결, 2005), pp.386-396.

4 Eugene V. Koonin, "Darwinian Evolution in the Light of Genomics," *Nucleic Acids Research*, Vol. 37, No. 4 (2009), pp. 1011-1034.

5 Sandra D. Mitchell, *Biological Complexity and Integrative Pluralism* (Cam-

bridge: Cambridge University Press, 2003), pp. 167-217.

6   Laurence Loewe, "A Framework for Evolutionary Systems Biology," *BMC Systems Biology*. Vol. 3, No. 27 (2009), doi: 10.1186/1752-0509-3-27 및 Uri Alon, *An introduction to Systems Biology* (London: CRC Press, 2007).

7   존 로,「ANT에 대한 노트—질서 짓기, 전략, 이질성에 대하여」,『인간, 사물, 동맹』, 브루노 라투르 외, 홍성욱 엮음 (이음, 2010), pp. 39-56.

8   Bruno Latour, "From the world of science to the world of research?" *Science*, Vol. 280 (1998), pp. 208-209.

9   '과학적 사실'과 '진행 중인 연구'에 대한 일반인들의 혼동은 2008년도 미국 쇠고기 수입 협상 타결로 발생한 한국사회의 논란에 잘 나타나고 있으며, 특히 PD수첩에 대한 1심 무죄 판결을 비판하는 대한의사협회의 성명서에서 특징적으로 볼 수 있다. 성명서에서 과학적 사실로 제시하고 있는 것을 보면 진행 중인 연구 내용에 불과한 것으로써, 의사 집단도 학술지에 게재된 내용이라는 것만으로 과학(science)과 연구(research)를 동일한 수준의 과학적 사실로 착각하는 오류를 범하고 있다.

10   존 벡위드,「과학과 사회운동 사이에서: 68에서 게놈프로젝트까지」, 이영희·김동광·김명진 옮김 (그린비, 2009), pp. 162-171.

11   우희종,「즐거운 과학기술의 달콤한 유혹」,『문화과학』, 60호 (2009), pp. 319-339.

12   우희종,「삶의 자세와 십자가의 의미」, 한국교수불자연합회·한국기독자교수협의회 공편,『인류의 스승으로서 붓다와 예수』(동연, 2006), pp. 28-33.

13   우희종,「생명조작에 대한 연기적 관점」,『불교학연구』, 15호 (한국불교학연구회, 2006), pp. 55-93.

14   '진리란 무엇인가'라는 질문에 대해 그 답을 언어로 표현하는 것은 불가능하다. 유마거사와 예수처럼 침묵하거나 달마 대사처럼 "알지 못한다"(不識)고 표현할 수밖에 없다. 또는 조직신학자인 폴 틸리히(Paul Tillich)처럼 "존재 그 자

체"(the Being Itself) 혹은 "존재의 근거"(the Ground of Being)로 표현하는 것이 그나마 최선일 것이다. 첨단과학의 대상은 생명체이며, 생명과학은 생명체의 탄생과 죽음의 과정인 생명 현상을 다루는 것이지 생명 그 자체를 연구하는 것은 아니다.

15 과학은 과정이자 방법(method)에 의한다. 과학자가 제시한 연구 결과에 대하여 우리 사회가 신뢰를 지니고 수용하는 것이기 때문에 과학 행위의 과정은 과학계에서 제시된 규범 내에서 매우 엄격하게 이루어져야 한다. 이 과정 중에 자행하는 연구 부정 행위는 마치 재판정에 조작된 증거를 제출하여 무고한 사람을 죄인이라고 믿게 하여 (무고한 사람이 죄인이라는 것이 '사실'이 된다) 죽음에 이르게 하는 행위와 같다. 또한 과학의 발전이란 새로운 방법의 등장에 의존하기 때문에 방법 그 자체가 과학의 본질도 이룬다. 근대 과학은 전형적인 환원주의적 방법론에 근거한다.

16 고대에는 지구가 평편하여 바다 멀리 나아가면 떨어져 죽는다고 믿었을 때에는 지구가 평평하다는 것이 '사실(fact)'이었지만, 지금은 사실이 아니다. 사실이란 비유하자면 마치 법정에 제시된 증거와 같다. 그 증거를 보고 믿어 유죄 판결을 내리면 피의자는 범인이라는 것이 사실이 되지만 경우에 따라서는 누명쓴 것에 불과하고 진실에 있어서는 무죄인 경우가 있다. 이렇게 사실과 진실의 틈새는 항상 존재한다. 따라서 과학 연구의 부정 행위는 마치 법정에 조작된 증거를 제시하여 무고한 사람을 죽게 하는 것과 유사한 의미를 지닌다.

17 이언 해킹, 『표상하기와 개입하기: 자연과학철학의 입문적 주제들』, 이상원 옮김 (한울아카데미, 2005), pp. 68-84.

18 Derek Gjertsen, *Science and Philosophy: Past and Present* (London: Penguin, 1989), pp. 29-50.

19 Joan Fujimura, "Crafting Science: Standardized Packages, Boundary Objects and 'Translation'," in Andrew Pickering, ed., *Science as Practice and Culture* (Chicago: University of Chicago Press, 1992), pp. 168-211.

20 Bruno Latour & Steve Woolgar, "The Cycle of Credibility," in Barry Barnes & David Edge, ed., *Science in Context* (Cambridge, Mass.: MIT Press, 1982), pp. 35-43 및 김환석, 『과학사회학의 쟁점들』(문학과지성사, 2006), 참조.

21   손 폴킹혼, 『과학시대의 신론』, 이정배 옮김, 동명사, 1998. pp. 29-55 및 이언 바버, 『과학이 종교를 만날 때』 (임철우 옮김, 김영사, 2002), pp. 27-75.

22   에르빈 슈뢰딩거, 『생명이란 무엇인가』, 전대호 옮김 (궁리, 2007), pp. 115-149.

23   마이클 머피·루크 오닐 엮음, 『생명이란 무엇인가? 그 후 50년』, 이상헌 외 옮김 (지호, 2003), pp. 21-25.

24   앙리 베르그송, 『창조적 진화』, 황수영 옮김 (아카넷, 2005).

25   키스 안셀 피어슨, 『싹트는 생명』, 이정우 옮김 (산해, 2005), pp. 407-414.

26   Stephen Goldberg, *Consciousness, Information, and Meaning; The Origin of the Mind* (Miami: MedMaster, 1998), pp. 69-71.

27   Claude Debru, "From Nineteenth Century Ideas on Reduction in Physiology to Non-Reductive Explanations in Twentieth-Century Biochemistry," in Marc H. V. Van Regenmortel & David Hull, eds., *Promises and Limits of Reductionism in the Biological Sciences* (New York: John Wiley & Sons, 2002), pp. 35-46; Tim Forsyth, *Critical Political Ecology: The Politics of Environmental Science* (London: Routledge, 2003), pp. 168-201; 그리고 캐롤린 머천트, 『래디컬 에콜로지』 허남혁 옮김 (이후, 2001), pp. 72-94.

28   생명체란 보고 느끼며 표현하는 존재라고 정의할 수 있다 (서울대학교 미술대학 김정희 교수와의 개인 교신).

29   Irun Cohen, *Tending Adam's Garden; Evolving the Cognitive Immune Self* (New York: Academic Press 2000) pp. 3-8.

30   마누엘 데란다, 『강도의 과학과 잠재성의 철학: 잠재성에서 현실성으로』, 이정우·김영범 옮김 (그린비, 2009), pp. 99-168.

31   미셸 푸코, 『임상의학의 탄생』, 홍성민 옮김 (인간사랑, 1993), pp. 162-216.

32   Alfred Tauber, *The Immune Self: Theory or Metaphor?* (Cambridge: Cambridge University Press, 1994) p. 295.

33   Didier Sornette, *Critical Phenomena in Natural Sciences: Chaos, Fractals, Selforganization and Disorder: Concepts and Tools*, 2nd ed., (New York, Springer 2003); Ricard V. Sole and Jordi Bascompte, *Self-Organization in Complex Ecosystems* (Princeton: Princeton University Press 2006).

34   션 B. 캐롤, 『이보디보, 생명의 블랙박스를 열다』, 김명남 옮김 (지호, 2007).

35   Douglas M. Ruden, D. Curtis Jamison, Barry R. Zeeberg, Mark D. Garfinkel, John N. Weinstein, Parsa Rasouli & Xiangyi Lu, "The EDGE Hypothesis: Epigenetically Directed Genetic Errors in Repeat-Containing Proteins (RCPs) Involved in Evolution, Neuroendocrine Signaling, and Cancer," *Front Neuroendocrinology*, Vol. 29, No. 3 (2008), pp. 428-444.

36   생명체의 열려있음이란 불가의 무상(無相, 따라서 無常)을 나타내며, 개체 고유성은 아상(我相)을 말한다. 이렇듯 아상과 무상은 서로 의존하고 있으며 동전의 양면과도 같아서 떼어 생각할 수 없다.

37   생명이 지니는 전체와 부분 간의 자기 닮음이라는 특성은 프랙탈(stochastic fractal) 이론에 의한 자연의 특성이기도 하지만 종교적 은유 속에서도 종종 등장한다. 의상대사의 법성게(法性偈)에서 나오는 "티끌 하나에 온 우주가 담겨있다."(一微塵中 含十方)는 표현과, 성경의 "그 날에는 내가 아버지 안에, 너희가 내 안에, 내가 너희 안에 있는 것을 너희가 알리라."(요한 14:20)라는 표현도 그런 맥락으로 파악할 수 있다.

38   Scott Camazine, Jean-Louis Deneubourg, Nigel R. Franks & James Sneyd, *Self-Organization in Biological Systems* (Princeton: Princeton University Press, 2003) pp. 29-45.

39   과학계에서는 '137억 년 전'이 통설이지만, 138억 년 혹은 136억 년 등으로 말하면 틀린 것일까? 과학의 측정치에는 유효숫자의 개념이 있으며, 이는 과학의 표현 방식(representation)이기 때문에 대략 150억 년 전이라고 서술하는 것도 맥락에 따라서는 문제되지 않는다. 더욱이 해당 전공자가 아닌 일반인에게 우주

의 시발점이 150억 년이나 137억 년이나 무슨 차이가 있을 것인가. 그러나 과학 수치를 측정 상의 허용치가 없는 결정적인 것으로 받아들이는 일종의 과학주의가 있기에, 이 글에서는 통상적으로 137억 년으로 알려진 수치를 굳이 150억 년으로 기술함으로써, 이를 통해 '과학이라는 문화' 읽기의 또다른 방식을 나타내고 있다.

40 Charles Darwin, *The Origin of Species* (New York: Gramercy Books, 1859; 1979).

41 Nicholas Wright Gillham, *A Life of Sir Francis Galton: From African Exploration to the Birth of Eugenics* (New York: Oxford University Press, 2001) pp. 250-344.

42 스티븐 제이 굴드, 『생명, 그 경이로움에 대하여』, 김동광 옮김 (경문사, 2004), pp. 36-71.

43 Edward O. Wilson, *Sociobiology* (Abridged ed.) (Cambridge, MA: Belknap Press 1980).

44 에드워드 윌슨, 『통섭: 지식의 대통합』, 최재천·장대익 옮김 (사이언스북스, 2005), pp. 14-17.

45 유전자 결정론에서 사회생물학자들이 부정하는 것은 '유전자 숙명론'이다. 하지만 유전자 결정론이 곧 유전자 숙명론은 아니기 때문에 유전자 결정론을 그토록 부정할 필요는 없다. 사회생물학의 입장은 유전자 결정론이자 유전자 실체론이며, 국내 사회생물학자들도 윌슨처럼 이 점을 솔직히 인정할 때 국내에서도 생명에 대한 다양한 입장의 연구자들 간에 보다 생산적이고 충실한 토론이 유도될 수 있을 것으로 보인다.

46 장 지글러, 『탐욕의 시대』, 양영란 옮김 (갈라파고스, 2005), pp. 79-147.

47 아이린 칸, 『들리지 않는 진실: 빈곤과 진실』, 우진하 옮김 (바오밥, 2009), pp. 215-245.

48 하워드 L. 케이, 『현대 생물학의 사회적 의미』, 생물학의 옮김사와 철학 연

구모임 옮김 (뿌리와이파리, 2008), pp. 254-285.

49   James D. Watson & Francis H. C. Crick, "A Structure for Deoxyribose Nucleic Acids," *Nature*, Vol. 171 (1953), pp. 737-738.

50   Masayuki Horie, Tomoyuki Honda, Yoshiyuki Suzuki, Yuki Kobayashi, Takuji Daito, Tatsuo Oshida, Kazuyoshi Ikuta, Patric Jern, Takashi Gojobori, John M. Coffin & Keizo Tomonaga, "Endogenous non-retroviral RNA virus elements in mammalian genomes," *Nature*, Vol. 463 (2010), pp. 84-87.

51   Henry Gee, *Jacob's Ladder: The History of the Human Genome* (New York: Norton, 2004), pp. 173-226.

52   데이비드 J. 린든, 『우연한 마음: 아이스크림콘처럼 진화한 우리 뇌의 경이와 불완전함』, 김한영 옮김 (시스테마, 2009), pp. 15-35.

53   알바 노에, 『뇌과학의 함정: 인간에 관한 가장 위험한 착각에 관하여』, 김미선 옮김 (갤리온, 2009), pp. 27-55.

54   스티븐 핑커, 『빈 서판: 인간은 본성을 타고 나는가』, 김한영 옮김 (사이언스북스, 2004), pp. 105-116.

55   David J. Buller, *Adapting Minds: Evolutionary Psychology and the Persistent Quest for Human Nature*, (Cambridge, MA.: MIT Press, 2005), pp.127-200.

56   리처드 르원틴, 『DNA 독트린』, 김동광 옮김 (궁리, 2001), pp.189-217.

57   크리스틴 케닐리, 『언어의 진화: 최초의 언어를 찾아서』, 전소영 옮김 (알마, 2009). pp.381-412.

58   *The Ethical, Legal, and Social Issues* (ELSI) by NIH, http://www.ornl.gov/sci/techresources/Human_Genome/elsi/elsi.shtml (2010. 2. 1, 확인).

59   마누엘 데란다, 『강도의 과학과 잠재성의 철학: 잠재성에서 현실성으로』 이정우, 김영범 옮김 (그린비, 2009), pp. 106-107.

60 코베세, 『은유와 문화의 만남―보편성과 다양성』 김동환 옮김 (연세대학교 출판부, 2009), pp. 375-415.

61 Rodrigo Morales, Karim Abid, and Claudio Soto, "The prion strain phenomenon: Molecular basis and unprecedented features" *Biochim Biophys Acta.* Vol. 1772, No. 6 (2007), pp. 681-691.

62 도킨스가 말하듯이 '인간은 유전자의 생존 기계이며 운반자'라면, 이를 그의 논리를 그대로 적용하여 '유전자는 A, T, C, G의 생존 기계이며 운반자'라고 말할 수 있다. 따라서 사회생물학자의 환원주의적 접근에 의할 때 '인간은 유전자를 경유한 A, T, C, G의 생존 기계이며 운반자'라고 말해야 한다. 사회생물학이 한 시대의 학설로 그치지 않으면서도 나름대로의 시각을 발전시키기 위해서는 20세기의 분자생물학의 수준을 넘어 21세기 분자유전학에 맞는 제2의 도약이 필요하다.

63 J. K. Kim, M. Samaranayake & S. Pradhan, "'Epigenetic Mechanisms in Mammals," *Cellular and Molecular Life Sciences,* Vol. 66, No. 4 (2009), pp. 596-612.

64 Pablo Landgraf, Mirabela Rusu, Robert Sheridan, Alain Sewer, Nicola Iovino, Alexei Aravin, Sebastien Pfeffer, Amanda Rice, Alice O. Kamphorst, Markus Landthaler, Carolina Lin, Nicholas D. Socci, Leandro Hermida, Valerio Fulci, Sabina Chiaretti, Robin Foa, Julia Schliwka, Uta Fuchs, Astrid Novosel, Roman-Ulrich Muller, Bernhard Schermer, Ute Bissels, Jason Inman, Quang Phan, Minchen Chien, David B. Weir, Ruchi Choksi, Gabriella De Vita, Daniela Frezzetti, Hans-Ingo Trompeter, Veit Hornung, Grace Teng, Gunther Hartmann, Miklos Palkovits, Roberto Di Lauro, Peter Wernet, Giuseppe Macino, Charles E. Rogler, James W. Nagle, Jingyue Ju, F. Nina Papavasiliou, Thomas Benzing, Peter Lichter, Wayne Tam, Michael J. Brownstein, Andreas Bosio, Arndt Borkhardt, James J. Russo, Chris Sander, Mihaela Zavolan, and Thomas Tuschl, "A Mammalian microRNA Expression Atlas Based on Small RNA Library Sequencing," *Cell.,* Vol. 129, No. 7 (2007), pp. 1401-1414.

65 Thomas D. Schmittgen, "Regulation of MicroRNA Processing in Development, Differentiation and Cancer," *Journal of Cellular and Molecular Medicine,*

Vol. 12, No. 5b (2008), pp. 1811-1819.

66   C. David Allis, Thomas Jenuwein, Danny Reinberg & Marie-Laure Caparros, eds., *Epigenetics* (Cold Spring Harbor: Cold Spring Harbor Laboratory Press, 2007), pp. 23-61.

67   Valdur Saks, Claire Monge & Rita Guzun, "Philosophical Basis and Some Historical Aspects of Systems Biology: From Hegel to Noble: Applications for Bioenergetic Research," *International Journal of Molecular Science*, Vol. 10, No. 3 (2009), pp. 1161-1192.

68   John Chaston & Heidi Goodrich-Blair, "Common Trends in Mutualism Revealed by Model Associations Between Invertebrates and Bacteria," *FEMS Microbiology Reviews*, Vol. 34, No. 1 (2009), pp. 41-58.

69   당시에도 수많은 장내 미생물과 피부 표면의 미생물들로 덮여있는 포유 동물은 실체가 없이 단지 장내 미생물 등의 생명을 유지, 보전하기 위해 열심히 먹고 마시는 담지체에 불과하다는 이야기가 회자되었다. 마굴리스 교수가 현재의 사회생물학자가 주장하듯 이기적 유전자와 밈에 의한 자기확산의 개념을 유전자가 아닌 세포나 세균을 통해 충분히 전개할 수 있었다. 비록 마굴리스 교수가 인간의 문화나 사회활동이란 이기적 미생물이 그들을 확대 재생산하기 위해 만들어 낸 결과물이라고 주장하는 과감성은 없었지만, 세포내 공생과 이를 통한 생존, 증식의 개념은 유전자를 바탕으로 하는 사회생물학자들의 주장을 충분히 내포하고 있었다.

70   Peter Kohl and Denis Noble, "Systems biology and the virtual physiological human," *Mol Syst Biol.* Vol. 5, article No. 292 (2009), doi:10.1038/msb.2009.51.

71   데니스 노블, 『생명의 음악』, 이정모 옮김 (열린과학, 2009).

72   프란스 드 발, 『내 안의 유인원』, 이충호 옮김 (김영사, 2005), pp. 32-74.

73   리처드 도킨스, 『만들어진 신』, 이한음 옮김 (김영사, 2007).

74   Sarah Hrdy, *Mother Nature: Maternal Instincts and How They Shape the Human Species* (New York; Ballantine Books, 2000) pp. 485-510.

75   연기법은 초기 경전인 『아함경』에 다음과 같이 간략히 표현된다. "이것이 있으므로 저것이 있고, 이것이 생기므로 저것이 나타난다. 이것이 없으면 저것이 없고, 이것이 멸하면 저것이 멸한다."(此有故彼有 此生故彼生, 此無故彼無 此滅故彼滅) 이는 상호의존적 발생이자 항상 변화하는 흐름으로서 나타나는 진화 개념으로 받아들일 수 있다. 불교의 상호의존적 변화에서도 한 개체의 삶에서 나타나는 개선은 있을지언정 차안과 피안을 구분하여 피안을 향한 궁극적인 진보라는 개념은 부정된다.

76   소쉬르의 랑그(langue)와 빠롤(parole)을 상기할 필요가 있다. 불이 꺼진다거나 혼탁한 흐린 물이 고요하고 맑게 가라앉는다는 문자적 표현인 열반은 욕망의 소멸이라는 랑그의 측면이 있지만 또한 **상락아정**(常樂我淨)★의 빠롤이 있다.

77   이 점을 강조하여 우리의 존재 양식을 나타내는 데서 틱낫한(Thich Nhat Hanh) 스님은 '상호존재(interbeing)'라는 용어를 사용하지만, 필자는 같은 뜻이기는 해도 '상호생성(interbecoming)'이라는 표현을 선호한다.

78   '의도적 행위'라는 표현은 중요하며, 이는 불교의 인과법이 단순한 숙명론이나 운명론과 결정적으로 분리되는 부분이다. 불교에서는 자신의 의지와 노력으로 인과의 흐름을 변화시킬 수 있음을 강조하며, 이러한 주체적 삶이야말로 불교의 가장 중요한 가르침이다.

79   우희종, 「동물의 욕망, 인간의 욕망」, 정준영 외, 김종욱 엮음, 『욕망: 삶의 동력인가 괴로움의 뿌리인가』 (운주사, 2008).

80   미셸 푸코, 『성의 역사 1: 앎의 의지』 이규현 옮김, (나남 1990), pp. 35-67.

81   키스 피어슨, 『싹트는 생명: 들뢰즈의 차이와 반복』 이정우 옮김, (산해 2005), pp. 407-414.

82   질 들뢰즈, 펠릭스 가타리, 『천개의 고원』 김재인 옮김, (새물결, 2001), pp. 11-55.

83   알버트 바라바시, 『링크』 강병남, 김기훈 옮김 (동아시아, 2002), pp. 311-313.

84   질 들뢰즈, 『차이와 반복』 김상환 옮김 (민음사, 2004), pp. 220-282 및 pp. 614-633.

85   마누엘 데란다, 『강도의 과학과 잠재성의 철학 : 잠재성에서 현실성으로』 이정우, 김영범 옮김 (그린비, 2009), pp. 68-94.

86   Andreas Wagner, *Robustness and Evolvability in Living Systems* (Princeton: Princeton University Press, 2005) pp. 175-191.

87   Laurence Loewe, "A framework for evolutionary systems biology," *BMC Syst Biol*. Vol. 3: 27 (2009) doi: 10.1186/1752-0509-3-27.

88   우희종, 「창발 현상으로서 깨어있음의 몸」, 우희종 외, 김종욱 엮음, 『몸: 마음공부의 기반인가 장애인가』 (운주사, 2009).

89   이러한 지적이 개체발생이 계통발생을 되풀이한다는 헤켈(Ernest Haeckel)의 반복 발생(Recapitulation theory)을 의미하는 것은 아니다.

90   이와 다르지만 종교와 과학 간의 논의를 표방하며 발간된 『종교전쟁: 종교에 미래는 있는가』(신재식·김윤성·장대익 지음, 사이언스북스, 2009)가 있다. 책의 내용은 대부분 기독교 및 지적창조론과 사회생물학 논의임에도 불구하고 마치 기독교가 모든 종교를 대표하듯 책 제목에 '종교'라는 일반명사를 사용하였다. 본문 중에 타 종교의 입장이 충분히 반영되지 못함을 아쉬워하는 부분이 언급되어 있기는 하지만, 이런 모습을 일종의 오리엔탈리즘으로 보아야 할 것인지, 오만함으로 보아야 할 것인지, 아니면 미숙함으로 보아야 할지, 우리로서 되돌아보아야 할 부분이다.

91   "과거심불가득"(過去心不可得), "현재심불가득"(現在心不可得)", "미래심불가득"(未來心不可得), 『금강경』, 제7 무득무설분(無得無說分).

92   레베카 골드스타인, 『불완전성: 쿠르트 괴델의 증명과 옮김설』, 고중숙 옮김 (승산, 2007) 및 존 캐스티, 베르너 드파울리, 『괴델』, 박정일 옮김 (몸과 마음,

2002) pp. 237-240.

93   조애너 메이시, 『불교와 일반 시스템이론』, 이중표 옮김 (불교시대사 2004).

94   History has a more important task than to be a handmaiden to philosophy.… Its task is to become a curative science. by M. Foucault in 'History as Therapy', 1984.

95   차이(差異)는 있되 차별(差別)이 없음을 뜻한다.

96   도로테 죌레, 『현대신학의 패러다임』 서광선 옮김 (한국신학연구소, 1993), pp. 50-63

97   마크 쿨란스키, 『비폭력』 전제아 옮김 (을유문화사, 2007), pp. 19.

98   마이클 네이글러, 『폭력 없는 미래―비폭력이 살길이다』 이창희 옮김 (두레 2008).

99   우희종, 『생명과학과 선』 (미토스, 2006), pp. 208-212

100 유세종, 『화엄의 세계와 혁명』 (차이나하우스, 2009), pp. 156-159.

101 Robert E. Buswell, *Hagiographies of the Korean Monk Wonhyo*, in '*Buddhism in Practice*', Donald S. Lopez Ed. (Princeton: Princeton University Press, 1995) pp. 553-562.

102 많은 이들이 불교가 논리적이고 합리적이라는 점에서 불교는 과학적이라는 표현을 사용하고 있지만 엄격히 말하면 종교로서의 불교는 논리적인 것을 뛰어 넘어야 한다. 따라서 합리적이고 논리적이라는 것만으로 불교와 과학의 유사성을 말하는 것은 과학과 불교에 대한 표피적인 이해에 근거한 위험한 발상이다. 과학과 불교는 기본적으로 기존의 틀에 머무르지 않고 자기 자신을 부정하며 열린 자세로 변화해야 한다는 점에서 상통한다.

Buddha and Darwin

진화의 세계는 결정론적 세계가 아니다. 뿐만 아니라 진화에는 진화의 과정이 추구하는 어떤 목적이 있는 것도 아니다. 필연적인 방향성도 필수적인 과정도 최종적인 목표도 없다. 불교가 보는 세계도 결정론적 세계나 목적론적 세계가 아니다. 어떤 초월적 존재도 허용되지 않는다. 삼라만상의 모든 변화는 연기에 의해 설명된다. 이런 점에서 진화론과 불교는 모두 초자연주의가 아닌 자연주의이다.

진화론은
철학을 어떻게
변화시켰는가

4

이한구

이한구

서울대학교에서 철학박사학위를 받았다. 뮌헨 대학, 도쿄여자대학, 브라운 대학, 위스콘신-매디슨 대학의 연구교수를 지냈으며, 현재 성균관대학교 철학과에 재직중이다. 열암학술상과 서우철학상, 대한민국학술원상을 수상했고, 한국분석철학회와 철학연구회, 한국철학회 회장을 역임했다.

사회철학과 역사철학, 과학철학 등의 분야에서 비판적 합리주의의 철학을 발전시키면서 '열린 유토피아의 사회', '진화론적 관점에서 본 인류 보편사의 이념', '비판적 이성과 객관적 지식의 가능성' 등의 이론을 중심으로 새로운 논의를 전개하고 있다. 『역사학의 철학』 『역사주의와 반역사주의』『지식의 성장』 등의 책을 썼으며, 칼 포퍼의 『열린 사회와 그 적들 I』『추측과 논박』『파르메니데스의 세계』, 임마누엘 칸트의 『영원한 평화를 위하여』『칸트의 역사철학』 등을 번역했다.

들어가며

비트겐슈타인은 그의『논리철학 논고』에서 "다윈의 이론은, 자연과학의 다른 가설들이 철학에 관계가 없는 것과 마찬가지로, 철학과 아무런 관련이 없다"고 말했다. 이것은 그의 언어분석적 철학관을 반영한 말이지만, 과학철학의 입장에서 보면 전혀 사리에 맞지 않다. 다윈의 진화론은 철학에 엄청난 파문을 던졌고 그 자체로 새로운 철학을 함축하고 있기 때문이다.

'진화'라는 사상은 그리스 시대부터 있었다. 엠페도클레스는 진화론자로서 적자생존을 주장했다는 기록이 보인다.[2] 하지만 진화론은 유대-기독교의 창조론에 밀려 오랫동안 관심의 대상이 되지 못했다. 진화론이 다시 관심의 대상으로 떠오른 것은 19세기 초였는데, 이를 하나의 확립된 사실로서 정리하고 이론적으로 설명하고자 한 시도는 1859년 찰스 다윈의『종의 기원』이라 할 수 있다.

『종의 기원』에서 그는 종의 변화를 설명하는 새로운 진화론을 제안했다. 그것은 '공동후손', '종의 증가', '점진주의', '자연선택'이라는

네 가지 작은 이론들로 구성되어 있다.³

'공동후손'이란 동물, 식물, 미생물 등 모든 생물들이 궁극적으로는 지구상에 단 한번 나타났던 생명체에서 유래했다는 이론이다. '종의 증가'는 종의 다양성의 기원에 관한 이론으로 한 종에서 다른 한 종이 만들어지게 되어 종의 수가 증가한다는 이론이며, '점진주의'는 진화가 새로운 유형을 대표하는 개체가 갑작스럽게 만들어짐으로써가 아니라, 개체군의 점진적 변화에 의해서 일어난다는 이론이다.

이들 이론 중에서도 가장 중요한 '자연선택'은 일반적으로 다음과 같이 설명된다.⁴

(1) 모든 생명체는 생존할 수 있는 수량보다 더 많은 자손을 생산하는 경향이 있다.

(2) 자손들은 형질에 있어서 다소 간의 차이가 있으며, 변하지 않는 원형에서 찍어낸 복제품이 아니다.

(3) 음식물과 공간의 제약 때문에 이들이 모두 생존할 수는 없으므로, 불가피하게 생존 경쟁에 돌입한다. 이때 X 형질을 가진 개체가 그런 형질을 갖지 못한 개체보다 생존 경쟁에서 유리하다면, X 형질을 가진 개체가 경쟁에서 살아남는다.

(4) 살아남은 개체만이 자손을 퍼트릴 수 있으므로, 끝내는 X 형질을 가진 개체만이 존재하게 된다.

(5) 이런 변화가 점진적으로 누적됨으로써 마침내는 출발점과는 아주 다른 종이 탄생한다.

(1)은 경험적으로 확인할 수 있는 사실이다. 찰스 다윈은 맬서스

(Thomas Malthus)의 인구론에서 이에 관한 힌트를 얻었다. (2)는 사언적 변이(natural variation)를 의미한다. 자연적 변이는 생명계의 도처에서 항상 일어난다. 예컨대 생명체는 크기나 무게, 속력 등에서 차이가 난다. 이것 역시 경험적으로 확인할 수 있는 사실이다. (3)은 경쟁에서의 승리가 결국 어떤 형질의 기능 때문임을 의미한다. (4)는 (3)에서 도출되며, (5)는 작은 형질의 차이가 점진적으로 누적되어 끝내는 다른 종이 탄생한다는 주장이다.

진화론의 핵심이 되는 자연선택에 대해 루스(Michael Ruse)는 다음 세 가지를 고려해야 한다고 주장한다.[5]

첫째, 선택과 적응은 상대적인 일이며, '절대적으로 완전한' 기능이나 신이 만든 청사진과는 무관하다. 승자는 단지 그의 동료보다 상대적으로 나은 위치에 있었을 뿐이다. 즉 우리의 눈이 아무리 놀라운 기관이라 해도, 더욱 잘 설계될 수도 있었을 것이다.

둘째, 진화는 새로운 변이의 계속적인 공급을 필요로 한다. 다윈은 새로운 변이의 원인에 대해서는 별다른 의견을 제시하지 않았지만, 모든 새로운 변이가 유기체의 현재의 필요와는 관계없이 나타난다는 의미에서 무작위적이거나 혹은 맹목적일 수밖에 없다고 생각했다. 또한 변이는 적응에 도움이 되기보다는 해로울 가능성이 많다. 그러므로 진화에 있어 결정적인 변이는 매우 작은 범위에서 일어날 것이고, 이것이 점진적으로 누적되어 큰 변화가 이루어지는 것으로 생각된다.

이것은 다음과 같은 두 가지 명제로 정리된다.[6]

1) 변이는 임의적이어야 한다. 이것은 적어도 적응에 대한 지향성이 없어야 한다는 의미이다. 만약 변이가 정향진화론자들

이 주장하듯이 어느 방향으로 미리 설정되어 있다면, 자연선택은 창조적 추진력으로 작용한다기보다는 정해진 방향으로 변이하지 못한 불운한 개체를 솎아내는 데 불과할 것이다.

2) 변이는 새로운 종의 기초를 세우는데 필요한 진화적 변화보다 규모가 작아야 한다. 변이에 의해 새로운 종이 일시에 출현하게 된다면, 자연선택이란 이전의 생물들을 제거시키는 작업에 불과할 것이기 때문이다.

셋째로, 선택의 단위 문제이다. 무엇이 선택되는가? 생존경쟁에서 이기거나 지는 주체는 무엇인가? 다윈은 이를 개체라고 생각했다. 오늘날에는 많은 이론가들이 선택의 단위를 집단이나 유전자라고 주장하기도 한다.

그림 1

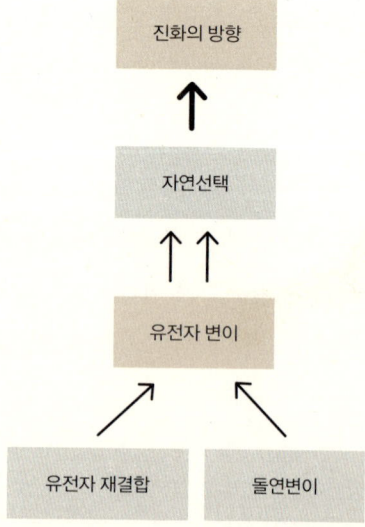

다윈의 진화 이론 자체도 그 후 여러 형태로 변형되면서 진화해 왔지만, 총체적으로 〈그림 1〉과 같은 골격을 갖는 것으로 이해된다.[7]

진화론을 어떻게 해석할 것인가를 두고 여러 측면에서 격렬한 논쟁이 전개되었다. 나는 진화론을 최대한 넓은 의미로 사용하려고 하지만, 기본적으로는 1940년대 진화론의 종합 이후의 진화론을 기본으로 하여 존재론과 인식론, 그리고 윤리학의 영역에서 진화론의 사상이 어떻게 논의될 수 있는가를 밝히고자 한다.

진화 존재론

다윈의 진화론은 기독교 교리의 중심 사상들과 양립하기 어려운 이론이었다. 그것은 세계가 불변하며, 세계가 창조되었으며, 현명하고 자비로운 창조자에 의해 세계가 설계되었으며, 창조에서 인간은 독특한 위치를 차지하고 있다는 믿음들을 거부했기 때문이다. 나아가 그것은 본질주의, 결정론 그리고 목적론 같은 전통적 철학 이론들을 철저히 잘못된 것으로 낙인찍는 것이었다.[8] 그러므로 진화 존재론은 반본질주의(anti-essentialism), 비결정론(indeterminism), 무목적론(ateleology) 및 유물론(materialism)을 기본 특성으로 한다고 할 수 있다.

반본질주의

본질주의는 모든 자연의 사물은 일정한 유형들로 이루어져 있으며, 각 유형은 다른 유형과는 질적으로 다른 어떤 본질을 갖고 있다는 이론이다. 본질주의는 플라톤의 형상 이론에서 극명하게 나타난다. 이 이론에 따르면 '같은 부류의 사물'이란 '같은 본질을 공유하고 있는 사물'이다. 예컨대 삼각형은 어떤 각도의 내각을 지니든 삼각형이라는 형태를 유지하고 있으며, 어떤 크기나 어떤 재료로 만들어진 삼각형이든지 세 개의 변으로 만들어진 세 각을 갖는 도형이라는 본질을 갖고 있다. 말하자면 삼각형은 사각형이나 다른 다각형들과는 불연속적인 차이를 갖고 있다. 고양이와 호랑이는 본질적으로 다른 특성을 갖는다. 호랑이의 형상과 고양이의 형상은 서로 다르기 때문이다. 그러므로 본질주의와 진화론은 양립하기 어렵다.

진화론은 본질주의를 부정한다. 본질주의에 대립되는 것이 개체군(population) 접근 방식이다. 이것은 종으로 분류되는 생물군을 유전적으로 각기 독특한 개체들로 이루어진 생물의 무리로 본다. 말하자면, 어떤 개체들이 한 종에 속한다 해서 반드시 같은 불변의 본질을 공유하는 것이 아니다. 그것들은 유사할 뿐 개별적으로는 모두 다르다. 그리고 종과 종은 서로 연결되어 있다. 개체들은 본질주의적 부류의 한 구성원이 아니다. 마이어(Ernst Mayr)는 이를 다음과 같이 설명한다.[9]

> 개체군적 사고의 가정들은 유형적 사고와 정반대에 있다. 개체군적 사고를 지지하는 사람들은 유기적 세계에 속한 모든 것들의 고유성을 강조한다…모든 유기체와 유기적 현상들은 고유의 특성으로 이루어져 있으며 오직 통계적 맥락에서만 집단적으로 기술될 수 있다.…유형론자들에게는 형상(eidos)이 현실이고 변이는 환영이다. 그러나 개체군적 사고의 신봉자들에게는 유형(평균)은 추상적 개념이고 오직 변이만이 현실이다.

이런 개체군적 사고는 본질주의의 완화된 형태들, 예컨대 변환주의(transmutationism)나 변형주의(transformationism), 정향진화론(orthogenetic theory)을 모두 부정한다.10 변환주의는 기존의 유형으로부터 단숨에 돌연변이나 도약을 통해 새로운 유형의 종이 생겨난다는 교설이다. 이 교설은 이 세상이 불연속성으로 가득하다고 생각하며, 새로운 유형의 창조를 통해서만 변화는 일어난다고 본다. 멘델주의자로 지칭되던 저명한 유전학자들—드브리스, 베이트슨, 요한센 등—이 이 교설을 지지했다. 이 교설은 일견 우리의 관찰과 일치하는 듯 하지만 '종(種)'에 대한 새로운 인식에 의해 유지되기 어렵게 되었다. 전통적으로 종은 '하나의 독특한 유형'으로 생각되어 왔다. 그러나 오늘날 '종은 수많은 개체군의 집합체'로 이해된다. 이런 관점에서 보면, 한 종에 속하는 모든 개체들이 동시에 동일한 돌연변이를 겪을 수 없는 한, 즉각적으로 새로운 종이 탄생하는 것은 불가능하다고 할 수 있다.

변형주의는 유형이 시간의 흐름 속에서 변화를 겪을 수 있다는 주장이다. 말하자면 한 유형이 다른 유형으로 바뀔 수 있다는 것이다. 왜 이런 변형이 일어나는가? 변형주의자들은 환경의 영향에 의해서나 혹은 완전성에 대한 지향 때문에 이런 변형이 일어난다고 주장한다.

라마르크주의자들은 기린의 목은 각 세대마다 더 높은 곳에 있는 잎을 따 먹으려는 노력에 의해 점점 더 길어지고 그 결과가 다음 세대에 유전되어 지금처럼 길어졌다고 주장했다. 그렇지만 이런 용불용설은 멘델주의 유전학자들이 유전자의 불변성, 즉 신체의 단백질로부터 생식 세포의 핵산으로 어떤 정보도 전달 될 수 없다는 사실을 입증함으로써 논박되었다.

완전한 상태를 향해 진화가 이루어진다는 주장은 정향진화론이라고도 한다. 이 이론은 진화란 새로운 유형의 출현에 의해서가 아니라 기존 유형의 변화라고 간주하며, 생명 속에 끊임없이 완전함을 향해 나아가고자 하는 경향이 내재되어 있다고 주장한다. 아리스토텔레스나 오스본 등이 이런 정향진화론의 지지자들이다. 두 가지 이유에 의해 이 교설은 과학적 가설로서 채택되지 않았다. 하나는 이런 경향을 일으키는 어떤 기제도 발견되지 않았으며, 다른 하나는 진화가 직선적인 방향으로 일어나지 않는다는 사실이 확인되었기 때문이다. 전체적으로 변형주의나 정향진화론은 점진주의이기는 하지만 개체군적 점진주의는 아니라고 할 수 있다.

비결정론

물리주의는 엄격한 결정론으로 이론에 의해 미래의 예측이 가능할 뿐만 아니라 예측으로 이론의 타당성을 정확하게 검증할 수 있다고 주장한다. 결정론에 관한 가장 단순한 생각은 영화 필름을 보듯이 우리가 세계를 보고 있다는 것이다. 지금 비추어지고 있는 장면이 현재이고, 이미 보여진 필름의 부분들은 과거를 구성하고, 아직 보여지지 않은 부분들은 미래를 구성한다. 필름은 처음부터 끝까지 완성되어 있기 때문에, 필름 속의 과거와 미래는 공존하고 있다. 물론 영화를 보는 관객은 아직 전개되지 않은 미래에 대해 전혀 알지 못하지만, 영화제작자, 즉 세계의 창조자는 미래를 이미 잘 알고 있다. 이런 결정론을 포퍼는 세 종류로 분류한다. 종교적 결정론, 형이상학적 결정론, 과학적 결정론이 그것이다.[11]

종교적 결정론(religious determinism)은 신의 전지전능함과 결부되어 있다. 말하자면 신은 그의 전능에 의해 미래를 완전히 결정했으며, 또 전지에 의해 미리 미래를 알 수 있다. 그러므로 신의 입장에서 보면 세계는 창조의 순간부터 종말까지 완전히 결정되어 있는 셈이다.

우리가 종교적 결정론의 신과 신의 법칙대신에 자연과 자연의 법칙을 대입시키면, 종교적 결정론은 형이상학적 결정론(metaphysical determinism)이 된다. 이때 자연의 법칙은 신의 전능을 대신한다. 그러므로 자연 속의 모든 사건은 법칙에 의해 미리 결정되어 있으며, 미래도 과거와 마찬가지로 고정되어 변화할 수 없다.

과학적 결정론(scientific determinism)은 형이상학적 결정론에 미래에 대한 예측의 가능성을 덧붙인 것이다. 말하자면 우리가 자연의 법칙을 안다면 순전히 합리적 방법에 의해 현재의 재료로부터 미래를 예측할 수 있다는 것이다. 포퍼는 과학적 결정론을 다음과 같이 규정한다. "그것은 만약 과거의 사건에 대한 충분히 정확한 기술이 자연의 모든 법칙들과 함께 주어진다면, 우리는 모든 사건을 우리가 원하는 엄밀성의 정도에서 합리적으로 예측할 수 있을 만큼, 세계의 구조는 미리 결정되어 있다는 교설이다."[12]

하지만 진화론은 결정론적 세계를 부정한다. 앞으로 생명체가 어떻게 진화해 갈 것인지는 결정되어 있지 않다. 설사 물리적 세계가 결정되어 있다고 할지라도 어떤 변이가 탄생하여 선택될지는 전혀 결정되어 있지 않다. 진화의 미래는 너무나 불확정적이며, 예측을 허락하지 않는다. 진화론은 데카르트에서 뉴턴에 이르기까지의 어떤 형태의 결정론과도 양립할 수 없는 것이다.

물론 진화론에서도 법칙은 사용된다.[13] 개체군 안에서 대립 유전자의 분포를 기술하는 하디-바인베르크 평형(Hardy-Weinberg equilibrium) 같은 것이 그 예다. 그렇지만 이런 법칙들은 대부분 시간과 장소의 제약을 크게 받는 조건적 일반화이며, 따라서 물리학의 법칙과는 다르다. 뿐만 아니라 종과 종을 연결하는 거시적인 소위 '진화의 법칙' 같은 것은 존재하지 않는다.

무목적론

아리스토텔레스가 "자연에는 쓸데없이 만들어진 것은 하나도 없다"고 했을 때, 세계는 모든 사물들이 지향하는 하나의 목적을 갖고 있는 것으로 이해된 것이다. 수정란에서 성체에 이르기까지의 개체 발달은 하나의 목적을 향해 열심히 달려가는 하나의 사례이다. 같은 논리로 세계 속의 모든 사물이나 과정은 미리 정해져 있는 목적을 향해 달려가듯이 변화하고 있다고 주장한다면, 우리는 목적론적 세계관에 기초하고 있는 것이다. 신이 설계한 세계나 신이 관여하는 세계 역시 목적론적 세계이다. 이때는 신이 바로 사물의 궁극적인 목적인이 된다. 근대 독일은 목적론의 왕국이었다. 근대 독일에서만큼 목적론이 커다란 영향력을 행사한 나라는 없었다. 라이프니츠, 헤르더에서부터 시작해서 칸트, 헤겔, 에듀아르트 폰 하르트만 등 거의 모든 독일 철학자들은 다소간의 차이는 있지만, 목적론자들이었다. 이들은 대체로 자연계의 조화와 생명체의 훌륭한 설계라는 개념에 압도되어있었다.

그렇지만 진화론은 어떠한 목적도 가정할 필요가 없다. 환경이 변한다면 생물들은 이러한 변화에 적응할 뿐이다. 이때 자연선택이라는 기제만이 작동할 뿐, 필연적인 방향성도, 과정도, 어떠한 최종적 목표도 불필요하다. 물론 생명체 하나하나는 최종 목표나 목적지가 프로그램된 목적론적 체계라 할 수 있다. 개체 발생 중에 나타나는 변화가 이를 뒷받침하며, 생명체 내부의 각 기관들은 목적론적이라 불릴 수 있는 기능적 작동을 한다. 그렇지만 진화론은 이를 생명계 전체로 확대시킬 어떠한 근거도 없다고 본다.

유물론

다윈의 진화론은 철저히 유물론에 기초해 있다. 유물론은 물질이 모든 존재의 기초이며 정신과 영혼까지도 복잡한 신경생리적 과정의 결과물임을 주장한다. 다른 진화론자들이 생명력, 진화의 방향성, 유기체의 노력 등이 진화의 추동력이라고 말하고 있지만 다윈은 오로지 변이와 자연선택만을 내세웠다. "플라톤은 그의 저서 『파이돈 (Phaedo)』에서 우리의 "상상할 수 있는 이데아(imaginary idea)"는 영혼의 앞서 있음(preexistence)에서 오는 것이지, 경험에서 우러나는 것이 아니라고 말했다. 그렇다면 '영혼의 앞서 있음'를 원숭이로 고쳐 읽어야 한다."[14]

진화론이 함축하는 존재론적 의미는 무엇인가? 우리는 진화론을 기초로 어떤 존재론을 구성할 수 있을까? 공동의 조상으로 부터 모든 종들이 나타났다고 하는 공동 조상 이론은 인간을 포함한 모든 생명체가 하나로 연결되어 있음을 함축적으로 보여준다. 종의 증가 이론은 생명력이 폭죽의 불꽃처럼 확장되고 있음을 의미할 수 있다. 생명은 열역학 제2법칙을 넘어설 수 있다는 사실은 생명이 물질에서 탄생했다 할지라도 물질 이상의 존재일 수 있음을 암시한다.

결국 무엇이 존재하는가? 존재론의 문제는 일차적으로는 진화에서 선택의 단위가 무엇인가 하는 물음으로 나타난다. 다윈은 선택의 단위가 개체라고 생각했다. 도킨스는 수명을 근거로 유전자가 최후의 선택 단위라고 주장한다. 다른 한편으로 소버는 집단 선택 이론을 주장한다. 환원주의의 입장에서 보면 진화의 선택 단위는 유전자이다. 개체나 집단은 유전자를 운반하는 도구에 불과하다. 그렇다고 해도 진화존재론을 유전자존재론으로 한정시킬 이유는 없어 보인다. 진화 유전자를 넘어 더욱 근원적인 어떤 것을 추구할 수도 있기 때문이다.

20세기 프랑스의 철학자 앙리 베르그송(Henri Bergson)은 진화론을 생명존재론으로 설명하려고 했다. 그의 저서 『창조적 진화』에서 그는 두 세계를 상정한다. 하나는 물질의 세계이고 다른 하나는 생명력의 세계이다. 그는 이를 "에랑 비탈(elan vital)"이라고 부른다.

베르그송은 운동을 두 가지로 구분한다. 하나는 생명의 상승 운동이며, 다른 하나는 물질의 하강 운동이다. 이 두 가지는 전적으로 다른 세계이다. 생명의 세계는 기계론적으로 설명할 수도 없고, 전통적인 목적론으로 설명할 수도 없다. 생명의 전개란 물질이나 기계적 법칙에서 연유하는 것이 아니다. 오히려 생명의 전개란 물질에 저항해서 점점 더 대담하고 자유로운 고도의 형식으로 나아가는 것을 뜻한다. 진화는 진정으로 새로운 것을 산출하는 과정이다. 그것은 예술의 창조 과정과도 비슷하다. 이런 관점에서 베르그송은 기계론(mechanism)을 비판한다. 기계론은 진정한 창조의 가능성을 배제하기 때문이다. 다른 한편으로 그는 전통적인 목적론도 비판한다. 전통적 목적론은 주어진 어떤 목적을 향해 모든 운동이 진행된다고 주장한다. 이런 목적론에서 목적은 이미 주어져 있다. 그러므로 목적론 역시 진정으로 새로운 창조를 불가능하게 만든다. 베르그송의 관점에서 보면 전통적 목적론은 전도된 기계론에 불과하다.

하지만 베르그송도 넓은 의미에서 일종의 목적론자라 할 수 있다. 왜냐하면 그도 역시 생명에 어떤 목적을 부여하기 때문이다. 그렇지만 베르그송의 목적은 생명이 추구해야할 종국에 존재하는 것이 아니라 생명의 근원 속에 생명의 충동력으로 처음부터 존재하는 것이다. 이 때문에 그는 전통적인 목적론자가 아니다. 많은 진화론자들이 유전자의 재조합은 우연히, 맹목적으로 이루어진다고 생각한다. 이에 반해 베르그송은 생명의 약동하는 힘에 의해 유전자의 재배열이 이루어진다고 본다. 이러한 주장은 다윈의 진화론과는 상반되는 부분도 함축하지만, 진화론을 기초로 한 생명존재론의 한 전형을 보여준다.

진화인식론

인식론은 지식의 본성과 기초에 관한 이론이다. 플라톤에서 본격적으로 시작되었고 근대의 데카르트에서 발전된 전통적 접근 방법은 인식론적 물음이란 어떤 특별한 지식도 전제하지 않는 방식으로 대답되어야 한다는 것이었다. 만약 어떤 지식을 전제하고서 인식론적 물음에 대답한다면, 그 전제된 지식의 정당성을 다시 물을 수 있으므로 선결 문제 요구의 오류에 빠지게 된다. 우리는 이러한 전통적 인식론을 넓은 의미에서 선험적 인식론이라 부를 수 있다.

반면 자연주의적 인식론은 이와는 매우 다른 노선이라 할 수 있다. 왜냐하면 그것은 우리의 모든 지식이 과학적 방법의 적용을 통해서만 획득 가능하며, 따라서 인식론적 물음에 대한 대답도 과학적 지식을 통해서만 가능하다고 주장하기 때문이다.[15] 진화론적 인식론은 자연주의적 인식론의 한 유형이다. 이것은 진화론이 주장한대로, 인간 존재는 자연적인 존재로서 진화의 산물이며, 따라서 이들의 지식이나 신념의 능력도 진화의 관점에서 고찰되어야 한다고 주장한다. 이런 관점에서 보면 인식의 문제를 과학적으로 다루는 인지과학들과 인식론의 명확한 구분은 불가능하다.

마이클 브래디(Micheal Bradie)는 진화 인식론의 논의에는 다음의 구분이 필요하다고 주장한다.[16]

첫째로, 동물과 인간의 인지기관의 특성을 진화론의 이론에 기초해서 설명하는 일과, 다른 하나는 사상이나 과학적 이론의 변화를 진화론에서 이끌어낸 모형과 은유를 사용해서 설명하는 일은 구분되어야 한다. 앞의 과제는 인지 기관을 진화의 산물로서 보고, 그것이 어떻게 발생했고, 또 어떻게 작동하는가를 설명하는 일인데, 우리는 보통 이를 '인지 기제 진화인식론(epistemology of evolutionary mechanism)'이라 부른다. 뒤의 과제는 이론이나 문화 일반의 변화를 진화론의 모형에 기초해서 설명하려는 것으로 '이론 진화인식론(epistemology of evolutionary theory)'이라 부른다. 현대의 진화론적 인식론자로는 콘라드 로렌츠(Konrad Lorenz), 도날드 캠벨(Donald Campbell), 칼 포퍼(Karl Popper), 스티핀 툴민(Stephen Toulmen), 데이비드 헐(David Hull) 등을 들 수 있다. 이 중에서도 칼 포퍼, 스티핀 툴민, 데이비드 헐 등은 자연선택적 모형과 은유를 사용하여 인간 지식의 성장을 설명하고자 하는 반면, 콘라드 로렌츠와 도날드 캠벨 등은 인간의 인지 기관이 어떻게 진화하는가를 규명하는 데 초점을 맞추고 있다.

둘째로 개체발생과 계통발생은 구분되어야 한다. 생물학적 발달은 이 두 영역을 포괄하므로, 이론과 인지 기제의 발달은 이 두 영역 모두와 연관이 있다. 그렇지만 이 둘은 혼동되어서는 안된다. 우리는 이론이나 인지 기제의 발달을 개인적 차원에서 연구할 수도 있고, 인간이라는 종의 차원에서 연구할 수도 있다. 예컨대 피아제(Jean Piaget)나 콜버그(Lawrence Kohlberg)의 도덕성 발달이론은 개인적 차원에, 그리고 헤겔(Georg Hegel)의 『정신현상학』은 종적 차원에 초점이 맞추어져 있다고 할 수 있다.

셋째로 인식론에 대한 기술적 접근과 규범적 접근은 구분될 필요가 있다. 많은 사람들이 인지 기제 진화인식론이나 이론 진화인식론은 전통적으로 이해된 인식론과 어떤 관계도 없다고 생각한다. 왜냐하면 이들은 인과적, 사실적 모형의 구성과 관계가 있는데 반해, 전통적 인식론이란 규범적 영역으로 이해되기 때문이다.

나는 진화론적 인식론에서 인지 기제의 진화보다는 이론의 진화에 초점을 맞추고자 한다. 인식론에서 중요한 것은 인식 기관보다는 이론이기 때문이다. 두 번째 문제에서는 개인과 종의 차원을 함께 고려하면서 논의를 전개할 것이다. 세 번째 문제에서는 인식의 규범적 문제까지도 함께 다룰 것이다. 진화론적 인식론이 단순히 사실 과학이라고 판단되지는 않기 때문이다.

인지 기제의 진화

위의 세가지 구분 중 첫 번째 구분이 특히 중요하다. 먼저 인지 기제가 어떻게 진화해왔는가 하는 문제부터 검토해 보기로 하자. 그것은 다음과 같은 명제들로 정식화될 수 있다.[17]

1) 생명체는 생존하고 번식하기 위해 환경으로부터 끊임없이 음식물을 섭취해야 한다.

2) 생명체가 환경과의 관계에서 자신을 균형상태로 유지하는 것은 환경이 제기한 문제를 푸는 것으로 간주할 수 있다.

3) 생명체는 종류에 따라 정도의 차이는 있지만 미리 프로그램된 성향과 기대를 통해 먼저 환경에 대응한다.

4) 종의 진화는 환경이 단기간에 제기한 문제에 대해 그 해결책을 장기간에 걸쳐 개발하는 것으로 볼 수 있다. 즉 환경에 대응하는 더 나은 장치와 성향을 개발하는 것으로 볼 수 있다.

5) 진화의 일반적 기제는 맹목적인 변이와 선택적 보존이다.

6) 단기간의 문제에 대한 장기간의 해결은 대체로 인지적 장치의 개발로 귀착된다. 이것은 생명과 다른 감각기관의 위험을 줄이고 이동의 노력을 효율적으로 만든다. 예컨대, 눈은 대용 이동장치라고 할 수 있다.

7) 감각 장치는 음식물에 대한 추구로부터 진화한 것이다.

위의 명제들을 종합해 본다면, 생명체의 인지 기관은 생명체의 생존과 방식의 필요성 때문에 생겨났고, 또 그런 필요성을 더욱 효율적으로 수행하기 위해 일반적인 진화의 기제에 따라 진화해 온 것이라 할 수 있다.

인지 기관이 이런 과정을 거쳐 진화해 왔다면, 그것은 실재를 있는 그대로 표상하는 것인가? 말하자면 우리의 지식은 참일 수 있는가? 이런 물음에 대한 낙관주의적 관점과 비관주의적 관점은 서로 대립하고 있다. 콘라드 로렌츠는 낙관주의적 관점에서 진리 획득의 가능성을 주장하는데 반해, 도날드 캠벨은 비관주의적 관점에서 진리와 유용성을 구별하면서 유용성을 중심에 둔다.

진화론의 관점에서 보면 생명체의 모든 기관은 생명체의 유지에 알맞도록 환경에 적응해 왔다고 할 수 있다. 로렌츠는 우리 마음의 해석 작용이 지식에서 핵심적 요소라는 것도 인정한다. 그는 다윈주의를 칸트의 비판 철학을 확대시킨 것으로 보면서, 적절하게 진화하면 사물 자체의 존재를 확인할 수 있을 것으로 주장한다. 한걸음 더 나아가 로렌츠는 진화론 덕분에 우리는 칸트가 불가능하다고 생각했던 물 자체의 참된 본성에 대해 의미있게 언급할 수 있을 것으로 주장한다. 그는 "현재 우리들의 사고나 지각 장치로는 완전히 경험되지 않는 사물 자체의 많은 측면들은 지질학적으로 말하자면 가까운 장래에 경험할 수 있는 범위 내에 있다."[18]라고 쓰고 있다.

이것은 결국 인지 기관이 진화함에 따라 우리는 진리에 더욱 가까이 갈 수 있다는 이야기이다. 로렌츠의 논증은 다음과 같다. 초원을 달리는 말의 발굽은 초원의 형태에 더욱 알맞게 진화하며 물고기의 지느러미는 물의 속성에 더욱 알맞게 진화해 가듯이, 우리의 감각 기관은 외부 세계의 정보를 더욱 정확하게 입수하고 처리하도록 진화되었다고 보아야 한다. 특히 어떤 종이 수백만 년, 혹은 수천만 년 동안 생존해오면서 진화를 거듭했다면, 그들의 인지 능력에는 실재를 반영하는 상당한 신빙성이 있다고 해야 할 것이다. 물론 이런 반영은 환경에 대한 적응을 목표로 하기 때문에 '적응적 대응(adaptive correspondence)'이라고 부르는 것이 더욱 합당할 것이다.[19]

나아가, 로렌츠를 비롯한 인지 기제 진화인식론자들은 '진화가 우리로 하여금 어떤 적응된 틀로 생각하도록 만든다'고 주장한다. 예컨대 수학이나 논리의 법칙, 과학의 방법론적 규칙들은 그 기초를 생물학적 사실에 두고 있는데, 그런 법칙이나 규칙들을 받아들인 선조들은 살아남아서 그것을 재생산했고, 그렇게 하지 못한 선조들은 살아남지 못했다는 것이다. 그러므로 이런 해석에 의하면 '5+7=12'나 'A=A'라는 명제는 개체발생적으로 보면 선험적이지만, 계통발생적으로는 경험적이게 된다.[20]

이 학파에 속하면서도 루스는 로렌츠와는 의견을 달리 한다. 로렌츠가 진화생물학은 선험적 종합판단의 필연성과 물자체에 대한 믿음을 합리화 할 수 있다고 주장하는 반면, 루스는 우리가 그런 필연성을 획득할 수 있다는 것을 부정하며 진화가 우리의 인식과는 관계없는 객관적 실재 세계에 대한 믿음을 정당화해 준다는 것을 부정한다.

비관주의적 관점에서 보면, 참과 유용성은 다른 것이다. 성공한 종의 인지 능력이 생존과 번식에 유리하다는 것을 우리가 인정한다 할지라도, 인식된 것이 참이라는 사실은 도출되지 않는다. 잘못된 것으로 밝혀진 프톨레마이오스(Klaudios Ptolemaeos)의 이론은 지금도 항해를 할 때 사용되고 있다. 이것이 편리하고 유용한 경우가 많기 때문이다. 이런 사례는 참과 유용성이 분명히 구별된다는 것을 함축한다. 도날드 캠벨은 미각이 영양상의 작은 이점을 절대적 선호로 변형시킨다고 본다. 즉 우리는 우리에게 필요한 것은 더욱 생생하고 명확하게 표상하는데 반해, 우리의 생존에 불필요하거나 덜 필요한 것은 작거나 희미하게 표상한다는 것이다. 이것은 결국 유용성이 표상의 기준이 됨을 의미한다. 이것은 역으로 더욱 참에 가깝고 정확한 인지 능력이 오히려 생존에는 불리할 수도 있음을 함축한다. 사회적 맥락에서 보면 진리가 필연적으로 유리하다는 주장은 더욱 성립하기 어려워진다. 플라톤에서 오늘에 이르기까지 신화와 고상한 거짓말의 유용성은 계속해서 언급되고 있다. 이것은 결국 진화적 투쟁에서 승리한 인지 기관이 신념이나 표상의 진리를 보장하지는 않는다는 것을 의미한다. 이러한 맥락에서 비관주의는 '짚신벌레의 일차원적 세계상보다 인간의 사차원적 세계상이 더욱 우월한 진리라고 할 수 있는 근거는 무엇인가?'라는 질문을 던진다.

이러한 질문에 대해 나는 두 가지 대답을 제시할 수 있다고 본다. 하나는 유용성은 진리에 근거한다는 것과 다른 하나는 차원이 높을수록 더욱 포괄적으로 세상을 본다는 것이다.

유용성이 표상의 기준이 된다는 주장을 정당화하기 위해 흔히 가젤의 예가 사용되곤 한다. 가젤은 사자가 10m 거리로 다가올 때 실제로는 5m로 인식한다는 것이다. 그것이 10m 거리를 그대로 인식하는 것보다 가젤의 생존에 더욱 유리하다는 논리이다. 이는 얼핏 그럴듯해 보이지만 그런 인식은 다른 영역에 부작용을 초래할 가능성이 높다. 예컨대 가젤의 이러한 시각은 더욱 많은 풀을 먹을 기회를 박탈할 것이며, 때로는 불필요한 기회비용을 지불하도록 할 것이다. 적과의 대결에서 지나치게 겁을 먹거나 소극적으로 행동하는 것이 최상의 전법이 아닌 것은 분명하다. 그러므로 정확한 인식이야말로 최상의 유용성을 창출한다고 할 수 있다. 이러한 관점에서 보면 프톨레마이오스의 이론은 이론이 아니라 일시적인 도구로서 사용되는 것에 불과하다.

생명체가 종에 따라서 세상을 다르게 본다는 것은 명백하다. 나비는 꽃을 중심으로 세상을 보며, 초식동물은 풀을 중심으로 세상을 본다. 모두가 자신의 생존과 관련하여 세상을 본다고 할 수 있다. 그러나 이것은 엄격한 의미에서 '세상을 상대적으로 본다'는 의미와는 구별되어야 한다. A를 A´나 A˝로 보는 것은 '상대적으로' 보는 것이지만, [a, b, c] 집단을 필요에 따라 a나 b, c만을 보는 것은 '상대적으로' 본다고 하기보다는 필요에 따라서 선택적으로 보는 것이라 할 수 있다. 또 특정한 사물을 시각을 통해 볼 때와 열탐지기를 통해 볼 때 나타나는 영상이 다르다고 해서 '상대적으로' 보는 것이 아니다. 또한 짚신벌레는 자신의 생존에 필요한 만큼만 본다고 할 수 있다. 그러나 인간의 삶은 복잡하므로, 세상을 보다 높은 차원에서 보지 않으면 안 된다. 그러므로 인간의 세계상은 짚신벌레의 세계상보다는 우월하다고 할 수 있다. 물론 인간의 세계상이 절대적이고 완전한 진리라고 할 수는 없겠지만, 적어도 상대적으로 우월하다고 말할 수 있다.

이론의 진화

이제 이론이나 지식의 진화로 관심을 옮겨 보자. 인지 기관의 진화와는 달리 지식이나 이론의 진화는 비유적으로 사용되고 있다. 왜냐하면 인지 기관은 생명체의 일부분이지만, 지식이나 이론은 생명체가 산출한 결과물일 뿐 생명체의 일부분은 아니기 때문이다. 그럼에도 불구하고 이론 진화인식론자들은 생물학적 진화와 인간 지식의 본성 사이에 본질적인 유사성이 있다고 보고, 이론의 변화를 설명하기 위해 진화론을 활용하려고 한다. 이들의 주장은 다음과 같은 논제로 정식화 시켜볼 수 있다.

1) 생명체가 환경이 제기한 문제에 대해 수많은 변이들을 산출하여 대응해 가듯이, 과학자도 제기된 문제에 대해 수많은 가

설들을 창안한다.

2) 변이들 중에서 환경에 가장 적합한 변이가 생존 경쟁에서 살아남듯이, 수많은 가설 중 최선의 것이 선택되어 보존된다.

3) 생명체의 진화가 끝없이 계속되듯이, 이론이나 지식의 세계에서도 맹목적 변이와 선택적 보존이라는 진화의 과정은 계속된다.

칼 포퍼는 이런 진화론적 인식론을 가장 정교하게 제안한 철학자라고 할 수 있다. 그는 그의 저서 『객관적 지식』에 '진화론적 접근법(An Evolutionary Approach)'이라는 부제까지 달았으며, 아메바에서 아인슈타인까지 적용되는 보편적인 지식 획득의 방법이 시행착오 내지 추측과 논박의 방법임을 주장하는데, 이것들은 모두 맹목적 변이와 선택적 보존의 다른 이름에 불과하다고 한다.

이를 우리의 지식 성장에 보다 구체적으로 적용시켜 보자. 우리는 문제상황(P1)에 부딪친다. 이 문제를 해결하기 위해 우리는 수많은 잠정적 가설들을 창안한다(TT). 그리고 다음 단계로 이런 가설들을 시험하여 잘못된 것들은 폐기처분하고, 논박되지 않는 가장 최선의 가설을 선택함으로써 문제를 해결한다(EE). 이것은 〈그림 2〉와 같이 그려진다.

생명체의 문제 해결은 여러 경로를 통해 나타날 수 있다. 인간에게 있어서는 새로운 가설의 형성으로, 동물의 경우에는 새로운 행동 양식의 채택으로, 식물의 경우에는 규칙성에 대한 기대의 구체화로, 박테리아나 가장 원시적인 생명체의 경우에는 일련의 화학적 경로를 축적하는 것으로 나타난다. 이 모든 경우에, 문제들은 여러 시도들

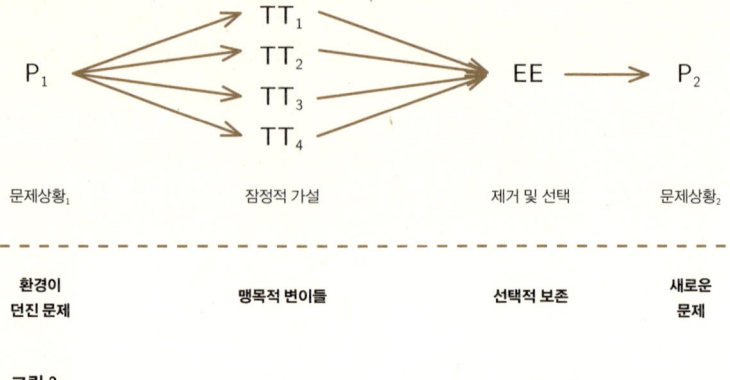

그림 2

중의 하나를 통해서 해결된다.

　반증주의는 간단히 말해 제거의 방법이다. 옳지 않은 것으로 반증된 이론을 제거하는 것이다. 말하자면 그것은 적합하지 않은 이론, 즉 문제를 해결해주지 못하는 이론을 버리는 것이다. 우리가 이런 방법을 진화론의 자연선택에 비유하는 것은 자연선택 역시 적자가 못되는 자들을 제거하는 것이기 때문이다. 다만 하나의 차이가 있다면 자연선택에서는 생명체가 제거되는데 반해, 이론의 세계에서는 이론이 제거된다는 점이다.

　반증주의와 변증법에는 어떤 유사성이 있다. 변증법 역시 잘못된 이론을 제거하는 방법이기 때문이다. 변증법은 다음과 같은 과정을 거친다. 우리가 어떤 이론을 정립했을때 그것이 문제점이 노출되면 우리는 그 이론을 폐기하고, 그 대신에 정립과는 반대되는 반정립을 수립한다. 물론 이것도 한계를 보인다. 다시 반정립도 폐기한다. 이런 폐기의 과정을 통해 우리는 정립과 반정립의 종합을 시도한다. 종합은 다시 새로운 정립이 되고, 이러한 과정은 진화의 과정처럼 무한히 계속된다.

여기에서 우리는 두 가지 기본적인 문제를 제기할 수 있다. 하나는 생물학적 변이와 과학적 가설의 창안을 과연 같은 차원에서 비교할 수 있겠는가 하는 것이고, 다른 하나는 진보를 함축하지 않는 다윈의 진화론을 활용하면서 과학의 진보를 주장할 수 있겠는가 하는 문제이다.

첫 번째 물음이 제기되는 이유는 생물학적 변이는 무작위적이고 맹목적으로 진행되는데 반해, 과학적 이론의 창안은 의식의 힘겨운 노력 끝에 가능하기 때문이다. 물론 우리는 상당수의 과학 이론들이 우연히 착상되었다고 할 수도 있다. 꿈속에서 힌트를 얻을 수도 있고, 자신이 믿는 신의 계시를 받을 수도 있다. 다른 문제를 시험하다가 전혀 생각지도 않은 결실을 얻을 수도 있고, 귀납에 의해 어떤 이론에 도달할 수도 있다. 칼 포퍼가 말한 대로 어떤 하나의 고정된 과학적 발견의 논리는 없는 셈이다. 그렇다고 과학적 이론의 착상들이 무작위적이고 맹목적이라고 할 수 있을까?

두 번째 물음 역시 중대한 의미를 갖는다. 허버트 스펜서의 진보적 진화론이 아닌 현대의 진화론을 지지하는 이상, 진화 인식론을 주장하면서 과학의 진보를 강조하는 것은 논리가 맞지 않아 보이기 때문이다. 진화는 진보를 함축하지 않는다.[21] 말하자면 진화는 오직 환경에 대한 적응 과정일 뿐, 보다 나은 단계로의 전진을 의미하지 않는다. 그런데도 불구하고 진화론적 인식론자로 자처하는 포퍼가 지식의 성장과 진보를 주장하는 근거는 어디에 있는가?

이런 문제들에 대해 어떤 입장을 취하느냐에 따라 진화론적 인식론 내부에서도 갈래가 나누어진다. 대다수의 진화 인식론자들은 첫 번째의 문제에 대해서는 비교적 긍정적인 대답을 하려고 한다. 즉 생물학적 변이와 과학적 가설의 창안을 비교할 수 있다고 본다. 캠벨은 이 둘 사이의 차이점을 강조하지만,[22] 이론들의 발생 과정이 어찌되었든 하나의 문제에 대해 다양한 이론들이 제창되어 경쟁 관계에 돌입한다는 점에 초점을 맞춘다면, 이 둘의 차이점은 심각하지 않은 것으로 판단된다. 말하자면 의도적이냐 우연적이냐 하는 것은 본질적인 문제가 아니라고 할 수 있다.

반면에 두 번째 문제에 대해서는 의견의 대립이 심각해진다. 포퍼는 객관적 지식과 지식의 진보를 주장하는 반면, 캠벨, 루스 등은 실용주의적 진리론을 주장한다. 실용주의자들은 우리가 진화론을 단지 비유적으로만 사용하지 않고 액면 그대로 수용한다면, 지식의 진보를 주장하기는 어렵다고 본다.

인지 기제의 진화에서 객관적 진리의 획득 가능성을 논의하였듯이, 이론의 진화역시 진보적임을 주장할 수 있을 것으로 생각된다. 이론의 선택은 유용성이 아니라 합리성이라고 판단되기 때문이다. 과학은 합리성의 게임이며, 우리의 이성은 비판적 능력을 갖고 있다. 우리가 자신의 주장까지도 객관화시켜 다른 주장과 비교 할 수 있는 것은 이성 때문이다. 이러한 능력 때문에 한번 도달한 지점에서 뒤로 후퇴할 가능성은 없는 것으로 판단된다.

진화 윤리학

진화론적 윤리학이란 진화론적 인식론과 마찬가지로 진화론에 기초해서 윤리학을 정초하자는 입장이라 할 수 있다. 여기에도 서로 다른 두 가지 연구 방향이 존재한다. 하나는 사람들이 왜 지금과 같은 윤리적 생각이나 감정을 갖게 되었는가를 진화론에 기초해서 설명하는 일이며, 다른 하나는 어떤 윤리적 규범이 옳은지를 해명하는 일이다. 간단히 말한다면 첫 번째의 길은 설명(explanation)의 길이며, 두 번째의 길은 정당화(justification)의 길이다.[23]

전통적인 규범윤리학의 관점에서 보면 규범의 발생 과정을 설명하는 일은 사실상 사회학의 한 영역인 기술윤리학에 속하며, 규범의 옳고 그름을 따지는 정당화의 과제만이 윤리학 고유의 과제가 된다고 할 수 있다. 그렇지만 많은 진화윤리학자들은 규범의 발생 과정에 대한 설명은 그 자체로 규범의 정당화 작업을 위한 필수 불가결한 작업이라고 주장한다.

먼저 첫 번째 과제가 제기된 이유부터 논의를 시작해 보자. 진화론이 윤리의 설명 문제와 깊게 연관이 되는 이유는 무엇인가? 에드워드 윌슨은 과학적 발견과 윤리의 연관성에 대해 다음과 같이 언급하고 있다.[24]

1) 과학은 어떤 행위가 초래할 궁극적인 결과에 대해 새로운 지식을 산출할 수 있다.
2) 과학은 기존의 윤리적 신념을 무너뜨릴 수 있다.
3) 우리는 과학을 통해 일련의 새로운 윤리적 전제를 도출하거나 또는 기존의 윤리적 전제에 대한 새로운 해석을 도출할 수 있다.

이러한 주장은 전통적인 규범윤리학이 사실에 대한 정확한 이해의 바탕 위에 세워지지 않았기 때문에 추상적이고 공허한 논의가 되었음을 의미한다. 사실에 대해 무지한 상태에서 주장된 윤리 이론들은 그들이 예측하지 못한 원하지 않은 상황을 초래할 가능성이 크다. 그러므로 특히 사회생물학이나 진화론이 우리의 본성에 대해 보다 정확한 지식을 제공해 준다면, 이런 이론들은 반드시 고려의 대상이 되어야 할 것이다. 윌슨은 이런 맥락에서 존 롤즈의 정의론을 다음과 같이 비판한다. "그의 정의의 개념은 육체로부터 분리된 영혼의 이상적인 상태이긴 하지만, 그것이 인간과 관련해 어떤 설명이나 예측을 제공할 수는 없다.… 그는 그와 같은 정의의 개념으로부터 도출된 결론을 엄격하게 적용함으로써 초래될 수 있는 생태학이나 유전학에서의 궁극적인 결과에 대해서 고려하는 바가 없다."[25]

과학은 또한 기존의 윤리적 신념을 생물학적 적응의 산물로 해석함으로써 이를 붕괴시킬 수도 있다. 윌슨은 다음과 같이 말한다. "직관주의자들은 뇌가 산출해내는 정서적 판단을 신뢰하며, 그러한 판단을 산출하는 뇌를 마치 블랙박스처럼 여기는데, 이것이 바로 그들의 아킬레스건이다." 생물학적 설명은 자연스러운 것으로 알려진 자명한 원리들이 실제로는 우리가 겪어온 진화사(史)의 잔재에 지나지 않음을 밝힐 수도 있다.

진화윤리학은 기본적으로 도덕성을 진화의 산물로 이해한다. 도덕성은 이기적 유전자가 만들어낸 작품이기 때문에 인간에게만 유일한 특성은 아니다. 이기적 유전자는 적응도의 극대화를 주문한다. 그러므로 선은 개인의 관점에서는 개인의 적응도를 극대화하는 것이며, 집단적 관점에서는 최대 다수의 적응도를 극대화하는 것이다. 반면에 악은 적응도를 낮추는 것이다.

그렇지만 인간에게는 순수한 이타적 행위도 가능하다. 이것은 이기적 유전자로서는 설명하지 못한다. 이것은 이성의 공감 능력과 보편화 능력을 요구한다. 또 여기에는 문화유전자가 작용한다.

마이클 브래디는 진화론적 윤리학에 대한 세 가지 접근을 분류해서 정리했는데,[26] 이런 구분은 시사하는 바가 매우 큰 것으로 판단된다.

나는 그의 논의를 기초로 하여 진화론적 윤리학을 두 유형으로 나누고자 한다. 하나는 윤리가 어떻게 발생했는가의 문제에 초점을 맞추는 사회생물학주의와 다른 하나는 윤리가 어떻게 정당화 되는가에 초점을 맞추는 생명 평등주의이다.

사회생물학주의

사회생물학주의는 사회생물학이 윤리의 문제를 모두 해결할 수 있다고 보는 입장이다. 말하자면 이것은 철저하게 윤리의 사회생물학화를 추구하는 길이다. 사회생물학주의는 '강한 프로그램'과 '약한 프로그램'으로 다시 세분될 수 있다. 강한 프로그램은 규범윤리학 자체를 아예 인정하지 않는다. 한때 논리실증주의가 영향력을 행사하던 시절 규범윤리학이 학문의 대열에서 탈락되어 버렸듯이, 사회생물학주의의 강한 프로그램에서 보면 규범윤리학은 전혀 논의의 대상이 되지 못한다. 이들의 관점에서는 진정한 도덕 같은 것은 존재하지 않기 때문이다. 이런 입장을 대표하는 에드워드 윌슨에 의하면 우리의 모든 도덕적 주장은 단지 이기적 열망의 표현에 불과하다. 그리고 인간 이외의 많은 영장류들도 호혜주의와 음식 공유, 화해, 위로, 갈등 개입과 거중 조정 등 도덕적 특성을 갖고 있다.[27] 약한 프로그램은 규범윤리학의 영역이 별도로 존재하는 것을 인정하지만, 규범윤리학은 실질적인 도덕 원리를 제대로 설명해주는 사회생물학에 의해 보완되어야 한다고 주장한다. 리차드 알렉산더(Richard Alexander)가 이런 입장을 대변한다.

사회생물학주의에서 도덕이나 윤리의 중심 문제는 이타적 행위를 어떻게 설명할 것인가 하는 문제이다. 윌슨은 이타성을 '사회생물학의 이론적인 문제 중에서 중심을 차지하는 문제'라고 지적하면서 어떻게 생존 경쟁이라는 진화의 기제 속에서 이타적 행위가 가능한가를 묻고 있다. 이타성은 보통 혈연 이타성과 호혜적 이타성, 그리고 집단 이타성으로 구분된다.[28] 이들은 표면적으로 자신의 적응도를 낮추고 상대방의 적응도를 높이는 것 같이 보인다.

혈연 이타성은 유전적으로 혈연을 돕고자 하는 성향을 의미하며, 그 관계가 부모와 자식 간의 관계, 또는 형제 간의 관계처럼 가까워야 할 필요는 없다. 공유하는 유전자의 비율은 그 관계가 멀어짐에 따라 현저히 낮아지지만 질적인 면의 부족은 양적인 면이 증가함에 따라 보상받을 수 있다. 유전자의 관점에서 보면 어미가 자기의 새끼를 돌보는 이타적 행위는 사실은 이기적이라고 할 수 있다. 자신의 유전자를 최대한 많이 공유한 새끼를 돕는 것은 자신의 적응도를 높이는 행위이기 때문이다.

호혜적 이타성은 '네가 나의 등을 긁어 준다면 나도 너의 등을 긁어 주겠다'는 상호 보상의 이타주의인데, 이런 이타성이 나타나려면, 도움을 줄만한 존재와 그렇지 않은 존재를 구별할 수 있는 능력과, 도움에 상당한 보상이 어느 정도인지를 아는 능력, 의사소통의 능력이 전제되어야 한다. 호혜적 이타성은 윤리학의 사회 계약 이론과 유사해 보인다. 그렇지만 이런 이타성도 사실은 개체 자신의 적응도를 높이는 전략이라 할 수 있다.

집단(group)이란 종(species)보다는 훨씬 작은 단위를 말한다. 집단 이타성은 개체가 이런 집단의 적응도를 높이기 위해 자신의 적응도를 낮추는 성향을 갖는다는 것이다. 이때 집단은 구성원들의 집합을 의미할 수도 있고 전체로서의 한 조직체를 의미할 수도 있다. 여기에서는 집단 상호간의 지리적인 격리와 적개심 등이 중요하게 작용하며, 국가와 민족에 대한 충성심이 그 대표적인 예이다. 집단에 이득이 되는 개체 차원의 이런 이타주의도 결국은 이기주의로 판명이 된다. 이것은 〈그림 3〉과 같은 구조가 된다.[29]

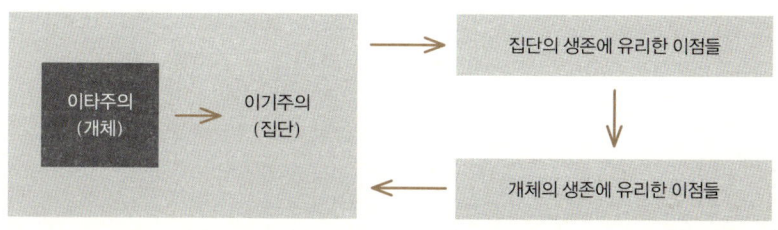

그림 3

여기서 다음과 같은 물음들이 제기된다.

1) 모든 이타적 행위는 결국 유전자나 개체, 집단의 이기적 행위인가?
2) 인간 아닌 동물의 이타적 행위와 인간의 이타적 행위는 궁극적으로 어떤 질적 차이도 없는 것인가?

윌슨은 두 물음 모두 그렇다고 대답한다. 뿐만 아니라 그는 혈연 이타성이 모든 이타성의 핵심을 이룬다고 본다.

이타주의는 물론 문화적 학습에 의해 변형될 수 있고, 강화될 수 있다. 그럼에도 불구하고 문화가 생물학적 기호를 완전히 벗어날 수는 없다. 이것은 동시에 윤리가 인간 사회에 국한된 특이한 현상이 아니라 동물 사회의 공통적인 규율임을 함축한다.

리차드 알렉산더는 『도덕 체계의 생물학』에서 생물학이 도덕성에 관해 말할 수 있는 것과 말할 수 없는 것에 관해 조심스럽게 구분하려고 시도한다. 그는 우리가 진화의 사실이나 이론으로부터 실질적인 도덕 원리를 이끌어 낼 수는 없다고 결론짓는다. 물론 그도 우리가 진화의 사실이나 이론으로부터 어떤 도덕의 원리가 어떻게 그리고 왜 발생하게 되었는가를 설명할 수는 있다고 본다. 또, 이러한 설명이 인간의 사회적 행위나 제도를 성공적으로 바꾸기 위한 경험적 기초를 제공할 수 있을 것으로 간주한다. 이것은 진화론적 윤리학을 기술적 윤리학으로만 규정하고자 하는 태도이기도 하다.

알렉산더의 주장에 의하면, 도덕성은 이해의 상충으로부터 발생한다. 도덕 체계란 이런 상충을 해결하거나 줄이도록 진화된 실천이요, 제도들이다. 이런 맥락에서 보면 도덕성은 간접적인 호혜성의 체계이다.

알렉산더의 이론은 다음과 같은 명제들로 정식화된다.[30]

1) 개체들은 그들 자신의 이익을 추구한다.
2) 이들의 이익은 궁극적으로는 자손의 번식이다.
3) 개체들의 궁극적 이익은 같은 종들의 이익과 상충된다.

4) 협력은 개체들의 이익을 증진시킨다.
5) 사회적 협력은 족벌주의와 직·간접의 호혜성 기제에 의해 발생한다.
6) 규칙은 억제이다.

이런 알렉산더의 논제들이 사회생물학으로부터 도출되었다는 것은 명백하다. 이런 관점에서 그는 사회생물학에 무지한 철학자들의 도덕성에 관한 잘못된 견해를 다음과 같이 비판한다.[31] 사회생물학에 무지한 철학자들은 어떤 잘못들을 범했는가? 첫째로, 그들은 도덕성이 다소간의 자기 희생을 포함한다고 잘못 가정하는 경향이 있다. 도덕성이 간접적인 호혜성의 체계라는 것을 기억하면, 위의 주장이 잘못이라는 것은 자명하다. 둘째로 이들은 간접적인 호혜성의 복잡성을 낮게 평가하는 경향이 있다. 내가 장기간의 이익을 위해 단기간의 희생을 감수한다면, 나는 유전적으로 보아 이익일 수 있다. 셋째로 이들은 집단 내의 이익과 집단 간의 이익을 구분하지 못한다. 도덕성이 존재하는 것은 인간들이 집단 안에 존재하기 때문이다. 만약 우리가 로빈슨 크루소처럼 외톨이였거나, 협력이 필요없는 생명체였다면, 도덕성은 진화되지 않았을 것이다. 다른 인간들로부터의 위협은 가족들을 더욱 큰 집단으로 뭉치게 만들었고, 이것으로부터 결국 이런 복잡한 사회가 탄생한 것이다.

알렉산더는 진화론이 도덕 이론에 가장 크게 공헌한 것은 유전자의 이익에 초점을 맞춘 것이라고 평가한다. 유전자에 관해서는 아무 것도 몰랐던 다윈에서 자연선택은 개체 수준이나 집단 수준에서 작동하는 것이었다. 그렇지만 현대의 진화 종합설은 유전자 수준에서 자연선택이 작동할 수 있는 가능성을 제시했고, 대다수의 사회생물학자들은 소위 '유전자 선택 이론가'들이다. 이들에 의하면 진화론적 드라마의 초점은 유전자다. 생명체와 표현형은 유전자가 더욱 성공적으로 적응할 수 있도록 하기 위해 존재하는 기구에 불과하다. 그러므로 인간의 관심도 궁극적으로는 의식적이든 혹은 무의식적이든 상관없이 유전자의 증식에 있는 것이다. 의식 역시 번식의 성공을 위해 고안한 체계라고 할 수 있다. 알렉산더는 다음과 같이 말한다. "자연선택은 분명히 유전자의 번식에 의해 생존을 극대화시켜왔다. 개인들의 활동과 연관시켜보면, 이것은 개인들의 유전자 복제에 대한 영향을 포함한다. 심지어 그 복제가 다른 개체 속에 존재한다고 할지라도 그렇다."[32]

진화론적 이성주의

사회생물학주의자들은 다음과 같은 것을 주장한다.

1) 도덕성은 인간의 고유한 발명품이 아니다. 유인원의 삶에도 윤리 규범과 같은 것이 있다.
2) 도덕성은 진화의 산물이다. 즉 자연선택의 결과이다.

이런 주장은 어떤 도덕이 어떤 근거에서 정당하다는 주장과는 다른 것이다. 예컨대 '도둑질 하지 말라'는 도덕이 선택의 결과라고 말하는 것은 그것의 발생을 이야기하는 것일 뿐, 그것의 정당화에 관해서는 직접적으로 말하지 않는다. 그렇지만, 정당화의 문제를 완전히 배제하고는 규범 윤리를 정립시킬 수 없다. 규범 윤리란 어떤 규범이 옳다는 주장을 함축해야 한다.

　진화윤리학을 포함한 자연주의 윤리학이 도덕의 정당화에 대해 언급을 자제하는 것은 자연주의적 오류를 두려워하기 때문이다. 반면에 로버트 리차드는 사실에 대한 설명에서 규범을 이끌어 내려고 할 뿐만 아니라, 이런 규범을 정당화시키려고 시도하면서 흄이 제기한 비판인 '자연주의적 오류(naturalistic fallacy)'를 무력화시키려고 시도한다. 그는 윤리적 정당화를 주장하면서 자연주의적 오류는 전혀 오류가 아니라고 항변한다.

　허버트 스펜서(Herbert Spencer)의 『윤리학의 원리(The principles of ethics)』, 줄리안 헉슬리(Julian Huxley)의 『진화와 윤리학(evolution and ethics)』, 로버트 리차드(Robert Richards)의 『다윈과 마음 및 행위에 관한 진화론적 이론의 출현(Darwin and the emergence of evolutionary theories of mind and behavior)』 등이 이런 범주에 속한다. 자연주의적 오류는 윤리적 규범을 사실로부터 도출하는 것이다. 그런데 어떻게 하여 이를 전혀 오류가 아니라 하는가? 로버트 리차드의 설명은 이렇다[33]: 도덕철학자들은 그들의 주장을 정당화하기 위해 다음의 세 가지 방법 중 하나를 택한다. 첫째로 무어(George E. More)가 한 것 처럼 사실과는 상관없이 직관에 호소하는 것이다. 그렇지만 이러한 호소는 '나는 그렇게 보지 않는다'는 단순한 반대에도 속수무책이다. 두 번째는 칸트와 같이 진정한 도덕적 경험에 호소하는 길인데, 이런 방법 역시 어떤 것이 진정한 도덕적 경험인지 의견이 갈리는 상황에서 첫 번째와 비슷한 상황에 빠진다. 세 번째가 경험적으로 확증된 사실, 더욱 정확히는 진화론적 사실에 기초하는 길이다. 그에 의하면, 정당화는 "우리가 어떤 구조적 맥락 속에 있다는 전제로부터, 우리는 그 맥락에 적합한 방식으로 행위해야 한다는 결론을 이끌어 내는" 추론의 규칙에 대한 신뢰에 기반을 두고 있다. 이런 관점에서 보면 논리적 원리와 도덕적 원리는 비슷하게 작동한다고 할 수 있다. 이런 논의는 결국 다음과 같은 결론에 이른다. "우리는 도덕적으로 행위하도록 구조화되어 있으므로, 우리는 공동체의 선을 증진시키도록 행위하지 않으면 안된다." 이것은 다음과 같이 정식화된다.

1) 우리는 공동체의 선을 위해 노력하도록 진화했다.
2) X를 행위함은 공동체의 선을 증진시킨다.

∴ 도덕적 행위자는 X를 행위해야 한다.

자연주의의 오류를 무력화시키려는 이런 시도가 얼마나 성공했는지는 여전히 문제일 수 있지만, 진화윤리학이 규범의 정당화 문제를 외면하는 것은 현실적으로 어려운 일이다.

허버트 스펜서의 진화윤리학은 가장 악명이 높은 이론이다. 사회 다윈주의로도 알려진 이 이론은 인간의 사회생활이란 생존 경쟁이며, 적자생존의 원리에 의해 지배된다고 주장한다. 적자생존의 원리에 따라 열등한 자들은 소멸하고 우수한 자들은 살아남는다. 사회 역시 이러한 방식으로 진화한다. 스펜서는 진화를 진보의 과정이라 보았다. 말하자면 그는, 진화란 보다 완전함을 향한 전진이라고 해석했던 것이다. 이런 해석에 기초하여 그는 진화를 촉진하는 행위는 선이며, 진화를 방해하는 행위는 악이라는 결론을 내렸다.

이 이론은 자유방임주의의 자본주의와 인종차별주의 및 제국주

침략을 정당화하는 데 이용되었다. 동시에 진화론이 윤리에 적용될 때 매우 위험하다는 인식도 확산되었다. 사회 다윈주의는 정당화될 수 있는가? 나는 다음의 이유 때문에 이 교설은 정당화될 수 없다고 본다. 스펜서의 실수는 두 가지이다. 하나는 진화를 진보로 잘못 이해한 것이며, 다른 하나는 도덕 판단에 작용하는 이성의 기능을 무시한 것이다.

진화는 진보와 동일하지 않다. 진화가 진보와 일치하는 특수한 경우도 가끔은 있지만, 근본적으로 진화는 새로운 환경에 대한 적응일 뿐 완전함을 향한 진보와는 관계없는 일이다. 스펜서는 모든 진화를 일직선으로 높은 곳을 향해서 나아가는 과정으로 잘못 이해한 것이다. 동시에 스펜서는 유전자의 진화만을 고려하고 있다. 그렇지만 인간 사회의 진화에서 문화유전자의 진화를 배제할 수 없다. 가장 최신의 이론은 문화 유전자(cultural gene)를 중심으로 펼쳐진다.[34] 문화유전자 이론에 의하면, 유전자(gene)가 생명체를 구성하는 최소단위이듯이, 문화를 구성하는 최소단위는 문화유전자다. 이것은 관념, 사상, 이론들이다. 이들이 모여 하나의 독특한 문화를 만든다. '밈(meme)'이라고도 불리는 이 문화유전자는 생명체의 유전자와 마찬가지로 오직 자신의 복제만을 추구한다. 따라서 문화세계는 이 문화유전자들의 생존을 위한 각축장이 된다. 여기서 승리한 문화유전자는 선택되어 번식을 계속하고, 패배한 문화유전자는 사장되고 만다. 문화의 팽창이나 전파란 경쟁에서 선택된 문화 유전자의 번식이라 할 수 있다. 생물학적 유전자와 문화 유전자의 공진화 관계는 진화론의 흥미로운 관심거리이다.

문화유전자는 대체로 이성의 산물이다. 이성의 진화와 함께 문화

유전자는 더욱 진화한다. 이성의 기본적인 능력은 언어 사용과 자기 반성의 능력이다. 이런 능력에 기초하여 객관적 인식과 자신을 넘어서는 보편적 태도가 가능해진다. 반대로 문화유전자의 진화는 이성의 계발을 촉진한다. 수학의 발전은 이성과 문화 유전자의 공진화(共進化)를 보여주는 대표적인 사례이다. 이성의 진화가 어느 단계에 도달했을 때, 이성은 수의 기본적인 원리들을 창안해 낸다. 수학의 원리들은 서로 경쟁하며 진화한다. 이제 거꾸로 이런 수학의 체계가 이성의 진화를 촉진한다.

이렇게 이성은 우리를 예기치 못한 곳으로 이끌어 간다. 피터 싱어(Peter Singer)는 윤리 발전도 이와 비슷하다고 본다. 한 사회의 관습은 그 사회가 집단적으로 승인하거나 거부하는 태도의 축적물이라 할 수 있겠다. 이때 이성은 관습적 도덕에 의문을 제기하며, 그 근거를 문제시 한다. 동시에 이성은 모든 도덕에 보편성을 요구한다. 싱어는 이런 보편성을 '이익에 대한 공평한 고려의 원리(The principle of impartial consideration of interests)'라 부른다.[35]

이런 원리에 의해 윤리의 범위는 확장된다. 말하자면, 이성의 진화에 의해 보편성의 범위는 확장된다. 이것은 〈그림 4〉와 같이 그려질 수 있다.[36]

이런 관점에서 보면, 동물을 도덕적으로 고려해야 할 진화론적 이유는 분명하다.[37] 모든 생명체는 공동의 조상으로부터 유래한 것이며, 도덕의 원칙은 평등하게 적용되어야 하기 때문이다. 이러한 논의는 진화론의 윤리가 생명평등주의로까지 나아갈 수 있음을 보여준다.

이성은 진화의 산물로서 출현했다. 그것은 단편적인 경험을 종합할 수 있는 능력이자, 감정이입과 동일시를 통해 남과 하나될 수 있

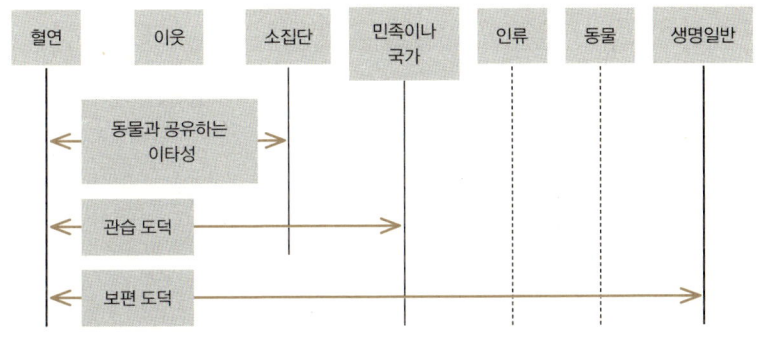

그림 4

는 능력이며, 나를 객관화시키는 보편화의 능력이다. 이성의 출현에 의해 우리는 우리 자신을 넘어설 수 있다.[38] 우리는 '내'가 속한 집단을 넘어 다른 생명계에까지 보편적인 윤리를 확대할 수 있다. 이런 입장을 나는 '진화론적 이성주의'라고 부르고자 한다. 진화론적 이성주의의 관점에서 보면, 리차드 도킨스나 토마스 헉슬리가 진화론을 주장하면서도 도덕성에 대한 탐구를 생물학 바깥에서 수행되어야 할 과제로 본 것은 이성의 출현을 간과했기 때문이다.

진화론의 철학과 불교 철학의 만남

진화론의 철학은 불교 철학과 어떤 연관이 있는가? 나는 지금까지 논의한 세 가지 측면에서 두 철학이 중첩되어 있는 중요한 부분들을 논의해 보고자 한다.

진화론은 모든 생명이 공동의 조상에서 유래했다고 본다. 그러므로 모든 생명에 본질적인 차별이 있을 수 없다. 종과 종은 서로 연결되어 있다. 한 종이 갖는 어떤 본질이 존재하는 것이 아니다. 즉 같은 종으로 분류되는 개체들이라 해서 반드시 공통의 불변적 본질을 공유하는 것이 아니다. 또한 진화의 과정은 기계적으로 작동하지 않는다. 그것은 확률적이다. 진화의 세계는 결정론적 세계가 아니다. 뿐만 아니라 진화에는 진화의 과정이 추구하는 어떤 주어진 목적이 있는 것도 아니다. 필연적인 방향성도, 필수적인 과정도 최종적인 목표도 없다. 베르그송은 이런 진화의 과정을 생명의 약동으로 이해했던 것이다. 우리는 이를 '생명 존재론'이라 부를 수 있다.

생명 존재론과 불교의 생명관에는 어떤 연관성이 존재하는가? 이들은 모든 생명체가 동일한 하나의 근원에서 파생되었다는 생명 일원주의에서 일치한다. 하나의 근원이란 베르그송이 생명의 충동이나 생명력이라 부르는 것이며, 불교에서는 온갖 생명체들을 탄생시킨 에너지이다. 둘 다 생기론(vitalism)적 설명이라 할 수 있다. 불교의 현대적 설명에서 보면[39], 현상 세계는 에너지로 가득 찬 진공에서부터 시작한다. 이러한 에너지는 오색의 빛 형태로 나타나고, 그 빛은 점차 다섯 가지 원소인 공기, 물, 흙, 불, 공간으로 물질화되었다. 이것들이 결합하여 원소들의 바다를 만들고, 이것으로 부터 삼라만상이 나타나고 마지막으로 생명체들이 탄생했다.

불교의 윤회가 진화의 과정과 일치하는 것은 아니지만, 윤회와 진화론의 양립이 완전히 불가능할 것 같지는 않다. 또한 윤회가 생명의 차별을 허용할 수 없는 것은 분명하다. "모든 중생이 육도에 윤회하여 똑같이 나고 죽는 과정을 거듭하면서 서로 번갈아 가며 부모, 형제, 자매가 되었다."[40] 이런 사상은 어떠한 인간중심주의도 허용하지 않는다.

베르그송은 생명의 본질을 지속으로 보았다. 지속의 고정된 실체와는 대립하는 개념이다. 불교의 존재론도 철두철미한 과정존재론이다. 그러므로 생명력이나 에너지를 실체화할 수 없다. 고정된 실체는 우리가 만들어낸 허구일 뿐 실제로는 존재하지 않는다. 실체는 끊임없는 흐름으로 대체되어야 한다. 우리의 의식이나 정신, 생명도 마찬가지이다.

불교의 인식론은 기본적으로 변증법적 사고에 기초해 있다.[41] 불교의 교리에 따르면 **해탈**★에 이르는 두 길이 있다. 하나는 변증법에 의한 길이고, 다른 하나는 명상에 의한 길이다. 변증법은 부정의 논리학으로 2세기경의 남부 인도의 용수(나가라주나)에 의해 체계화 되었다. 후대 불교에서 매우 중요한 의미를 가진 두 진리론인 **진속이제설**(眞俗二諦)★도 그 중의 하나이다. 여기서 속제는 낮은 진리이고, 진제는 높은 진리이다.

속제는 상식적 입장에서는 진리로 여겨지지만, 높은 진리의 관점에서 보면 비진리이다. 비진리는 폐기된다. 그렇지만 진제 역시 보다 높은 관점에서 보면 비진리이다. 이제 다시 진제는 상식적 진리가 되고, 더 높은 진리가 등장한다. 이러한 과정은 계속된다.

부정의 논리학은 사중이제설(四重二諦說)이나, **팔부중도설**(八不中道說)★에서도 일관되게 전개된다.[42] 팔부중도설은 생성에 대한 여덟 가지의 부정으로, 둘 다 아니라는 부정을 현상계에 적용한다. 탄생하는 것도 아니고, 사멸하는 것도 아니다. 지속하는 것도 아니고, 소멸하는 것도 아니다. 단일한 것도 아니고, 다양한 것도 아니다. 오는 것도 아니고, 가는 것도 아니다. 최상의 진리는 일체의 구별을 초월할 때만 나타난다. 우리에게 익숙한 "산은 산이다"라는 화두도 부정의 논리학을 함축한다. 처음에 산은 하나의 실체로 나타난다. 그 다음 단계에서 실체는 부정된다. 산은 산이 아니다. 그렇지만 산은 실체로서의 산은 아니지만 하나의 현상으로서 지금 여기 눈 앞에 존재한다. 이때 반정립 역시 부정될 수 밖에 없다. 산은 산이 아닌 것이 아니다. 부정이 다시 부정될 때 최상의 진리가 나타난다. 이때도 산은 산이지만, 처음 출발할 때의 산은 아니다.

　이런 변증법은 진화론적 인식론과 깊은 유사성을 갖는다. 잘못된 견해를 계속해서 제거함으로써 보다 높은 단계로 나아간다는 제거주의 전략은 두 이론 모두에서 중첩된다.

　존재론이나 인식론보다 윤리 이론에서 두 철학의 중첩의 범위는 더욱 넓어진다. 진화론적 윤리의 최고 단계가 모든 생명을 같은 지평에서 보는 생명 평등주의이다. 불교의 **오계**★ 중 첫 번째 계율이 불살생이다.[43] 이 때의 생명은 인간의 그것에 국한되지 않는다. 감정이 있는 모든 생명이 계율의 대상이 된다. 불살생의 계율은 인류를 넘어 생명 일반으로까지 윤리의 범위를 확장시켰다. 불교는 모든 생명에 대해 무조건적 사랑인 자비를 베풀 것을 가르친다. 그러므로 불살생과 자비는 생명윤리의 최고봉이며, 진화론적 윤리가 도달할 수 있는 최고의 단계이다.

1   이 글은 「진화론의 관점에서 본 철학」(『진화론과 철학』, 철학연구회편, 2003)의 기본 논지를 기초로 하여 새로 쓴 것이다.

2   Bertland Russell, *A History of Wertern Philosophy* (New York: Simon & Schuster, 1972), 54쪽

3   Ernst Mayr, *One long argument: Charles Darwin and the genesis of modern evolutionary thought*; 에른스트 마이어, 『진화론 논쟁』(사이언스북스, 1998), 58쪽

4   위의 책 참조.

5   Micheal Ruse, *Taking Darwin seriously: A Naturalistic Approach to Philosophy* (Oxford: Basil Blackwell, 1986), 16쪽 이하

6   Stephen Jay Gould, *Ever since Darwin* (The American Mueum of Natural History, 1977) (홍욱희·홍동선 옮김 『다윈 이후』[사이언스 북스, 2009]) 28쪽 이하 참조

7   Franz Wuketits, *Evolutionary Epistemology and Its Implications for Humankind* (State University of New York press, 1990), 16쪽

8   에른스트 마이어, 『진화론 논쟁』, 59쪽 이하

9   Ernst Mayr, Darwin and the evolutionary theory in biology in *Evolution and Anthropology: A Centennial Apprasal* (Washington,D.C.: Anthropological Society of America). 1-10쪽.

10   에른스트 마이어, 『진화란 무엇인가』 (사이언스북스, 2008), 160쪽 참조.

11   Karl Popper, *The Open Universe: An Argument for Indeterminism* (Totowa; Rowman and Littlefield, 1982), 5쪽; J. Watkins, "The Unity of Popper's Thought", P. A. Schilpp, ed, *The Philosophy of Karl Popper* (La Salle; Open Court, 1974), 373쪽 참조.

12   Karl Popper, *The Open Universe: An Argument for Indeterminism*, 5쪽 이하.

13   에른스트 마이어, 앞의 책, 참조.

14   위의 책, 28쪽.

15   Philosophical Naturalism에 대해서는 『철학적 자연주의』(철학과 현실사, 1995)에 실린 여러 논문 참조.

16   Michael Bradie, *The Secret Chain: Evolution and Ethics* (State University of New York press, 1994), 3쪽 이하.

17   Anthony O'Hear, *Beyond Evolution: Human Nature and The Limits of Evolutionary Explanation* (Oxford University press, 1997), 51쪽 이하.

18   Konrad Lorenz, "Kant's Lehre von aprionrischen in Lichte gegenwartiger Biologie," *Blatter fuer Deutsche Philoshphie* 15, 123쪽.

19   Michel Ruse, *Taking Darwin Seriously*, 197쪽.

20   손동현, 「선험적 이성의 생물학적 연원」, 『철학연구』 54집 (2001년 가을) 221쪽 이하 참조.

21   Stephen Jay Gould, *Full House: The Spread of Excellence From Plato to Dar-*

win (New York: Harmony Books, 1996); 이영희 옮김『풀 하우스』(사이언스북스, 2002)는 진화가 진보가 아니라 다양성의 증가라는 논의를 매우 설득력 있게 보여주고 있다.

22   Donald Campbell, "Evolutionary Epistemology," *Evolutionary Epistemology, Rationality, and the Sociology of Knowledge*, ed. Gerard Radnitzky and W.W. Bartley, Ⅲ (La Salle: Open Count, 1987), 47쪽 이하 참조.

23   Elliott Sober, *From the Biological Point of View: Essays in Evolutionary Philosophy* (Cambridge University Press, 1994), 93쪽.

24   Edward Wilson, *On Human Nature*; 이한음 옮김,『인간성에 관하여』(사이언스 북스, 2000) 참조.

25   Edward Wilson, *Sociobiology*:『사회생물학』Ⅱ (민음사, 1980), 681쪽.

26   Michael Bradie, *The Secret Chain*, 103쪽 이하 참조.

27   Leonard D. Katz, *Evolutionary Origins of Morality*:『윤리의 진화론적 기원』김성동 옮김 (철학과 현실사, 2007), 10쪽 참조.

28   Peter Singer, *The Expanding Circle: Ethics and Sociobiology*;『사회생물학과 윤리』김성환 옮김 (인간사랑, 1999), 21쪽 이하 참조.

29   Franz Wuketits, *Gene, Kultur and Moral: Sociobiologie-Pro und Conta*;『사회생물학 논쟁』김영철 옮김 (사이언스 북스, 1999), 90쪽 참조.

30   Richard Alexander, *The Biology of Moral Systems* (New York: Aldine De Gruyter, 1987), 78쪽 이하; 이 문제에 대한 설명은 Michael Bradie의 *The Secret Chain* 118쪽 참조.

31   Richard Alexander, *The Biology of Moral Systems*, 161쪽.

32   Richard Alexander, *The Biology of Moral Systems*, 38쪽 참조.

33　Robert Richards, "Justification Through Biological Faith", *Biology and Philosophy* 1, No. 3, 1986, 337쪽 이하; Michael Bradie, *The Secret Chain*, 139 쪽 참조.

34　Susan Blackmore, *The Meme Machine* (Oxford University press, 1999) 26쪽 이하 참조.

35　『사회생물학과 윤리』, 204쪽.

36　위의 책, 227쪽.

37　최훈, 「동물을 도덕적으로 고려해야 할 진화론적 이유」, 『철학연구』 88집 (2010년 봄), 283쪽.

38　피터 싱어, 『사회생물학과 윤리』, (인간사랑, 1999), 171쪽 참조.

39　마티유 리카르·트린 주안 투안, 『손바닥안의 우주』 이용철 옮김 (샘터, 2000), 56쪽.

40　서재영, 「선의 관점에서 본 생명」, 제2회 만불학술회의보, 『불교에서 바라본 생명의 본질과 현대적 가치』 (2009).

41　한스 요하임 스퇴리히, 『세계철학사』 (이룸, 2008), 88쪽.

42　위의 책, 89쪽.

43　불교의 오계는 다음과 같다. (1) 살아있는 생명을 죽이지 말라. (2) 자신의 것이 아닌 것을 탐하지 말라. (3) 거짓말 하지 말라. (4) 술을 마시지 말라. (5) 음란한 짓을 하지 말라.

참고문헌

마티유 리카르·트린 주안 투안, 『손바닥 안의 우주』 이용철 옮김 (샘터, 2000).
손동현, 「선험적 이성의 생물학적 연원」, 『철학연구』 54집 (2001년 가을).
에른스트 마이어, 『진화란 무엇인가』 (사이언스북스, 2008).

최훈, 「동물을 도덕적으로 고려해야 할 진화론적 이유」, 『철학연구』 88집 (2010년 봄).
피터 싱어, 『사회생물학과 윤리』 (인간사랑, 1999).

Alexander, Richard, *The Biology of Moral Systems* (New York: Aldine De Gruyter, 1987).

Blackmore, Susan, *The Meme Machine* (Oxford University press, 1999).

Bradie, Michael, *The Secret Chain: Evolution and Ethics* (State University of New York press, 1994).

Campbell, Donald, "Evolutionary Epistemology", *Evolutionary Epistemology, Rationality, and the Sociology of Knowledge*, ed. Gerard Radnitzky and W,W. Bartley, Ⅲ (La Salle ; Open Count, 1987).

D. Katz, Leonard , *Evolutionary Origins of Morality*; 김성동 옮김, 『윤리의 진화론적 기원』 (철학과 현실사, 2007).

Gould, Stephen Jay, *Full House: The Spread of Excellence From Plato to Darwin* (New York: Harmony Books, 1996); 이영희 옮김, 『풀 하우스』 (사이언스북스, 2002).

Gould, Stephen Jay, *Ever since Darwin* (The American Mueum of Natural History, 1977); 홍욱희, 홍동선 옮김, 『다윈 이후』 (사이언스북스, 2009).

Lorenz, Konrad, Kant's Lehre von aprionrischen in Lichte gegenwartiger Biologie, *Blatter fuer Deutsche Philoshphie*

Mayr, Ernst, "Darwin and the evolutionary theory in biology" *in Evolution and Anthropology: A Centennial Apprasal*, Washington, D.C.: Anthropological Society of America.

Mayr, Ernst, *One long argument: Charles Darwin and the genesis of modern evolutionary thought*; 『진화론 논쟁』 (사이언스북스; 1998).

O'Hear, Anthony, *Beyond Evolution: Human Nature and The Limits of Evolutionary Explanation* (Oxford University press, 1997).

Popper, Karl, *The Open Universe: An Argument for Indeterminism* (Totowa; Rowman and Littlefield, 1982).

Richards, Robert, "Justification Through Biological Faith", *Biology and Philosophy* 1, No. 3, 1986

Russell, Bertland, *A History of Wertern Philosophy* (New York: Simon & Schuster, 1972).

Ruse, Micheal, *Taking Darwin seriously: A Naturalistic Approach to Philosophy* (Oxford: Basil Blackwell, 1986).

Sober, Eliott, *From the Biological Point of View: Essays in Evolutionary Philosophy* (Cambridge University Press, 1994)

Singer, Peter, *The Expanding Circle: Ethics and Sociobiology*; 김성환 옮김, 『사회생물학과 윤리』(인간사랑, 1999).

Wilson, Edward, *On Human Nature;* 이한음 옮김, 『인간성에 관하여』(사이언스북스, 2000).

Wilson, Edward, *Sociobiology*: 『사회생물학』 II (민음사,1980).

Wuketits, Franz, *Evolutionary Epistemology and Its Implications for Humankind* (State University of New York press, 1990).

Wuketits, Franz, *Gene, Kultur and Moral: Sociobiologie-Pro und Conta*; 김영철 옮김, 『사회생물학 논쟁』(사이언스 북스, 1999).

Buddha and Darwin

달라이 라마의 평가는 현대 과학의 눈으로 보았을 때
논쟁적인 부분을 담고 있다. 그런데 우리는 그가 불교와
진화론의 유사성을 지적하면서도, 이 둘의 차이를
강조하는 철학적인 이유에 주목할 필요가 있다. 그것은
기독교에서 진화론을 수용해서 세상을 지배하는 신을
자신을 낮추는 신으로 바꾼 이유와 상통한다. 결국 그것은
'21세기에 종교의 역할이 무엇인가'라는 큰 문제에
대한 고통스러운 대답이기도 하다. 이를 성찰해 보는
것은 과학과 종교에 대한 이 글의 긴 논의를 마무리짓는
결론으로 충분하다고 생각한다.

진화론과
기독교의 역사는
불교에 무엇을
말하는가

5

홍성욱

홍성욱

서울대학교 물리학과를 졸업하고 과학사 및 과학철학 협동과정에서 석사와 박사를 받았다. 토론토대학교의 과학기술사철학과에서 8년간 교수로 재직하다가, 2003년에 서울대학교에 부임해서 현재까지 주로 과학사 및 과학철학 협동과정에서 서양과학사와 과학기술학(STS)을 강의하면서 연구하고 있다. 과학기술을 중심으로 한 편으로는 인간, 또 다른 한 편으로는 사회를 생각하면서, 인간-과학기술-사회와의 관계를 더 깊이 있게 이해하는 것을 학문의 화두로 잡고 있다. 이를 위해서는 역사적 방법, 사회과학적 방법, 철학적 방법을 넘나들거나 융합하는 것을 피하지 않으며, 이러한 이유 때문에 '잡종 교수'라는 별명을 얻기도 했다.

근작인 『인간의 얼굴을 한 과학』을 비롯하여 과학기술과 사회에 대한 몇 권의 저서를 쓰기도 했다. 작년부터 과학기술과 예술의 관계를 잘 보여주는 백남준의 비디오 신디사이저에 흠뻑 빠져 있다. '신경 인문학 연구회'를 결성하여 4년의 계획을 두고 신경과학의 철학적이고 법적인 문제를 조금씩 탐구하고 있기도 하다. 지금보다 약간 더 살만한 세상을 만드는 데 스스로의 학문적 노력이 아주 작은 기여라도 하기를 바라면서, 이번 겨울에는 지난 몇 년 동안 쓰는 데 실패했던 인간-기계의 관계에 대한 책을 집필할 계획을 세우고 있다.

질문: 태양이 넷째 날에 만들어졌다고 생각하십니까?

대답: 그렇습니다.

질문: 그렇다면 태양이 없이도 낮과 밤이 있었습니까?

대답: 나는 단지 주기를 말할 뿐입니다.

질문: 그렇다면 태양이 없이도 네 주기 동안 아침과 저녁이 있었다고 생각합니까?

대답: 나는 쓰인 대로의 창조를 믿을 뿐입니다. 그것을 설명할 수 없다면, 그냥 받아들일 것입니다.

['원숭이 재판'으로 알려진 스코프스 재판(1925년)에서 진화론을 옹호한 클러렌스 대로우(질문)와 창조론을 옹호한 윌리엄 제닝스 브라이언(대답) 사이의 심문]

이 글은 진화론과 종교의 관계를 다각적으로 살펴보려는 목적으로 쓰여졌다. 이를 위해서 우선 과학과 기독교의 관계에 대한 다양한 견해를 살펴보고, 과학과 기독교의 관계를 역사적으로 개괄한 뒤에, 진화론과 기독교 사이에 있었던 다양한 종류의 충돌과 화해의 양상을 살펴볼 것이다. 진화론과 기독교의 관계는 지금까지 숱한 논문과 저서에서 다루어졌던 주제이다. 여기에서는 기독교계에 진화론이 던진 파장을 개괄한 후, 다윈이라는 과학자와 그의 진화 이론에서 볼 수 있는 과학-종교의 관계, 다윈의 계승자들에게서 나타난 과학-종교의 갈등, 19세기 후반부터 다윈의 이론을 두고 나타난 과학-종교의 화해라는 주제를 순차적으로 살펴보겠다. 이를 통해 진화론과 기독교의 관계를 중층적이고 종합적으로 고찰해 볼 것이다.

이렇게 진화론과 기독교의 관계를 여러 층위에서 논의한 뒤에, 결론적으로 지금 이러한 논의가 과학과 불교와의 관계에 대해서 함의하는 바를 짚어보겠다. 불교는 기독교와 달리 과학과의 직접적인 충돌이나 갈등을 겪지 않았고, 따라서 많은 사람들에 의해서 과학적인 종교, 혹은 과학과 조화를 이루는 세계관을 지닌 종교로 간주된다. 기독교와 달리 불교는 유일신을 믿는 종교가 아니기 때문에 과학적 세계관이 신의 존재나 권능을 깎아내린다고 생각할 필요가 없었다. 이러한 연유에서 불교는 과학과의 조화를 추구했지 직접적인 충돌이나 대결을 의도적으로 꾀하지 않았다. 그렇지만 불교의 윤회설이나 **연기설***과 교리는 현대 과학이 밝혀낸 사실과 잘 부합하지 않는 요소를 안고 있기도 하다. 그렇다면 불교는 어떠한 태도로 다윈 진화론과의 대화를 시도해야 할 것인가? 불교의 교리와 다윈의 진화론 사이의 잠재적 갈등요소와 바람직한 조화 방법은 이 책에 실린 다른 글들에서 더 깊게 다루어졌으므로, 여기에서 상술하지는 않을 것이다. 대신 여기에서는 다른 종교, 특히 기독교의 사례로부터 불교가 얻을 수 있는 교훈은 무엇인가를 모색해 보려 한다. 오랜 기간 동안 과학과 충돌했으며, 이런 충돌에서 여러 교훈을 습득해서 스스로를 변화시켰던 기독교의 사례는 불교에도 시사하는 점이 크기 때문이다.

과학과 종교의 만남, 그 스펙트럼과 층위들

과학과 종교의 관계는 '강호(江湖)'의 식자들이 모두 한 마디씩 할 수 있는 주제일 것이다. 다수의 사람들이 갈릴레오와 진화론의 예를 들면서 과학과 종교가 본질적으로 갈등 관계에 있다고 할 텐데, 이들의 대부분은 과학과 종교의 갈등이 종교가 과학의 앞길을 가로막는 식으로 시작되었지만 항상 과학의 승리로 끝났다고 목소리를 높일 것이다. 이 중에는 자연과학의 여러 발견이 무신론을 '과학적으로' 지지한다고 생각하는 사람도 있고, "종교 바이러스", "악마의 사도"와 같은 극단적 용어를 쓰면서 종교를 비판하는 사람도 있다. 이 비판자들에게 종교는 지적으로 성숙하지 못했던 원시 인류가 만들어낸 제식에 불과하기에, 과학이 발전한 21세기에도 이를 믿는 사람들은 지적으로 미숙한 축에 속하는 셈이 된다.[2]

이와는 대조적으로, 과학과 종교가 모순되지 않고 병존할 수 있으며, 심지어 융합 가능하다고 주장하는 사람들이 있다. 이들은 마이클 패러데이(Michael Faraday)처럼 과학자이면서 동시에 신앙심이 깊은 사람들이 숱하게 존재했고 지금도 존재한다는 사실을 그 근거로 제시한다. 또한 역사적으로 과학과 종교가 서로에게 유익한 영향을 미친 사례가 많다는 점도 이러한 주장을 뒷받침한다고 강조하기도 한다. 일례로 막스 베버(Max Weber)가 프로테스탄트(protestant) 윤리와 자본주의의 등장을 연관시켜서 생각한 것과 흡사하게도 과학사회학자 로버트 머튼(Robert Merton)은 청교도 에토스(puritan ethos)가 17세기 근대 실험과학을 낳는 데 중요한 역할을 했음을 주장했다.[3] 뿐만 아니라 최근의 과학사 연구는 19세기 이전 시기에는 우리가 과학이라고 부르는 활동의 대부분이 '자연철학(natural philosophy)'의 형태였음을 밝혔는데, 자연철학과 전문화된 과학의 가장 큰 차이는 자연철학자들이 자연에서 신의 섭리를 밝히는 데 주력했다는 점에 있었다.

이와는 조금 다른 차원에서 과학과 종교가 갈등 관계에 있지 않다고 주장하는 사람들도 있다. 저명한 진화 생물학자 스티븐 제이 굴드(Stephen Jay Gould)는 과학은 자연의 사실과 그 원인의 영역을 다루고 종교는 삶의 가치와 의미에 대한 질문에 답을 주기 때문에, 이 둘이 서로의 영역만 잘 지킨다면 아무런 갈등이 생기지 않는다고 주장한다. 굴드는 이를 '겹치지 않는 교도권의 원리(non-overlapping magisteria (NOMA) principle)'라고 명명했는데, 그는 이러한 원리가 과학과 종교 모두 자신들의 영역에서 오랫동안 선의를 가진 사람들이 쌓아왔던 일반적인 합의라는 건전한 입장에 해당한다고 주장했다. 이렇게 본다면, 과학과 종교는 인간이 세상을 이해하면서 적극적인 삶을 살아가는 데 있어서 모두 필수적인 요소이며, 이 둘은 대립적이라기보다는 상보적인 역할을 한다고 할 수 있다.[4]

그런데 과학과 종교가 화해할 수 없다고 생각하는 사람들은 이러한 주장에 설득되지 않는다. 비판자들은 적당한 거리를 유지한 상태에서 과학과 종교를 보았을 때에는 문제가 없지만, 이 둘을 가까이 붙여 놓으려 할 경우에는 점점 더 심각한 문제가 발생한다고 생각하기 때문이다. 신이 세상과 생명을 창조했다는 막연한 종교적인 믿음을 가진 채로 과학 연구에 몰두할 수는 있지만, 현대 천문학과 진화론의 성과를 사용해서 자신의 이러한 종교적 믿음의 근거를 구체적으로 꼼꼼하게 검토하고 확인할수록 이러한 믿음을 지탱하기 어려워진다는 것이다. 또 이들은 과학이 사실을 다루고 종교가 가치를 다룬다는 생각이 종교에 대한 '소박한' 평가라고 본다. 또한 대부분의 종교가 어떤 종류의 '기적'을 상정하고 있고 이러한 기적은 자연의 사실에 대한 초자연적인 (신적인) 이해에 근거하고 있기 때문에 과학적 사실과 직접적으로 충돌한다고 파악한다.[5]

극단적인 종교 비판자들은 세상의 심각한 갈등 대부분이 종교적 맹신에서 기인한다고 생각하며, 따라서 이들에게 종교는 타협의 대상이 아니라 투쟁을 통해 폐기되어야 할 대상이다. 기독교에 대해서 무척 비판적인 저술들을 출판한 샘 해리스(Sam Harris)의 다음과 같은 얘기를 들어보자.

> 미국인의 12%만이 지구상의 생명체가 신의 간섭 없이 자연적인 과정에 의해 진화했다고 믿는다. 31%는 진화가 신에 의해 진행되었다고 믿는다. 우리는 … [여기서] 21세기 초의 종교적 망상을 보아야 한다. … 미국인의 44%는 앞으로 50년이 지나기 전에 예수가 산자와 망자를 심판하기 위해 재림할 것이라고 확신한다. … 뉴욕이 갑작스럽게 불덩이가 될 경우, 많은 미국인들은 그 버섯구름 속에서 희망을 볼 것이다. 그 사건은 예수의 재림이라는 그들이 가장 바라던 바가 곧 일어날 것임을 의미하기 때문이다.[6]

해리스는 종교적 망상이 사회적 건강성을 해친다고 말한다. 그는 종교와 사회적 건강성 사이의 직접적인 인과관계를 보이지는 못하지만, 자신의 주장을 뒷받침하는 증거로 미국의 범죄율의 증가와 종교와의 연관을 제시한다. 그에 의하면 근본주의적인 기독교가 더 팽배한 지역에서는 공화당 지지율이 높고 범죄율 또한 높다. 심지어 미국의 경제구조가 불평등한 것도 근본주의적 기독교와 관련이 있다는 것이 그의 생각이다. 그렇지만 가장 심각한 문제는 종교가 국가나 종족 사이의 충돌을 낳는다는 것이다. 그는 종교가 신의 명령에 따라 다른 사람을 서슴지 않고 죽이며 하나의 공동체를 다른 공동체와 차별하는 기준과 근거를 제공한다고 지적하면서, 팔레스타인, 발칸 반도, 아프리카와 아시아의 분쟁 지역들에는 거의 대부분 종교적인 갈등이 존재한다는 사실을 강조한다. 순교를 하면 죽어서 천당에 간 뒤에 "처녀 72명을 취한다"고 믿는 사람들이 있는 한 세상의 평화는 유지되기 힘들며, 9.11 같은 테러는 종교적인 충돌이 낳은 끔찍한 사생아라는 것이 그의 생각인 것이다.[7]

그렇지만 거꾸로 과학과 종교가 양립할 수 있다고 생각하거나 과학에 대한 종교의 우위를 믿는 사람들에게 이러한 비판은 설득력을 지니지 못한다. 이러한 비판은 종교에 대한 피상적 이해에 기인하거나, 세상에 대한 무신론적인 과학지상주의에 불과하다고 간주되기 십상이다. 실제로 종교학자 브루스 링컨(Bruce Lincoln)은 『거룩한 테러』(2003)에서 빈 라덴과 부시의 연설문, 테러범들의 지령문과 편지, 정치인들과 종교인들의 발언, 언론 기사 등에 대해 정교하게 분석했고, 겉으로 보이는 것과 달리 부시와 빈 라덴의 대립이 단지 이슬람과 그리스도교의 종교적 대립만은 아님을 주장했다. 링컨에 의하면

9.11 테러의 배경에는 종교적 문제는 물론, 정치적이고 경제적인 문제들, 심지어 문화적인 문제들까지 복합적으로 작동했다는 것이다. 종교는 이들이 대중을 동원하기 위해서 수사적 차원에서 사용했던 요소였지만, 종교적 갈등은 다른 요소들에 비해서 가장 뚜렷하게 부각되었다. 이로 인해 결과적으로 테러의 원인은 물론 미국과 이슬람 사이의 모든 갈등이 기독교와 이슬람교의 화해할 수 없는 차이에 기인한다고 인식되었다는 것이다.[8]

과학의 이름으로 종교를 비판하는 사람들은 처녀 수태, 부활, 기적, 재림과 같은 종교적 맹신이 지금의 세계가 안고 있는 많은 문제의 근원이라고 생각하며, 과학적 이성이 이를 치유할 수 있다고 생각한다. 반면에 종교의 이름으로 과학을 비판하는 사람도 있다. 이들 중에는 배아줄기세포 연구가 생명을 파괴한다고 비판하는 사람도 있지만, 현대 과학이 이성과 합리성을 맹목적으로 추종하면서 환경 오염, 양극화, 불확실한 위험을 낳았다고 경고하는 사람도 많다. 과학이 낳은 문제는 과학을 더 발전시켜서 해결할 수 있는 것이 아니라, 인간의 본성과 과학의 한계에 대한 겸손한 태도를 지님으로써 해법을 찾는 것이 가능한데, 종교는 이러한 태도를 제공해 줄 수 있다는 것이 이들의 주장이다. 과학과 종교의 관계에 대한 견해가 이처럼 매우 넓은 스펙트럼에 걸쳐 있는 이유는 과학에 대한 평가만큼이나 종교에 대한 평가와 태도가 극단적으로 다를 수 있기 때문인데, 이 스펙트럼의 양 끝에 있는 이들은 결코 양립하거나 화해할 수 없어 보인다.

종교학자들의 대다수는 과학과 종교의 관계에 대해서 큰 관심이 없다. 그러나 일부 신학자와 유신론적 믿음을 가진 과학자들 중에는 종교와 과학의 관계에 대해 깊은 관심을 가지고, 이를 다양한 각도에서 연구하는 사람들도 많이 있다. 과학과 종교의 관계를 오래 연구한 한 신학자는 과학과 종교의 관계를 '갈등', '분리', '접촉', '지지'라는 네 가지로 구분한다. 과학과 종교가 화해 불가능하다는 관점이 갈등이고, 이 둘이 근본적으로 다르기 때문에 진정한 갈등 같은 것은 존재할 수 없다는 관점이 '분리'이다. 위에서 언급한 굴드의 NOMA 원리는 바로 이 두 번째 경우에 속한다. 반면에 과학과 종교 사이에 대화, 상호작용, 공명, 이해가 형성될 수 있다고 보는 것이 '접촉'이며, 심오한 수준에서 종교가 전체 과학의 노력을 지원하려는 태도가 '지지'이다.[9]

개개인이 이 네 가지 유형 중 어느 하나를 지지하는가에 따라서 논쟁의 지형은 복잡해질 것이다. 그런데 여기에 문제를 훨씬 더 복잡하게 만드는 요소들도 덧붙여질 수 있다. 시간에 따른 변화는 그 한 가지 요인이다. 예전에는 과학과 종교가 접촉과 지지의 관계를 유지했는데 근대 과학이 발전하면서 이 둘의 관계가 갈등과 분리의 관계로 변화했다고 보는 사람이 있는 반면에, 역설적으로 진화론과 20세기 우주론 같은 현대 과학의 발전이 과학과 종교의 관계를 진정한 접촉과 지지로 바꾸었다고 보는 사람도 있다. 후자의 입장을 견지하는 사람들은 과학의 발전이 종교에게 자신을 반성적으로 성찰할 기회를 제공했으며, 이러한 과정을 거치면서 종교가 과학과 진솔하게 대화할 수 있을 정도로 다시금 성숙해졌다고 해석한다.

문제를 복잡하게 만드는 또 다른 요인은 과학과 종교의 정의에 대한 차이이다. 지적 설계론(Intelligent Design)의 지지자들은 지적 설계론을 과학이라고 본다. 왜냐하면 그것은 정보 이론에 근거해서 무엇이 이성을 가진 존재에 의해서 설계된 것이며 무엇이 자연적으로 만들어진 것인가를 가르는 과학적인 기준을 만들고, 이러한 기준에 의해서 생명계의 많은 대상이 무작위적으로는 만들어질 수 없었던 것임을 '과학적으로 증명'한다고 하기 때문이다. 지적 설계론의 대표 이론가인 윌리엄 뎀스키(William Dembski)는 우주의 역사가 10^{25}초이고, 우주의 소립자의 수가 10^{80}개이고, 하나의 물리 상태에서 다른 물리 상태로의 변화가 초당 10^{45}를 넘을 수 없다고 할 때, 어떤 것이 우연히 일어나는 경우는 $10^{80} \times 10^{45} \times 10^{25} = 10^{150}$분의 1이라고 계산한다. 따라서 어떤 사건이 10^{150}분의 1보다 적은 확률을 가지면, 그것은 우연히 만들어진 것이 아니고 의도를 지닌 누군가에 의해 설계된 것이라는 결론이 유도된다. 이 이론에 따르면 DNA와 같이 '복잡하고 특화된 정보'를 가진 존재는 우연히 만들어질 수 없는 존재이며, 결국 신의 설계의 증거가 되는 것이다.[10]

반면 지적 설계론의 반대자들은 '창조 과학'이 과학이 아니었듯이, 지적 설계론도 과학과는 거리가 멀다고 간주한다. 지적 설계론 실험에 의해서 입증될 수 없으며, 심지어는 반증조차 불가능하기 때문에 과학적 방법론을 결여하고 있다는 것이 가장 주된 반론이다. 또 비판자들은 지적 설계론이 진화론이 설명하지 못하는 부분을 찾아 이를 신의 설계를 도입해서 채우는 식의 방법론을 사용하고 있다고 비판한다. 이 과정에서 지적 설계론은 유기체를 구성하는 시스템이 그보다 조금 덜 복잡한 시스템에서 진화했다는 가능성을 고려하지 않고, 그 시스템이 우연히 만들어질 확률만을 계산해서 이것이 설계에 의한 것이라고 주장하기 때문에, 과학적으로도 논리적인 비약이 많을 수밖에 없다고 본다. 따라서 지적 설계론자들은 기존의 전문 학술지에 논문을 출판하는 것이 아니라 '자신들만의' 학술지나 책을 통해서 이론을 알리고 있다는 것이다. 지적 설계론에 반대하는 사람들에게 이것은 과학도, 심지어 괜찮은 종교도 아닌, 전형적인 나쁜 종교에 불과하다.[11]

자연과학과 기독교의 충돌 — 간략한 역사적 개괄

기독교는 세상을 창조한 유일신을 믿고, 신의 계시가 성경이라는 책에 기록되어 있다고 확신한다. 신은 '자연이라는 책(Book of Nature)'과 '성경이라는 책(Book of Bible)' 두 권을 저술했다는 것이다. 이러한 믿음은 과학과의 의미 있는 상호작용을 낳기도 했는데, 예를 들어 케플러(Johannes Kepler)나 로버트 보일(Robert Boyle)처럼 17세기 과학혁명기에 새로운 과학을 주창했던 과학자들은 신이 세상을 창조할 때 자연에 법칙을 부여했기 때문에 그 법칙을 찾아내는 것이 과학자의 임무라고 생각했고, 이러한 생각은 실제로 이들로 하여금 여러 법칙들을 발견하게끔 이끌었다. 뉴턴은 자신이 발견한 만유인력이 신의 섭리가 우주라는 공간에 작동하는 방식이라고 보았고, 이러한 자연법칙을 잘 연구하다 보면 신이 인간 세상에 부과한 도덕적 규율을 알 수 있을 것이라고 강조했다.[12]

그렇지만 과학과 종교가 항상 이렇게 좋은 사이로 남아 있었던 것은 아니었다. 전지전능한 창조주와 성경의 권위에 대한 강조는 종종 과학과의 관계를 불편하게 만들기도 했다. 잘 알려진 대로, 16~17세기 천문학의 혁명은 인간이 사는 지구가 태양계의 일개 행성에 불과한 것임을 보였고, 지질학과 고생물학, 진화론의 발전은 지구의 역사가 성경의 창세기에 쓰어진 것과는 다른 과정임을 암시했다. 이는 모두 세상을 창조한 창조주로서의 신의 역할에 제약을 가했다. 기독교는 이러한 도전에 직면해서 다양한 방식으로 대응했는데, 극단적으로는 과학을 억압하거나 과학의 성과를 무시하고 대안적인 창조 과학과 같은 이론을 주창하기도 했으며, 보다 온건하게는 텍스트로서의 성경의 지위를 다시 평가했고, 더 나아가서는 전지전능한 신이라는 전통적 신학 관념까지도 새롭게 바꾸어보는 변혁적인 시도를 하기도 했다.

과학과 기독교의 갈등은 서구의 중세 시기부터 시작되었다. 고대 그리스의 고전이 급속하게 번역되어 소개된 '12세기 르네상스' 이후에 아리스토텔레스의 자연철학이 중세 대학에 도입되고 대학의 교양학부에서 교육되고 연구되면서, 세상에 대한 '자연적인' 설명을 제공했던 아리스토텔레스 자연철학과 기독교 사이에는 마찰이 발생했다. 이러한 마찰은 1277년에 아리스토텔레스의 철학 중 수십 가지 항목을 조목조목 금지하는 금지령의 선포로 이어졌다. 그런데 흥미로운 사실은 금지령 이후 아리스토텔레스의 자연철학을 무조건 받아들이고 이를 교조적으로 해석하려는 태도가 없어지고, 오히려 자연현상에 대한 경험적이고 추론적인 성격의 논의가 출범하면서 중세 과학에 근대 과학을 위한 맹아가 싹트기 시작했다는 것이다. 몇몇 권위있는 중세 과학사학자들이 제시하는 이러한 해석이 옳다면, 중세 기독교는 (아리스토텔레스) 과학을 억압함으로써 역설적으로 근대적인 과학의 발전에 기여했던 것이다.[13]

17세기에 등장한 근대 과학과 종교와의 관계를 극적으로 보여주

그림 1. 로마 종교 재판소에서 재판을 받는 갈릴레오. 1857년 크리스티아노 밴티(Cristiano Banti)가 그린 그림으로 종교의 박해에 맞서서 싸우는 과학자 갈릴레오(오른쪽)의 영웅적인 이미지가 잘 표현되어 있다. 그렇지만 그림의 이미지는 실제 재판과는 거리가 먼 것이었다. 일례로, 갈릴레오는 재판정에서 "그래도 지구는 돈다"고 독백한 적이 없었으며, 이는 18세기에 만들어진 신화에 불과했던 것이다.

었던 사건이 1633년에 있었던 '갈릴레오 재판'이었다. 이 재판은 지동설이라는 '진리'를 주장하던 과학과 천동설이라는 '교리'를 고수하던 종교 사이의 근본적인 충돌로 여겨졌는데, "그래도 지구는 돈다"라는 갈릴레오의 법정 독백은 이러한 충돌을 집약적으로 상징하는 것으로 해석되곤 했다(그림 1). 그렇지만 최근의 연구들은 이 재판이 과학과 종교의 근본적인 충돌이라기보다는, 과학적 진리의 힘으로 교회를 설득할 수 있다고 믿었던 갈릴레오라는 개인과, 종교적 신념이 올바른 과학적 해석을 낳을 수 있다고 믿었던 몇몇 사려 깊은 종교인들 사이의 '인간적인' 충돌에 가까운 것임을 보여주었다. 게다가 1980년대 이후 수정주의적인 해석은 갈릴레오가 재판정에 섰던 진짜 이유가 지동설이 아닌 그의 이단적인 원자론 때문이었고, 갈릴레오 재판은 실제로 더 큰 어려움에 처할 수 있었던 교회와 갈릴레오 모두를 구하기 위한 긴급조치였다고 주장하고 있다.[14]

17세기 기계론적인 물리학과 우주론의 등장은 과학과 종교의 관계에 새로운 긴장을 낳았다. 자연을 법칙에 따라 운동하는 물질의 체계라고 보았던 기계적 자연관은, 그 이전 시대의 기적, 특별 섭리(special providence), 신의 계시 등에 의존한 계시 신학의 전통을 무너뜨리고 자연신학 혹은 이신론(理神論, deism)의 전통을 수립하는 데 기여했다. 그렇지만 "자연이 곧 신이다", 혹은 "자연 그 자체에 신성이 내재한다"고 주장한 이신론은 이단으로 간주되었다. 당시 대표적인 기계적 철학자인 데카르트는 신이 태초에 물질을 만들고 여기에 운동을 부여했으며 운동이 보존된다는 법칙까지 만들었다고 하면서 신의 적극적인 역할을 강조했지만, 당시 신학자들은 이 정도의 신의 역할에 결코 만족하지 않았다. 데카르트는 갈릴레오의 재판 소식을 듣고는 자신에게 가해질 수도 있는 종교적 박해를 피하려고 네덜란드로 피신했으며, 자신이 집필하던 『세계』라는 책의 출판을 무기한 연기하기까지 했다.[15]

18세기 초엽에 진행된 뉴턴과 라이프니츠의 논쟁은 신학과 과학의 관계가 매우 복잡했음을 잘 보여주는 사례이다. 뉴턴의 사도였던 새뮤얼 클락(Samuel Clarke)은 뉴턴의 말을 빌어서 신이 의지를 가지고 세상에 개입하는 존재임을 역설했다. 우주의 진공을 꽉 메우고 있는 만유인력이라는 힘은 신의 섭리가 우주 구석구석에 작동한다는 한 가지 증거였다. 뉴턴에게 우주에 개입하지 않는 신은 마치 나라를 만들어 놓고 통치하지 않는 무기력한 왕과 비슷한 존재였다. 반면에 라이프니츠는 신이 세상을 완벽하게 만들지 못해서 세상에 다시 개입해야 한다는 생각이 불경한 것이며, 인간의 얕은 이성으로 신의 능력을 재단한 결과라고 파악했다. 신은 완벽한 존재이고, 세상을 완벽하게 설계했으며, 따라서 세상에 다시 개입하지 않아도 된다는 것이 라이프니츠의 신관이었다. 뉴턴주의자들은 이러한 생각을 격렬하게 배격했지만, 18세기 말엽이 되면 가장 철저한 뉴턴주의자였던 라플라스(Pierre-Simon Laplace)가 "우리 우주에는 신이라는 가설은 필요 없다"고 했을 정도로 우주는 기계적인 것이 되었다.[16]

19세기 다윈의 진화론은 자연을 이성적으로 설계된 산물 혹은 안정된 구조로 인식하던 전통적 관념을 무너뜨리는 데 결정적인 역할을 했으며, 이는 자연신학 혹은 이신론마저 위협했다. 자연신학자 윌리엄 페일리(William Paley)는 1802년에 출간된 『자연신학』이란 책에서 생명체의 완벽함과 오묘함이 이를 설계한 신의 존재를 입증하는 증거라고 제시했다. 그가 좋아한 기관은 인간의 눈이었다. 페일리는 우연의 축적을 통해서는 뾰루지나 점이 만들어 질 수 있을지는 몰라도 눈과 같은 복잡하고 정교한 것은 생겨날 수 없다고 주장했다. 그는 시계를 예로 들어 유명한 '설계논증(design argument)'을 폈는데, 길에 떨어져 있는 시계를 발견하는 사람들은 '아, 저기에 누군가가 만든 시계가 있구나'라고 생각하지, '아, 저기에 우연히 만들어진 시계가 있구나'라고는 생각하지 않는다는 것이었다. 시계의 뒤에는 시계를 만든 시계공이 있듯이, 인간의 눈과 같이 복잡한 기관 뒤에는 그것을 만든 이가 (페일리의 경우에는 전지전능한 신이) 있을 수밖에 없다는 것이었다.[17]

반면 다윈은 반세기 후에 출판된 『종의 기원』에서 페일리의 설계논증을 논박했다. 다윈도 인간의 눈과 같은 기관이 거의 완벽할 정도로 잘 발달된 기관임을 인정했고, 이러한 기관이 완전히 우연에 의해서 만들어졌다고 인정하는 것이 매우 힘들다는 것 또한 인정할 수밖에 없었다. 그렇지만 인간의 눈은 먼지와 모래가 바람에 날리다가 우연히 결합해서 만들어 진 것이 아니었다. 인간의 눈보다 조금 덜 발달한 눈을 가진 생명체가 있고, 그 생명체보다 조금 더 낮은 수준의 눈을 가진 생명체가 있으며, 그 밑바닥에는 아주 원시적인 눈을 가진 생명체가 존재했다. 즉 다윈에게는 처음에는 단순하고 불완전했던 생명체의 눈이 수천만 년, 수억 년의 시간 동안에 조금씩의 변이를 거쳐서 점점 더 복잡하고 다양한 형태로 진화해서, 지금의 완벽한 인간의 눈으로 발전할 수도 있던 것이었다. 페일리에게 신의 존재를 입증한 증거가 다윈에게는 우연한 변이의 축적과 분화라는 자연선택 메커니즘의 타당성을 보여주는 것이 되었다.[18]

생물학을 넘어서 과학과 철학 전반에 미친 다윈의 영향은 바로 이

지점에서 찾아진다. 다윈 이전에는 감탄이 나올 만큼 정교하고 복잡한 대상을 설명할 수 있는 방법은 신의 섭리나 설계 밖에는 없었다. 신이 설계한 자연에서 인간의 도덕적 원칙들도 도출되었다. 그렇지만 다윈 이후에는 우연한 환경의 변화, 우연히 그 환경에 적합한 기능을 가진 구조의 자연적 선택, 그리고 이를 통한 새로운 변이의 축적과 시간에 따른 종의 분화를 통해 동일한 자연을 설명할 수 있었다. 과학자들과 철학자들은 더 이상 신의 섭리나 설계, 우주의 절대자에 의존하지 않고서 자연을 설명했고, 이러한 세계에 맞는 새로운 도덕적 원칙을 찾아야 했다. 세상은 필연, 목적, 설계(디자인)에 의해서가 아니라, 우연, 적응, 점진적인 변화와 그 축적에 의한 새로운 특성의 등장에 의해서 설명되어야 할 것이 되었다. 미국의 철학자 존 듀이(John Dewey)는 이를 두고 다윈의 진화론이 새로운 '사고의 양식(mode of thinking)'을 촉발했다고 강조했다. 이제 진화는 복잡한 대상이나 복잡한 세상을 이해하는 한 가지 마술 열쇠로 탈바꿈했다.[19]

다윈 이후에도 인간의 본성과 사회에 대한 자연과학의 탐구는 종교와 관련해서 또 다른 갈등을 빚었는데, 특히 허버트 스펜서(Herbert Spencer)의 진보에 대한 생각, 즉 인간사회의 진보는 우주나 유기체의 진화를 연장한 것이며 생존 경쟁과 자연선택의 법칙이 인간사에도 그대로 적용된다는 생각은, 인간 사회의 도덕과 가치를 설파하는 종교적 입장과 충돌을 낳을 수밖에 없었다. 가령 인간의 도덕적 감정도 개인들의 생존 경쟁과 자연선택의 결과로 볼 수 있다는 주장은 인간의 이성과 도덕적 감정이 창조주에 의해 부여된 것이라는 종교적 해석과 모순되었으며, 결과적으로 종교가 사회에 대해서 가지던 영향력을 더욱 잠식해 들어갔다.[20]

20세기가 되어 과학의 권위가 더 커지고 과학에 기초한 기술 문명의 성과가 부정하기 힘든 것이 되면서, 과학에 대한 종교의 태도 역시 많이 변했다. 하나의 예이지만, 1950년에 교황 비오 12세는 성경의 창세기가 인류가 어떻게 태어났는가를 상징적으로 묘사한 것이지 이를 과학적으로 설명한 것은 아니라고 했으며, 1992년 교황 바오로 2세는 근대 과학의 태동기 동안에 천동설을 옹호하고 갈릴레오를 검열한 것이 교회의 실수였음을 인정하면서 과학과 종교에 대해 다음과 같은 완화된 의견을 피력했다.

> 그(갈릴레오) 당시 신학자들의 오류는 … 세계의 물리적 구조에 대한 우리의 이해가 성경의 문자적인 의미에 의해서 강제된다고 생각했다는 데에 있었다. … 사실 성경은 물리 세계의 세부 사항에 대해서는 거의 언급하지 않고 있다. … 세상에는 두 가지 지식의 영역이 있다고 할 수 있는데, 그 중 하나는 계시에 원천을 둔 것이고 또 다른 하나는 이성의 자체적인 힘을 통해 발견한 것이다. … 각각의 적절한 방법론은 실재의 서로 다른 측면을 조망하는 것을 가능케 한다.[21]

1996년에 다시 교황 바오로 2세는 비록 과학과 종교의 갈등이라는 문제를 교회의 권위 내에서 해결할 수 있다는 기존의 입장을 재확인하였다. 하지만, 이전에 비해 볼 때 다윈의 진화론의 성과를 더 긍정적으로 평가하고, 이에 대해서 다음과 같이 한층 더 완화되고 균형잡힌 견해를 밝혔다.

오늘날 … 새로운 지식은 진화론이 단순한 가설 이상임을 인식하게 했다. 이 이론이 다양한 지식 분야에서 일련의 발견들을 낳으면서 점증적으로 연구자들에게 수용되었다는 것은 놀랄만한 일이다. 이러한 수렴은 그 자체가 진화론의 편을 드는 중요한 논증이 된다.[22]

여러 연구자가 지적했듯이, 정통 기독교 교리에서 보았을 때 진화론은 창조와 관련된 창세기 해석, 전지전능한 창조주로서의 신의 역할, 그리고 우주에서 인간의 지위에 대해 기독교의 입장에 도전했다. 진화론은 다양한 생명체들이 신에 의해서 창조된 것이 아니라 하나의 원시 생명체에서 가지치기 식으로 진화했다고 논증했으며, 이러한 진화가 신의 섭리나 법칙에 따라서가 아니라 그때그때의 우연한 조건에 따른 선택과 적응에 의한 것이라고 보았다. 그러므로 인간이 신의 모습과 비슷하게 만든 특별한 존재가 아니라 동물로부터 진화된 존재, 심지어 원숭이와 같은 조상을 공유하는 존재로 간주했다. 세상은 갑자기 목적도 없고, 방향도 없고, 영혼이나 정신의 작동도 없는 것이 되어 버렸다.

생물학자 에른스트 마이어는 다윈의 진화론, 특히 자연선택 개념이 당대에 수용되기 어려웠던 이유가 그것이 다른 물리 과학과 달리 당대 세계관에 대한 정면도전이었기 때문이라고 강조했다.[23] 우선 자연신학을 옹호한 당시 신학자 그룹은 자연에서의 신의 존재를 완벽한 적응과 자연법칙에서 찾으려 했으며, 자연의 위계적 질서를 신의 섭리로 이해했다. 그러나 모든 생물체가 공동의 조상을 가진다는 다윈의 주장은 이런 자연신학의 논리를 부정했으며, 따라서 자연신학자들은 다윈의 진화론을 수용할 수 없었다는 것이다. 여기에 모든 자연현상에 궁극적인 목적이 있다는 당대의 목적론적 세계관 속에서, 자연선택론에 포함된 '우연'이라는 개념은 다윈 진화론이 비판받았던 또 하나의 요소였다. 그리고 모든 물질은 변하지 않으며 각 물질들의 본질은 연속적이지 않다(각 종들마다 본질은 다르다)는 당대의 본질론 역시, 다윈의 진화론이 강조하는 각 개체의 독특성이나 각 개체의 점진적 변화와 양립할 수 없었다. 게다가 다윈의 진화론은 당대 과학에서는 낯선 방법들, 예를 들어 과학이론과 종의 역사를 접목하거나, 한 개체의 변화에 개입되는 인과관계를 환경이나 다른 종의 변화 같은 요소와 연결시키는 방법을 사용했기 때문에, 당대의 주류 지식인층에게 쉽게 받아들여지기 힘들었다. 이러한 모든 대립은 종교계가 진화론을 수용하는 데 장애 요소로 작동했다.

진화론의 유물론적 특성은 일찍이 감지되었는데,『종의 기원』이 출판되었을 당시에 토머스 헉슬리(Thomas Huxley)는 진화론의 장점이 로마 가톨릭과 양립할 수 없다는 데에 있다고 선언했고,『종의 기원』출간 100주년을 맞아 그의 손자 줄리안 헉슬리(Julian Huxley)는 진화론이 "창조주인 신의 존재를 우리의 인식세계에서 완전히 제거하였다"고 했다. 다윈의 사도 리처드 도킨스(Richard Dawkins)는 다윈의 업적이 최초로 "지적으로 완성된 무신론을 가능하게 했다"고 평가했다.[24] 돌이켜보면 지구가 우주 한가운데에 정지해 있건 태양의 주위를 회전하건, 창조주로서의 신의 지위가 크게 달라질 이유는 없었다. 그렇지만 인간이 신의 모습을 따라서 특별히 만들어진 존재가 아니라 원숭이와 조상을 공유하는 존재라면? 진화 과정이 신의 설계나 개입에 의해서 이루어진 것이 아니라 우연적인 자연선택이 축적된 결과라면? 우주에 신의 간섭도, 설계도, 목적도 개입할 틈이 없다면? 만약 이러한 주장들이 모두 사실이라면 그 동안 다른 얘기를 해왔던 교회와 성서의 권위가 크게 위협받기에 충분했던 것이다. 종교에 대한 진화론의 도전은 지동설보다 훨씬 더 심각한 것이었다.

진화론이 열어준 인간 사회에 대한 새로운 이해

진화론과 종교의 충돌은 다윈의 진화론이 불러일으킨 인간관과 세계관의 혁명의 일부였다. 엄밀히 말하자면 '무엇이 진화한다'라는 생각은 생명계의 영역이 아니라 사회와 역사를 두고 먼저 생겨났다. 18세기의 튀르고(Anne Turgot), 콩도르세(Marquis de Condorcet) 같은 프랑스 계몽사상가들은 인간의 역사가 보다 완벽한 사회를 위해서 진화해 온 역사라고 보았으며, 루소와 같은 계몽철학자는 인간 사회도 원시적 형태에서 문명적인 형태로 진화했다고 간주했다. 다윈의 진화론이 나오기 직전에 허버트 스펜서는 진화의 원리를 생명의 세계만이 아니라 물질의 세계, 우주, 인간 사회 모두에 적용했다. 그에 의하면 물질들이 결합해서 군집을 이루고, 그 결합력의 과잉으로 인해 군집이 다시 해체되는 메커니즘이 우주의 진화를 관장하는 법칙이었다.[25]

다윈의 진화론은 사회와 물질계만이 아니라 생명계가 진화의 메커니즘에 의해서 서서히 변한다고 주장했다. 문제는 인간도 생명계의 일부였고, 따라서 진화의 메커니즘은 인간에게도 적용이 되어야 했다는 것이다. 그렇지만 진화가 인간에게 적용될 수 있는가에 대해서는 크게 두 가지 상이한 의견이 존재했다. 첫 번째 견해는 인간 개개인, 인간 사회, 국가에도 다른 생물계처럼 생존 경쟁의 메커니즘이 관철된다는 것이었다. 더 적응을 잘 한 개인, 국가, 인종이 그렇지 못한 개인, 국가, 인종을 누르고 살아남으며, 후자는 도태된다는 것이 이러한 입장에서 나오는 자연스러운 결론이었다. 자유방임주의와 경쟁의 중요성을 부각한 '사회다윈주의(social Darwinism)'를 주창했던 사상가들은 대부분 이러한 입장을 지지했다. 미국의 사회다윈주의자 섬너(William Sumner)는 "적자생존을 받아들이지 않는다면 당신은 부적자생존을 받아들일 수밖에 없다"고 하면서, 심지어 "백만장자는 자연선택의 당연한 결과"라고 강조했다. 섬너의 철학을 받아들인 미국의 부호 록펠러는 "미국 대기업의 성장은 적자생존의 결과"이며, "이것은 사악한 경향이 아니라 자연의 법칙, 신의 법칙의 구현"이라며 자신의 부의 축적을 정당화했다.[26]

사회 다윈주의는 국가의 복지 정책을 비판하면서 자유방임을 찬양했지만, 진화의 과정에 적극적으로 개입해야 한다는 사회공학(social engineering)적인 입장을 표방한 그룹도 있었다. 이들은 우생학을 제창한 우생학자들이었다. 다윈의 진화론에 의하면 적자(the fit)의 증거인 적응도(fitness)는 살아남아서 자식을 많이 낳는 것이었는데, 인간 사회의 경우에는 사회의 최빈층이 자식을 가장 많이 낳는다는 아이러니가 있었다. 우생학자들은 똑똑하고 건강한 중산층 이상의 계층에게 다산을 권장하고, 가난한 계층에 대한 국가의 지원을 없애는 것은 물론 극빈자나 범죄자 같은 계층은 거세를 시켜서라도 자식을 낳지 못하게 해야 한다고 주장했다. 이들에 따르면 이러한 강제적 조치들은 진화의 법칙을 인간 사회에 왜곡되지 않은 형태로 적용하기 위한 유일한 방법이었다. 19세기 말엽에 독일의 보수주의 우생학자들은 다른 인종에 비해서 유럽의 백인들이 최적자이고, 이들의 적응도가 높은 지능으로 나타난다고 주장했다. 따라서 그들은 기존 우생학의 주장을 확장하여 낮은 지능의 유색인, 유태인들은 높은 지능을 가진 백인에 의해서 멸절되는 것이 자연의 법칙이라고 역설했다.[27]

두 번째 견해는 인간은 의식과 문화를 가진 동물로서 진화의 단계를 벗어났다는 것이다. 인간은 인간이 설정한 목적에 맞는 방향성을 가지고 사회 발전을 의식적으로 이끌어 낼 수 있는 존재이기 때문에, 더 이상 맹목적인 자연법칙이 적용되지 않는다는 생각이다. 마르크스(Karl Marx)는 "인간의 역사는 자연의 역사와 다르다. 우리는 전자를 만들어 왔지만, 후자는 아니다"라고 인간과 자연을 구분했고, 러시아 마르크스주의 사상가 플레하노프(Georgy Plekhnov)는 "마르크스의 질문은 다윈의 질문이 끝나는 곳에서 시작했다"고 하면서 인간 사회를 이해하는 데 다윈의 진화론이 무용함을 강조했다.[28] 다윈이 진화의 메커니즘으로서 자연선택 개념을 창안해 내는 데 맬서스(Thomas Malthus)의 『인구론』에서 서술된 생존경쟁(struggle for existence) 개념의 영향이 컸다는 사실은 잘 알려져 있었는데, 마르크스나 러시아 마르크스주의자들은 다윈의 이론이 자유경쟁을 정당화하던 영국의 정치경제학을 자연과학에 적용한 것에 다름 아니기 때문에, 이를 다시 인간 사회에 적용해서 그 결과를 보편적 사회과학이라고 제시하는 것은 사회과학을 왜곡하는 결과를 낳는다고 보았던 것이다.[29]

다윈은 『종의 기원』에서 자신의 진화론이 인간의 본성과 역사에

"빛을 던질 것"이라고만 언급한 것 외에는 인간에 대해 거의 아무런 애기도 하지 않았다. 그러나 최근 연구는 다윈이 『종의 기원』 6장의 한 절로 인간의 진화 문제를 다룰 계획을 세우고 이를 위한 자료를 수집했었는데, 책을 집필하는 과정에서 이 절을 생략했음을 보여주고 있다. 1859년에 『종의 기원』이 출판되고 여러 사상가와 사회과학자들이 생존경쟁을 중심으로 한 진화론을 인간 사회에 적용시켜서 인간의 진화, 사회의 진화, 전쟁, 종족의 융성과 멸망을 힘 있는 부족이나 국가가 약한 부족이나 국가를 멸망시키는 과정으로 설명했다. 다윈은 이를 꼼꼼하게 읽고 소화해서 이 중 많은 내용을 1871년에 출판한 『인간의 유래』에 포함시켰던 것은 분명한 사실이다. 비록 『인간의 유래』에는 다윈이 중요하게 생각했던 '사회적 본능(social instinct)'으로서의 인간의 동정심, 도덕, 윤리, 책임의식의 진화론적 설명을 강조하는 부분도 많이 포함되어 있었지만, 이 책을 읽은 당시의 지식인들은 인간에 대한 진화적 관점이 개인과 국가간의 피비린내 나는 경쟁을 강조하며, 민족과 국가 간의 생존경쟁이 지금도 진행 중임을 시사한다고 믿게 되었다. 이러한 세계관은 종교계가 설파하던 세계관과 본질적으로 다른 것이었으며, 뒤에 조금 더 자세히 살펴보겠지만 다윈에 대한 종교계의 반발과 비판은 교리적인 측면 외에도 이러한 사회적인 요소도 가지고 있었다.[30]

다윈은 목적론자, 창조론자였나?

신에 의한 세계의 창조를 믿는 사람들에게 '목적'과 '설계'는 창조주에 의한 세상의 창조를 이해할 때 가장 빈번하게 사용되던 개념이었다. 신이 세상을 설계하고 만들었다면 분명한 목적이 있기 때문이라고 보는 것은 당연했다. 기원전 1세기에 이미 키케로는 복잡하고 정교한 기계 뒤에 그것을 만든 엔지니어가 있듯이, 정교한 자연 뒤에는 이를 설계하고 만든 조물주가 있다고 논증했다. 앞서서 언급했지만, 다윈과 관련해서 잘 알려진 유사한 논의는 페일리의 『자연 신학』에서 제기된 '설계 논증'이었다. 다윈은 『종의 기원』에서 무작위적인 자연선택이 복잡하고 정교한 기관을 만들어 낼 수 있다고 페일리를 논박했다. 다윈의 진화론은 목적론, 설계론과 정면으로 충돌하는 것이었다.

설계를 비판하고 목적론을 철저히 배격했다면 다윈은 자연의 목적이나 창조주의 역할을 전혀 인정하지 않았어야 했다. 그런데 다윈은 초기 미출판 원고에서부터 『종의 기원』이나 『인간의 유래』와 같은 잘 알려진 저서에 이르기까지, '자연계의 목적'이나 '신의 창조'와 같은 진화의 형이상학적·신학적 측면에 대한 모호한 표현들을 자주 사용했다. 예를 들어, 그는 『종의 기원』의 토대가 된 1842년의 "스케치"에서 "그레이하운드처럼 개과의 어떤 동물이 더 긴 다리와 뛰어난 시력을 가지고 있어 토끼같은 먹이가 풍부한 환경에서 더 잘 살 수 있을 것이라고 이 존재자가 내다볼 수 있다면, 정원의 식물들이 어떻게 변하는지를 알 수 있는 사람들은 눈에 보이는 모든 것들이 수천 년 동안 그 존재자의 직접적인 예측 혹은 간접적인 방법에 의해 영향 받는다는 것을 결코 부정하지 못할 것이며, 이는 곧 이 우주의 창조주를 의미한다"고 적고 있다. 또 다른 곳에서는 "죽음, 기아, 약탈, 그리고 자연의 숨겨진 전쟁은 우리가 감지하는 자연의 최고의 선

(善), 즉 고등 동물의 창조를 낳았다 … 이러한 법칙의 존재는 전지전 능한 창조주의 권능에 대한 우리의 생각을 고양시킨다"고 쓰고 있기 도 하다. 그리고 잘 알려져 있듯이, 그는 『종의 기원』 초판(1859)에서 는 '진화'라는 단어를 한 번도 사용하지 않았지만 '창조'라는 단어를 100번 이상 사용했다.[31]

설계와 관련해서도 이런 모호함은 존재하는데, 그는 자연선택을 진화의 메커니즘으로 제시하면서 우연적이지 않은 설계를 배제했지 만, 또 다른 곳에서는 "우연만으로는 그렇게 훌륭한 자연이 만들어 질 수는 없으며, 자연은 설계된 법칙의 결과이고 그 구체적인 것들만 우연에 의한 것"이라고 일반적으로 알려진 것과는 다른 생각을 피력 하기도 했다. 목적과 관련해서도 다윈은 목적인(final cause)이라는 용 어를 빈번하게 사용했으며, 특히 식물에 대한 연구에서는 "달맞이꽃 에서 동종이형이 존재한다는 의미는 매우 간단하다. 즉 각 개체의 타 화수정을 촉진하기 위함이다. 식물들에게는 이런 목적을 위한 무수 한 계획들이 존재한다"고 기술했다. 『종의 기원』에서도 그는 "자연 선택은 각 존재의 이익(good)을 위해 작용한다"면서 "그 결과는 다양 한 기능들, 용도들, 목적들을 위해 현존한다"고 적었다.[32]

설계와 목적, 창조에 대한 이러한 다윈의 모호한 언급들은 역사학 자들 사이에서 상이한 평가를 받았다. 어떤 역사가는 이를 두고 다윈 이 당대 자연신학으로부터 큰 영향을 받았다고 평가했고, 다른 역사 가들은 이런 언급들을 단지 일종의 '레토릭'이라고 이해했다.[33] 다윈 연구가인 데이비드 콘(David Kohn)은 다윈을 이렇게 이분법적으로 이 해하는 것을 비판하면서, 다윈을 목적론적인 에토스 내에서 비신학 적 자연주의를 제창한 급진주의자로 파악한다.[34] 다윈은 '자연선택'

이라는 개념을 진화 이론에 도입하면서 종의 변화가 일정한 목적을 지닌 것이라는 뉘앙스의 언급을 했는데, 이는 당시의 목적론적인 에토스로부터 다윈이 자유롭지 못했던 증거로 볼 수 있다는 것이다. 그렇지만 다윈은 자연이 신의 절대적인 목적을 향해 적응·변화해 간다는 '절대적이고 완벽한 적응'이라는 개념 대신에, 종이 환경의 변화에 따라 다른 종과의 생존경쟁을 통해 변한다는 상대적 적응 개념을 제시했는데, 이는 당시의 자연신학에서의 목적론과 다른 것이었다. 그는 "어떤 기관이 특별한 목적을 위해 태초에 만들어진 것은 아닐지 모르지만, 만일 오늘날 그 기관이 그런 목적에 이바지하고 있다면, 그 기관이 그 목적을 위해 특별하게 적응된 것이라고 말하는 것은 타당하다"고 쓰고 있다.[35] 설계 개념과 관련해서도 다윈이 설계라는 개념을 포기하지 않은 데에는, 페일리 식의 설계자 신과는 다른 신의 역할을 상정했기 때문일 수도 있다. 과학과 종교의 관계에 대해서 많은 연구를 했던 존 브룩(John Brooke)은 이러한 해석을 제시했는데, 그에 의하면 다윈은 신의 설계라는 것을 특정 유기체의 구조에서보다는 자연법칙들의 신성한 조합 속에서 발견될 수 있으리라 기대했다는 것이다.[36]

대표적인 다윈 학자 중 한명인 로버트 리처즈(Robert Richards)는 다윈의 진화이론 속에 담긴 신학적 토대를 추적했다. 특히 저자는 다윈의 진화론이 당대의 특별창조론[37]에 대응하기 위한 것이었지만, 그럼에도 불구하고 진화 과정에 대한 설명은 신학적인 의미를 포함하고 있다고 강조한다. 먼저 다윈은 당대의 자연신학자들과 마찬가지로 자연에 대한 신의 직접적 간섭 혹은 특별 창조라는 개념을 부정했는데, 유기체에서 발견되는 쓸모없는 기관들(예를 들어 남성의 유두)

이나 저급한 생명체(예를 들어 구더기)를 모두 신이 일일이 창조했다는 주장은 신의 신성함을 모욕하는 것이라고 생각했기 때문이다. 리처즈에 의하면 다윈은 신의 신성함은 자연에 일일이 간섭하는 것이 아니라 자연이 작동하는 제2의 법칙, 즉 진화의 법칙을 마련하고 지배하는 능력을 통해 확보될 수 있다고 믿었다. 자연을 주관하는 법칙을 확립한 신의 역할에 대한 긍정은 다윈의 초기 원고에서 잘 드러나는데, 그는 1842년에 쓴 "스케치"에서 자연의 진화에 영향을 미치는 "존재자"를 언급하면서 "이는 곧 이 우주의 창조주를 의미한다"고 적었으며, 『종의 기원』 마지막 장에서는 "과거부터 현재까지 이 세상 생명체의 증식과 소멸은, 각 개체의 생사를 주관하는 제2의 원인에 기인한 것이며, 이는 신이 물질에 부여한 법칙이라고 알려진 것과 더 잘 어울린다"고 서술했다.[38]

이처럼 자연선택의 과정을 초자연적인 존재자(혹은 그의 능력)로 묘사한 다윈은, 자연선택이라는 법칙을 통해 신의 전능함과 지혜로움을 알 수 있다고 강조했다. 자연선택이라는 법칙에 신학적 의미를 부여하는 작업은, 진화의 과정이 기계적인 것이 아니라 (실제로 『종의 기원』에는 '메커니즘(mechanism)'이라는 단어가 등장하지 않는다) 신의 지혜가 끊임없이 반영되는 과정이며, 선택되고 유전된 형질들이 생명체에게 이로우면서 완벽함을 향한 것이라는 다윈의 강조에서도 드러난다.

> 아주 절묘한 솜씨와 광범위한 적응을 통해 독특한 특징을 가지게 되는 각각의 유기체를 창조할 수 있는 법칙들을 인식한다는 것은 우리 인간의 하찮은 능력을 초월하는 것이다. 각 생명체가 창조주의 명령을 반드시 필요로 한다고 가정하는 것은 우리 인

간의 저급한 추론능력의 소치일 뿐이다. 그러나 그런 법칙이 존재한다는 것 때문에 우리는 전지전능한 창조주의 능력을 강렬하게 인식할 수 있다.[39]

자연선택에 신학적 의미를 부여한 것 외에도 다윈은 최초 생명체의 기원에 대해서는 신의 창조에 의존했다. 다윈은 『종의 기원』에서 "지구상에 존재하는 모든 생명체는 하나의 근본적인 형태로부터 유래된 것인데, 이 근본적인 형태에 최초로 생명이 불어넣어졌다"고 서술했는데, 여기서 '최초로 생명이 불어 넣어졌다(life was first breathed)'는 표현은 창세기의 그것과 일치하는 것이었다.[40] 반면에 당시 저명한 박물학자 오웬(Richard Owen)은 종이 변한다는 생각은 인정했지만, 모든 종을 묶을 수 있는 것은 하나의 공동 조상이 아니라 모든 종이 동일한 자연법칙의 결과라는 사실일 뿐이라고 주장했다. 그는 다윈이나 특별창조론자 모두 궁극적으로 신의 창조 행위에 의존하고 있다고 비판했다. 다윈의 설명대로라면 다양한 종으로 변이될 최초의 생명체는 매우 유연한 형태여야 하는데, 오원은 오랜 시간동안 변이를 거친 후대의 생명체가 최초 생명체의 원형을 일부 가지고 있는 것을 어떻게 설명할 것인지 반문했다. 생명체의 자연발생이론(theory of spontaneous generation)을 신봉했던 오웬은 생명체는 신이 부여한 창조적이고 영구적인 법칙에 따라 무생명체로부터 기원했고, 이후 같은 법칙에 따라 다양한 종으로 변한다고 보았다. 이렇게 보면 인간의 조상이 제일 오래되었기 때문에 인간이 가장 복잡한 생명체가 될 수 있는 것이었다.[41]

다윈의 종교적 여정 역시 초기 자연신학에서 이신론, 불가지론으로 변했다고 평가받는데, 이신론으로의 전환 과정이나 그의 불가지론 역시 복잡한 측면이 있었다. 흔히 이신론으로의 전향은 다윈이 신학적·미학적 감수성을 포기했기 때문이라고 해석되었지만, 그 과정에는 철학적인 입장의 변화만이 아니라 급진적인 친구들의 영향도 있었고, 아버지의 죽음과 딸 애니의 요절 같은 개인적인 이유도 중요한 영향을 미쳤다. 특히 1851년 딸의 죽음은 선(善)이 세상을 지배한다는 종교적 관념을 거부하는 데 결정적인 계기가 되었다. 그는 『종의 기원』의 출판 이후에 점점 더 불가지론으로 경도되었는데, 1872년에 그가 도즈(Nicolaas Doedes)에게 보낸 편지는 그의 불가지론적인 입장을 잘 보여준다. "의식을 지닌 인간을 포함한 이 장엄하고 경이로운 우주가 우연히 탄생했다는 것은 불가능하다고 생각하며 이는 내게 있어 신의 존재에 대한 주 논거가 됩니다. 하지만 이러한 논거가 진정한 가치가 있는 것인지는 잘 모르겠습니다. 제 1원인을 받아들인다고 하더라도 우리의 마음은 여전히 그것이 어디서 왔으며 어떻게 탄생하게 되었는지 알기를 갈망할 것입니다. 가장 안전한 결론은 이 모든 문제가 인간의 이성을 넘어선다는 것입니다." 그렇지만 그는 자신의 불가지론이 무신론은 아님을 강조했는데, 몇 년 뒤에 쓴 편지에서 다윈은 "나의 경우 가장 마음이 흔들렸을 때도 신의 존재를 부인한다는 의미의 무신론자가 된 적이 결코 없습니다"라고 자신의 신관을 밝히고 있다.[42]

설계, 창조, 목적과 관련된 다윈의 입장과 언술은 한두 문장으로 정리되기 힘들 정도로 모호하다. 그런데 다윈의 이러한 특성은 이 문제와 관련해서만 나타나는 것은 아니다. 실제로 다윈의 삶과 그의 이론들을 관통하는 한 가지 공통적인 특성이 있다면 그것은 다름 아닌

'모호함(ambiguity)'일 것이다. 그는 인간의 본성이 타인에 대한 동정심과 협동인가, 혹은 서로를 밟고 죽이는 경쟁과 잔인함인가에 대해서도 모호한 태도를 가졌고, 열등하고 미개한 '야만인'들에 대한 유럽의 제국주의 정책에 대해서도 상반된 형태로 해석될 수 있는 두 가지 다른 입장을 표명했으며, 자신의 이론과 사회 다원주의와의 관련에 대해서도 하나의 명확한 입장을 표명하지 않았다.[43]

이는 다원의 작업이 빅토리아 시기라는 사회적 맥락과 뗄 수 없는 관계 속에서 이루어졌기 때문이다. 빅토리아 시기는 매우 종교적이면서도 동시에 급속한 세속화가 진행되고 있었으며, 인류에 대한 보편적인 논의와 제국주의가 공존했고, 극심한 자본주의적 경쟁과 상호부조의 정신이 서로를 견제하고 있던 시기였다. 다원은 종교적 분위기가 강한 가정과 학교에서 자랐고, 자연신학의 지적 전통 속에 있었으며, 종교적으로 독실한 멘토의 영향 하에 있었다. 그는 지금의 생명계가 우연적인 선택의 누적된 결과라는 생각을 발전시켰지만, 그 과정에서 (싫건 좋건 간에) 그가 속해있던 세상에 지배적이었던 개념과 담론을 끊임없이 사용할 수밖에 없었던 상황이었다. 다원의 이러한 모호성은 그의 이론을 계승한 사람들에게서는 상당 부분 사라지는데, 그 결과 진화론과 종교와의 갈등은 물론 이 둘 사이의 화해는 다원 자신이 아니라 그의 후계자들이 활동한 '다원 이후' 시기에 더 뚜렷하게 나타났다.

종교의 호수에 던져진 진화론이라는 파문

『종의 기원』의 파문은 즉각적이었다. 책은 날개 돋친 듯 팔렸으며, 다음 해인 1860년 6월 30일 옥스퍼드에서 있었던 영국과학진흥협회의 연례 모임에서 윌버포스(Samuel Wilberforce) 대주교와 (다윈의 추종자 헉슬리가) 격돌했다. 윌버포스 주교는 이전에도 진화론에 대해서 무척 비판적인 사람이었는데, 일례로 그는 1844년에 익명으로 출판된 『창조 자연사의 흔적들』이란 책의 진화론에 대해서 영국 신학자들이 대응책을 마련할 때, 이 책을 "잘못된 방향으로 가고 있는 과학"이라고 강하게 비판했던 사람이었다. 반면에 헉슬리는 다윈의 『종의 기원』에 대해 서평을 쓰면서도 과학과 종교가 항상 대립해 왔으며, 이 대립에서 언제나 과학이 승리했다는 식의 역사를 웅변했던 사람이었다. 종교와 신학에 대한 헉슬리의 다음과 같은 평가는 유명하다.

> 절멸된 신학자들은 모든 과학의 요람 주변에 마치 헤라클레스 주변의 목졸린 뱀들처럼 누워있다. 역사는 과학과 종교가 대립될 때 마다, 후자가 목록에서 사라져버렸음을 기록하고 있다. 소멸되지는 않았어도 피를 흘리고 뭉개진 채로. 죽지는 않았지만 죽을 정도로 상처를 입은 채로.[44]

헉슬리와 윌버포스 사이의 옥스퍼드 논쟁은 원숭이 조상에 대한 공방으로도 유명하다(그림 2). 이 모임에서 윌버포스 주교는 진화론이 인간을 원숭이의 자손으로 만든다고 강하게 비판했는데, 헉슬리는 이

그림 1874년 『런던 스케치북』이라는 잡지에 실린 다윈의 풍자화. 다윈은 『인간의 유래』(1871) 출판 이후 원숭이로 묘사되기 시작했다.

에 맞서서 자신의 종교적 신념 때문에 사실을 왜곡하는 사람을 조상으로 갖는 것보다는 차라리 원숭이를 조상으로 두겠다는 발언을 했던 것으로 기억되기 때문이다. 둘의 논쟁에 대한 후대의 기록은 다음과 같다 (이 기록은 헉슬리의 아들이 쓴 책에 나오는 것이다).

> "내 옆에 앉아서 나를 비난하려고 하는 헉슬리 교수에게 인간이 원숭이의 자손이라는 그의 신념에 대해 묻고 싶습니다. 원숭이가 조상이라면 그의 조부 쪽입니까, 아니면 조모 쪽입니까?" … 헉슬리 교수는 대꾸하고 싶지 않았다. 그러나 청중들은 그에게 대답할 것을 요구하였다. 그래서 그는 평소처럼 예리하고 경멸적인 어투로 이야기를 하기 시작했다. "내가 이 자리에서 서 있는 것은 오직 과학을 위해서입니다. 내가 듣기론 내가 존경하는 의뢰인의 입장을 난처하게 만드는 문제는 없었다고 생각합니다." … 끝으로 그는 원숭이의 자손이라는 것과 관련해 다음과 같이 말했다. "나는 내가 그러한 조상을 두었다는 것에 대해 전혀 부끄러움을 느끼지 않습니다. 오히려 편견과 거짓을 위해 자신의 교양과 달변을 악용하는 사람을 조상으로 둔 것에 대해 부끄러움을 느낍니다."[45]

이러한 회고에는 윌버포스가 헉슬리의 반론에 대해서 답을 했다는 기록은 없다. 우리가 접하는 기록의 대부분은 헉슬리와 윌버포스의 충돌에서 헉슬리의 이성이 승리했고, 이 승리는 종교에 대한 과학의 승리였다고 해석한다.

그렇지만 실제 역사는 이보다 더 복잡하다. 우선 실제 이 논쟁에서 헉슬리가 일방적으로 승리를 거두었는가 하는 문제가 있다. 우리는 1860년 논쟁 직후에 이 논쟁에 대한 기사가 거의 없었다는 사실을 주목할 필요가 있는데, 옥스퍼드 회합장에는 기자가 세 명이 있었지만, 〈애씨니엄(*Athenaeum*)〉만이 간략한 기사를 소개했다. 자세한 보도는 6개월 뒤인 1860년 12월에 〈맥밀란지(*Macmillan's Magazine*)〉에야 실렸다. 이러한 사실은 회합이 있었던 그 시점에서 이들의 논쟁이 기자의 관심을 끌만한 것이 아니었음을 보여주는 증거이다. 게다가 윌버포스 자신은 자신이 이 논쟁에서 헉슬리를 확실하게 이겼다고 회고하고 있으며, 비슷한 인상을 받았던 청중들도 여럿 있었다. 또 윌버포스가 종교적 권위로 과학을 누르려하기만 했던 무지한 신학자가 아니라는 사실은 다윈이 1860년 후커(Joseph Hooker)에게 보낸 편지에서 잘 드러난다. 다윈은 여기에서 잡종의 불임현상이 종의 진화를 논박하는 증거라는 윌버포스의 지적이 드물게 현명했다고 쓰고 있기 때문이다. 당시의 기사와 이러한 회고들은 적어도 영국과학진흥협회의 모임에서 헉슬리가 윌버포스를 일방적으로 난타했던 것은 아니었음을 시사한다.[46]

누가 이기고 누가 진 것인가를 떠나서 더 흥미로운 문제는 과연 당시에 이 논쟁이 과학 대 종교의 논쟁으로 비추어졌는가라는 것이다. 어떤 관점에서는 헉슬리-윌버포스 논쟁은 잘 확립된 교회의 울타리 내에서 진행되었다고 볼 수 있는 면이 있기 때문이다. 19세기 영국의 자유주의 성향의 중간 계층 국교도 중에는 과학 연구가 신의 창조에 가까이 다가설 수 있는 도구라고 생각했던 사람들이 있었으며, 성직자들은 과학을 종교적 논의에 광범위하게 이용하고 있었다. 오웬의 기록에 따르면 윌버포스는 과학을 배척하지 않았고, 신의 능력의 증거로서 자연에도 관심을 가지고 있었다. 즉 종교의 틀 내에서 과학을 추구하던 성직자였다. 반면에 헉슬리도 종교적인 전통에서 그의 불가지론을 비롯한 많은 방법론을 끌어왔으며, "행위의 기초가 되는 종교적인 감성을 유지할 수 있는 실제적인 방안은 성경을 이용하는 길뿐이다"라고 말한 적이 있을 정도로 철저한 무신론과는 거리가 있었다.[47]

또 다른 관점에서 보면 헉슬리와 윌버포스의 논쟁은 인식론적인 측면에서 구분되는 두 과학 체계 간의 경쟁이라고도 볼 수 있었다. 앞에서도 지적했지만 윌버포스의 과학은 신학적인 가정 위에 세워진 과학이었고, 헉슬리의 과학은 종교가 세상을 이해하는 수단이 될 수 없다고 보면서 자연적이고 이차적인 원인들로만 자연을 해석하려 했던 과학이었다. 이렇게 보면 헉슬리-윌버포스 논쟁은 과학자와 성직자 간의 '전쟁'이 아니라 과학 내의 '내전'이었던 것이다.[48]

논쟁이 일어났던 1860년만 해도 헉슬리와 윌버포스 사이의 차이는 크지 않았다. 그런데 1860년대와 70년대를 거치면서, 이 둘이 과학과 종교를 대표하는 인물로 양극화되었고, 이 논쟁에 대한 역사적 기억이 바뀌었다. 여기에는 전문 과학자들이 종교에 우호적인 신학자와 아마추어 과학자들을 정화하려 했다는 '사회적인' 이유가 크게 작용했다. 즉, 과학을 교양으로 하는 사람이 아니라 이를 직업으로 하는 헉슬리 같은 사람이 과학계의 중추 세력으로 부상하면서 중등교육과 고등교육에서 교회의 영향력을 빼앗아 오려는 노력이 가속화되었고, 이 과정에서 교회와 종교에 호의적인 성직자나 아마추어 과학자에 대한 비판이 본격화되었다. 예를 들어 다윈의 사촌이었던 우생학자 프랜시스 골턴(Francis Galton)은 자신이 과학자로 정의한 사람들 중에 성직자 집안 출신은 극소수에 불과하다면서, 성직자들은 과학적 활동에 무관심할 뿐 아니라 무능하다고 비판했다. 그는 부수적으로 과학 활동에 종사하는 성직자들이 대학이나 공공 교육기관에서 과학을 가르치기에도 적합하지 못하다고 주장하면서, 전체 영국의 물질적 부에 기여할 전문 과학자들이야말로 성직자를 대신하여 중요한 지위를 차지해야 한다고 강조했다. 이러한 과학의 전문화 과정에서 헉슬리는 과학을 대표하고 윌버포스는 종교를 대표하는 사람으로 위상이 바뀌었다. 즉, 유명해진 헉슬리의 지위와 과학의 지위를 반영하면서 헉슬리-윌버포스 논쟁은 과학과 종교와의 적대적 대립에서 과학이 승리한 것으로 재해석되었다.[49]

헉슬리와 윌버포스의 논쟁에서도 보듯이, 당시 사람들에게 항상 과학의 영역과 종교의 영역이 명확하게 나뉜 것은 아니었다. 켈빈 경(Lord Kelvin)이 진화론의 기반인 지구의 나이에 대한 열역학의 증거를 대면서 다윈을 비판했듯이, 모든 과학자들이 다윈을 옹호했던 것도 아니었다. 유명했던 엔지니어 플레밍 젠킨(Fleeming Jenkin)도 진화론을 비판했다. 반면에 신학자들 중에서도 찰스 킹슬리(Charles Kingsley)나 프레드릭 템플(Frederick Temple)처럼 다윈의 진화론을 옹호하고 이를 신학과 통합하려는 인물들도 존재했는데, 이들 같은 자유주의적인 종교인들은 자연선택이라는 진화의 메커니즘은 거부하면서도 진화 그 자체는 받아들였다. 이러한 종교인들은 새로운 종의 출현이 신의 통제하에 있는 것이라고 보았고, 진정으로 철저한 우연과 무작위는 결국 무신론에 귀결될 수밖에 없다고 생각하고 이를 비판했다. 우연적인 자연선택을 배제한 뒤에 일부 종교인들은 라마르크주의의 획득형질 유전을 수용하기도 했다. 종이 자신에게 유리한 형질을 유지하고 이것이 유전되면서 발전한다는 생각은 전지전능한 신의 설계에 조금 더 쉽게 맞물릴 수 있었기 때문이었다.[50]

그렇지만 역시 앞에서 언급했듯이, 모든 사람이 이렇게 생각한 것은 결코 아니었다. 많은 과학자들과 종교인들은 진화론과 종교가 양립하기 힘들다고 생각했으며, 둘 중 하나는 이 싸움에서 반드시 패배의 쓴맛을 볼 것이라고 생각했다. 수억 년이 넘는 지구의 나이, 박테리아와 같은 원시 생명체에서 분지되어 나온 수천만 가지의 생물종들, 인간의 동물성, 법칙과 설계 대신에 우연과 무작위와 잔인한 생존경쟁만이 지배하는 세상은 기독교의 인격적 신에 대한 관념과 양립하기 힘들었던 것이다. 독일의 다윈주의자 헤켈(Ernst Haeckel)은 진화에 근거한 일원론은 기독교의 물질-정신, 자연-초자연의 이분법을 극복했고, 따라서 이제 남은 선택은 "진화냐 기적이냐" 중 하나라고 역설했다. 가톨릭 신자였던 성 조지 미바트(Saint George Mivart)는 과학과 종교를 화해시키려고 무던히 노력하다가 헉슬리와 교회의 모두로부터 비판을 받고, 종국에는 과학과 종교가 근본적으로 타협하기 힘든 것이라고 쓰라린 결론을 내렸다.[51]

기도의 효능에 대한 과학자들과 신학자들 사이의 논쟁은 당시 과학과 종교라는 두 세계가 충돌 없이 중첩되기 힘들었다는 점을 잘 보여준다. 당시 과학자들은, 보편적이고 항구적인 자연의 질서를 보여주는 증거들이 귀납적인 방법으로 점점 축적되고 있는 상황에서 초자연적인 기적이란 있을 수 없다고 비판했다. 특히 종교에 대해서 무척 회의적인 물리학자 존 틴달(John Tyndall)은 자연에 대한 귀납적 연구야말로 과학이 발전하는 밑거름이며, 기적과 같은 현상은 과학적인 가치를 지니지 않는다고 강조했다. 이런 상황에서 장티푸스를 심각하게 앓았던 웨일즈 왕자가 1872년 성직자들의 기도 행사 이후에 치유되는 사건이 일어났고, 빅토리아 여왕은 웨일즈 왕자를 치료하는 데 노력했던 의사들의 노력보다는 성직자들의 기도의 효능을 찬양하는 대대적 행사를 개최했다. 이를 두고 성직자들은 기도에 응답한 초자연적인 힘이 직접 개입하는 신의 섭리가 작용했다고 주장한 반면, 틴달을 비롯한 과학자들은 그 가능성을 부정하며 기도의 효능을 정량적으로 검증할 것을 요구했던 것이다.[52]

과학자들은 기도의 효능을 검증하기 위해서 사망률이 알려진 환자들 중 일부를 병원에 격리하여 기도를 한 뒤에 그 결과를 측정하자고 제안했다. 이에 대해 신학자들은 기도의 효능을 측정한다는 발상 자체가 신의 권능을 오해하고 모욕하는 것이라고 반박했다. 신은 간절한 기도에 대해 이런저런 방식으로 대답을 내릴 뿐만 아니라, 더 고귀한 선을 위해 특별한 기도에 대답하지 않을 수도 있다는 것이 신학자들의 입장이었다. 여기에 덧붙여서 기도란 신에게 신실한 마음을 전하는 행위이지, 특정한 청원을 넣어 답을 얻는 것이 아니라는 주장도 곁들여졌다. 이런 신학자들의 주장에 대해 과학자 골턴은 자신의 통계학적 연구를 바탕으로 군주나 성직자들이 더 기도를 많이 하거나 받지만 실제로는 그들의 발병률이나 사망률이 더 높다고 하면서 기도와 병의 치유는 아무런 상관이 없다고 강조했다. 이에 대해 리틀데일(Richard Littledale)과 같은 신학자는 기도가 보편적으로 행해지는 것 자체가 그 효능이 있음을 웅변한다고 반박했고, 본질적으로 기도에 대한 응답은 종교적인 성격을 지니므로 그 판단은 성직자의 몫이라고 강조했다. 이들의 논쟁은 한 쪽이 승리하는 것과 같은 형태의 결론에 이르지 못했다. 그 이유는 기도의 효능 측정을 둘러싼 논쟁 속에는 항상 균일하고 예측 가능한 자연이라는 과학자들의 가치관 대 알려진 자연의 질서를 훼손하지 않고서도 신의 권능이 작용할 수 있다는 기독교적 믿음이라는 세계관의 대립 뿐만 아니라, 기도의 효능을 어떤 목적으로 누가 판단할 것인지를 둘러싼 양자의 주도권 다툼도 녹아 있었기 때문이다.

진화론과 기독교의 화해

기독교에서 진화론을 비판했던 데에는 종교적인 이유도 있었지만 정치적인 이유도 있었다. 일례로 프랑스 가톨릭은 진화론에서 나온 사회다윈주의가 무자비한 경쟁과 적자생존만을 강조하면서 정작 사회의 계급과 빈곤 문제를 해결하기 어렵게 만든다고 생각했다. 사회적 갈등과 빈곤의 문제는 오래전부터 교회가 권위를 가지고 다루었던 문제인데, 교회는 사회다윈주의가 이러한 문제들을 더욱 풀기 어렵게 만들고 있다고 생각했던 것이다. 사회다윈주의는 당시 자본가 계급에 의해서 세상에 대한 참된 철학으로 칭송되었고, 제국주의와 인종차별을 정당화하는 데 사용되기도 했다. 또 계급 간, 인종 간의 차이를 과학적으로 증명했다고 주장한 우생학 역시 다윈주의를 그 기반으로 하고 있었다. 우생학은 사회 부적응자들의 불임, 거세, 격리와 같은 극단적인 출산 억제 정책을 제창하기도 했다.

우리나라의 경우에도 진화론은 1880년대부터 1900년대까지 일본과 중국의 저서와 역서를 통해서 수입되었다. 특히 중국의 영향이 강했는데, 중국에서는 진화론이 사회진화론의 형태로 대유행이었다.

"엄복(嚴復)의 『천연론』(天演論: 진화론을 의미)이 중국 청년들의 애독서로 되었고, 천연(진화), 물경(생존경쟁), 도태, 천택(최적자생존), 우승열패 등의 용어는 애국자의 구두선이 되었"을 정도였는데, 이 중국의 '천연론'이 유길준, 이상용, 신채호 등에 의해서 국가의 경쟁을 통한 진보를 주장한 양계초의 사상과 함께 우리나라에도 들어와서 소개되었다. 당시 우리나라의 지식인들은 생물학적 진화론을 이해할 생물학적 토대가 튼튼하지 않았고, 관심도 생물학적 진화론보다는 사회진화론에 훨씬 더 가까웠다. 예를 들어 유길준의 "경쟁론"이란 글은 생물학적 경쟁보다는 개인 사이의 경쟁, 국가 사이의 경쟁을 강조했다. 그에게 경쟁은 개인의 행복과 국가의 부국강병을 가져오는 열쇠였던 것이다. 구한말 우리나라의 지식인들은 강력한 질서를 통한 새로운 국가 건설의 꿈을 사회진화론 속에서 발견했다.[53]

우리나라에 소개된 진화론의 한 단면을 보기 위해서 19세기가 넘어가던 1899년 8월 5일에 〈독립신문〉에 실린 "진보론"이라는 글을 보자.

> 사람이 금수보다 특별이 다른 것은 능히 앞으로 나아가는 학문이 있음이라. 태초에 하느님께서 만물을 창단하심이 사람이나 금수가 다 같은 동물인데, 사람은 영매한 지식이 날로 진보하기를 한이 없는 고로, 토지를 개척하며 스스로 나라를 일구고 임금을 받들어 교화로 백성을 가르치게 하였으니 백성이 임금을 섬기는 것이 군사가 장수를 복종하는 것 같은지라. 사람은 점점 나아감으로 지혜가 밝아지고 나라도 점점 나아감으로 정치가 울흥하나니.[54]

진화론과 진보에 대한 관념이 뒤섞여 있는 이 글에서 흥미로운 부분은 만물을 만든 하느님에 대해서 언급하면서, 인간과 금수가 모두 동물이지만 인간에게는 진보가 있음을 강조하고 있는 구절이다. 인간 사회의 진보, 인간과 동물의 진화론적 동등성, 하느님의 창조와 진화의 공존처럼 모순된 요소들이 갈등을 일으키지 않고 공존하고 있었다는 사실은 초기에 우리나라에 들어온 진화론의 한 단면이다.

우리나라 초기 기독교에서는 사회진화론에 대해서는 비판적인 입장을 취하면서 생물학적 진화론에 대해서는 훨씬 더 열려있는 태도를 취한 경우가 많았다. 일례로 일제 시대에 기독교의 포교와 이론화에 중요한 업적을 남긴 양주삼은 "생존경쟁하여 우승열패(優勝劣敗)한다는" 스펜서의 생각을 강력하게 비판했다. 그렇지만 그는 콜럼버스, 갈릴레오, 코페르니쿠스, 다윈의 경우 교회가 과학을 무리하게 배척해서 과학자들과 세상 사람들에게 교회의 보수성을 각인시킨 것이 '교회 역사상 일대의 실수이자 수치'라고 평가하면서 과학과 종교에 대해 다음과 같은 논평을 했다.

> 우리가 성경은 신앙을 가르치는 종교서요, 과학에 대한 교과서가 아닌 것을 망각치 말아야 되겠다. 금일에 어느 신자가 성경에 없는 것이라는 이유로 태양이 우주의 중심인 것을 부인하며 지구가 행성 중의 하나인 것과 운전됨을 부인하며 전신, 전화, 차, 기선, 무선, 잠수정, 비행기 등을 부인할 수 있겠느뇨? 과학이 종교를 돕는 것이 종교가 과학을 돕는 것보다 적지 아니함에 우리 교회는 과학을 이용하여 우리의 신앙과 우리의 사업을 보조케 하자고 하면 금후의 조선교회는 더욱 유력하게 될 줄로 안다.[55]

기독교 신학자나 종교인 중 진화론과 기독교의 접점을 모색해 보려고 했던 사람들 중에는 진화론이 생명과 인간에 대해서 새로운 신학적 통찰을 가능케 한다고 생각했던 사람도 있었다. 떼이야르 샤르뎅(Teilhard de Chardin) 신부는 이 중 한 명이었는데, 그는 진화를 생명체에 국한하지 않고 물질권에서 생명권을 거쳐 정신권에 이르는 3단계로 확장해서 생각했다. 다윈의 진화는 첫 번째와 두 번째에 국한된 것이었다. 이렇게 볼 때 반성적 의식의 진화 단계의 출범을 의미하는 인간은 우연히 생긴 것이 아니고, 우주 진화의 꽃이자 절정이었던 것이다. 그렇지만 샤르뎅은 인간을 진화의 끝이라고 보지는 않았다. 진화는 그가 "오메가 포인트(Omega Point)"라고 부른 곳에서 종점을 맞는데, 이 지점에서 신의 구원사역은 끝을 이루며 인간은 우주적 그리스도와 만나게 되는 것이다. 이 우주적 진화의 과정은 바로 신의 지속적인 창조의 과정인 것이다. 샤르뎅의 이러한 사상을 집약한 『인간 현상』(1955)은 한 때 교황청의 금서 목록에까지 올랐지만, 이제는 진화론에 대한 가톨릭의 중요한 입장 중 하나로 평가 받고 있다.[56]

역사적으로 보았을 때 『종의 기원』이 출간되고 20년 경이 지난 1880년대가 되면 다윈 진화론과 종교와의 화해가 다양한 방식으로 시도되었다. 우선 1882년 사망한 다윈의 유해가 웨스트민스터 사원에 안장된 일은 종교계가 이에 적극적으로 반대했다면 이루어질 수 없었던 일이었다. 또 스코틀랜드 독립교회 소속 신학자였던 헨리 드러몬드(Henry Drummond)는 1883년 『정신세계에서의 자연법칙(Natural Law in the Spiritual World)』에서 다윈과 스펜서의 과학적 논의들을 이용하면서, 과학이 인류의 상황을 이해하려는 종교에 도움이 될 수 있다고 강조하기도 했다. 이러한 변화의 배경은 몇 가지로 요약될 수 있는데, 그 중 중요한 하나는 페일리의 설계 논증이 빅토리아 시대 말에는 이미 그 위력을 상실하고 있었다는 것이었다. 이에 따라서 신에 대한 지식은 자연을 통해서가 아니라 마음이나 양심을 통해서 얻을 수 있다는 신학적 논리가 설득력을 가지기 시작했고, 다윈의 진화론은 자연에서 볼 수 있는 새로운 종의 등장을 초자연적 방식이 아닌 자연스러운 진화의 과정으로 이해할 수 있는 가능성을 열었다. 또한 성서에 대한 역사적·비판적 연구들을 통해, 성서에 기록된 특정한 사건들이 일종의 신화라는 점이 드러나면서 전통적인 기독교적 세계관은 더욱 흔들렸다. 이런 배경 속에서 19세기 후반 다윈의 진화론이 교육받은 기독교도들 사이에서 상당 부분 수용될 수 있는 기반이 만들어졌다.[57]

라마르크주의를 받아들이지 않고서 다윈주의를 신학적으로 재해석하는 시도도 나타났다. 옥스퍼드 대학의 일부 신다윈주의자들은 다윈의 진화론을 신학적이고 목적론적으로, 그러나 자연신학과는 다른 방식으로 재해석하는 작업을 진행했다. 특히 영국 국교회 신학자였던 무어(Aubrey Moore)와 그의 제자들은 생명체를 자신이 부여한 목적에 맞게 자연 외부에서 조정하는 존재자가 있다는 자연신학의 외적 목적론을 거부했다. 그들은 외부의 설계자나 조정자가 아니라 생명체 내부에 특정한 목적을 달성하려는 내재적인 경향으로 인해 적응과 변화가 일어나는 것이며, 그 경향이 바로 (삼위일체론에서 두 번째에 해당하는) 성자의 선재(preexisting)를 의미하는 것이라고 주장했다. 그들은 자연선택이라는 법칙에 의해 자연계의 모든 생명체가 예외 없이 적응하고 변하는 것은, 외부의 신이 설계한 것이 아니라 자연 그 속에 신성이 편재되어 있는 것이라고 강조했다.[58]

이런 해석을 통해 옥스퍼드의 신다윈주의자들은 다윈의 자연선택론을 통해서 자연신학의 외재적 목적론을 반박하고자 했다. 비록 다윈이 생명체의 적응과 변화에 대해서 신이나 내재적인 경향을 직접 언급하지는 않았고, 생명체와 환경의 우연한 상호작용과 자연선택이라는 자연주의적 설명을 했지만, 무어는 자연의 변화와 적응에 대한 다윈의 설명이 (비록 무신론의 위험이 있지만) 자연은 외부의 창조주에 의해 자연 법칙을 통해 지배된다는 페일리류의 이신론적이고 외재적인 목적론보다는 정통적인 기독교 신학에 더욱 적합하다고 해석했다.[59] 따라서 그에게 다윈주의는 종교의 적이 아니라 친구였다.

> 과학은 이신론자들이 말하는 신을 멀리멀리 밀어내 버렸다. 그리고 신이라는 존재가 완전히 밀쳐진 것처럼 보이던 그 순간, 적처럼 가장한 다윈주의가 친구의 역할을 수행했다. 다윈주의는 우리가 두 가지 대안 중 하나를 선택해야 한다는 점을 보여주면서, 철학과 종교에게 어마어마한 도움을 제공했다. 그 양자란 신이 모든 곳에 존재하거나 아니면 어디에도 존재하지 않는다는 점이다. 다시 말해 자연의 모든 것들이 신의 행위이거나 아니면 어떤 것도 신의 행위가 아니라는 점이다. 우리는 신성의 힘이 직접 작용한다는 기독교 교리, 즉 처음부터 끝까지 자연 속에 신성한 권능이 내재해 있다는 교리로 솔직하게 돌아가야 한다. … 그렇지 않다면 우리는 신이라는 것 자체를 포기해야만 할 것이다.[60]

진화론에 주목했던 기독교인 중에는 진화론이 세상에 존재하는 고통과 죄악의 문제에 대해서 부분적인 해답을 줄 수 있다는 점에 흥미를 느낀 사람들도 있었다. 왜 전지전능한 신이 세상에 고통과 죄악을 만든 것일까? 왜 강자에 의해서 희생되는 무수한 약자들이 세상에 만들어진 것일까? 왜 인간은 잔인하고 사악한 측면을 가지고 있는 것일까? 진화론에 따르면 사멸되고 죽어 없어지는 모든 것이 지금의 다양하고 아름다운 세상을 만든 진화를 위한 필요조건이었다. 진화를 일종의 진보로 간주하면 (다윈은 그러지 않았지만), 소멸되는 모든 것들은 찬란한 우주적 진보를 이루기 위해 신이 준비한 것이었다고 해석될 수 있었던 것이다. 또 진화론은 인간의 악함이 인간이 동물로부터 진화한 뒤에도 여전히 가지고 있는 '동물성'의 결과라고 파악했다. 『진화론자의 신학』(1897)을 쓴 미국의 신학자 라이먼 애봇(Lyman Abbott)은 이러한 자연주의적인 설명을 온전히 수용하지는 않더라도 진화론이 인간의 악함과 죄악에 대해 한 가지의 설명을 제공했던 것은 분명했고, 이 지점에 진화론의 긍정적인 기여가 있을 수 있다고 생각하기도 했다.[61]

인간과 우주에 대해 다시 생각하게 되면서 기독교 일각에서는 진화론을 계기로 기독교의 전통 신관에 대한 반성도 나타났다. 진화론에서는 자연계에 우연이 만연함을 강조하는데, 무어는 우연이 한 번 존재하는 것은 우연이지만 우연이 만연한 것은 더 이상 우연일 수 없다고 이를 신학적으로 재해석했다. 신학에 우연이라는 개념을 포함하는 데에서 한 걸음 더 나아가서 미국의 실용주의 철학자 퍼스(Charles Peirce)는 전지전능한 신이 기계적이고 모든 것이 미리 정해진 단순한 세상을 만들었을 리가 없다고 하면서, 비결정적이고 자발적이며 절대적인 우연이 지배하는 세상이 오히려 인격신의 존재를 가리키는 증거라고 파악했다. 이러한 인식은 필연적으로 전통 기독교적인 신관이 기계적인 세상을 만들고 이에 개입하는 신에서 이와는 상당히 다른 모습의 신이 되어야 한다는 변화를 암시했으며, 이러한 신관의 변화는 '진화론적 유신론'을 위한 토대를 제공했다.[62]

기독교 내에서 진화론을 수용한 '진화론적 유신론'의 입장은 신을 전능한 통치자나 지적 설계자가 아니라 '자기를 비우고 세계와 동행하는 동반자'로 해석하는데, 이러한 신은 세상을 만들고 지배하는 신이 아니라 세계와 긴밀하게 연결되었지만 세상에 자율성을 부여하고 피조 세계가 그 자체로 머물기를 허용하는 '낮은' 신이다. 여기서 신은 자기를 낮추고 비우는 사랑의 신이다. 이 새로운 신은 겸손하고, 세상에 자기를 수여하며, 스스로 고통과 투쟁을 겪으며, 피조물의 고통의 현장에서 함께하는 신이다. 진화론적 유신론자들은 이러한 신 개념이 진화론의 도전 때문에 만들어 진 것만이 아니라고 강조한다. 자신을 낮추는 신의 모습은 초기 기독교의 예수 그리스도의 모습에서 그대로 나타난 것이었는데, 이후 희미해졌다가 최근에 이르러 새롭게 조명받기 시작했다는 것이다. 이와 같은 신학적 관점에 의하면 스스로 낮아지고, 자기를 내주고, 무한히 겸손하며, 고통받는 예수 그리스도는 바로 이렇게 자신을 비우고 세상과 동행하는 동반자 신과 동일자인 것이다.[63]

이러한 조물주를 생각하면, 우주가 완결된 형태로 만들어지지 않았던 것이 더 타당해 보인다. 우주는 어느 정도까지는 자체 창조적이고, 이는 미리 결정된 경로가 아니라 우연에 의해 지배되는 가지치기식의 분지를 따른다. 다윈이 발견한 자연선택은 끝없이 다양성과 특수성을 허용하는 방식의 신적인 표현의 하나에 다름 아니다. 신은 우리가 질서라고 부르는 것을 부여하지만, 또 이를 붕괴시켜서 무한한 다양성을 표현하기도 한다. 신은 세상의 새로움과 아름다움의 근원이고 모험을 좋아하고 호기심이 많으며 피조물에 대한 사랑이 많은 존재이다. 신은 우주를 점점 더 다양한 방식으로 자신을 표현하도록 하며, 인간을 그 과정에 초청한다. 인간이 세상의 복잡성과 우연성, 그리고 세상의 진화를 발견하고 즐거워하는 것은 신이 만든 창조의 과정으로 그가 인간을 초대했기 때문인 것이다. 이렇게 볼 때, 진화를 부정하는 인간이나 진화에 '자연선택'이라는 이름을 붙이고 경쟁만을 강조하는 인간은 아직 이 풍성한 신적 창조의 과정을 온전히 즐기지 못하고 있는 사람들인 것이다.[64]

기독교에 따르면 인간은 특별한 존재이지만, 그렇다고 인간이 무엇이든 할 수 있는 무법자는 아니다. 기독교도이자 진화생물학의 일부인 고인류학 분야에서 아프리카 기원설을 제창한 루이스 리키(Louis Leakey)는 "내가 발견한 것 중 어떤 것도 성서와 모순되지 않았다. 모순이 있었다면 단지 성경을 오독한 사람들과의 관계에서였다"고 진화인류학과 성서가 모순되지 않는다고 강조했다. 그렇지만 그는 『아담의 조상』(4판, 1955)에서 현 인류의 미래에 대해서 심각한 우려를 표명했다.

> 우리는 진화에 대한 공부로부터 많은 동물들이 과다 분화되었고, 이러한 과다 분화는 이들의 멸종을 가져왔다는 것을 계속 확인할 수 있다. 지금의 인류는 육체적인 측면에서는 아직도 거의 분화되지 않았는지? … 그렇지만 한 가지 측면에서 지금 우리가 아는 인류는 과다 분화되었다. 그의 두뇌 능력은 그의 물리적 구

성에 비해서 분명히 과다 분화되었고, 이러한 과다 분화는 인류를 멸종으로 이끌 것임이 거의 확실하다. 우리가 우리의 미래를 통제하려 한다면, 우리는 과거를 더 잘 이해해야만 한다.[65]

미국의 철학자 윌리엄 제임스(William James)는 종교를 믿는 사람이 더 풍성한 삶과 강한 심성을 가지게 되고, 이들이 대충대충 사는 사람들과의 경쟁에서 이겨서 장기적인 생존 경쟁에서 승리하기 더 유리한 위치에 있다고 믿었다. 그에게는 이 지점에서 진화론과 종교의 효용이 만났다. 그런데 20세기를 겪으며 우리는 인류가 몇 백 년 뒤에도 살아남으려면 지난 200년 동안 살았던 식으로 살아서는 안 된다는 것을 어렴풋이 인식하게 되었다. 기독교인이자 진화인류학자였던 리키는 이미 50년 전에 이 위험을 지적했고, 『통섭』의 저자인 무신론자-생물학자 에드워드 윌슨(Edward Wilson)은 지금의 지구의 위기를 극복하기 위해 종교와 생물학이 협력해야 한다고 종교인에게 손을 내밀었다.[66] 사실 종교와 과학이 화해를 하건 서로 등을 돌리건 대부분의 과학자들과 대다수의 종교인들은 큰 불편이 없이 매일 매일의 삶을 살 수 있을 것이다. 그렇지만 지금 이 시점에서, 기독교와 과학이 상생의 길을 모색하는 것은, 그 상생의 길이 종교와 과학에만 도움이 되는 것이 아니라 인류를 포함한 수천만 가지의 생물종과 지구라는 생태계 전체의 건강한 미래를 위해서 꼭 필요한 것일 수 있기 때문일 것이다. 과학과 종교의 화해가 가지는 진정한 의미는 바로 여기에 있다.

⋯그리고 불교

흔히 불교는 "과학적 종교"라고 알려져 있다. 카프라(Fritjof Capra)의 『현대 물리학과 동양사상』 같은 베스트셀러는 불교의 교리가 현대 물리학이나 현대 우주론과 상통한다는 생각을 심어주는 데 기여했다.[67] 그렇지만 사람들이 상식 차원에서 불교가 과학과 잘 통한다고 생각하는 데에는, 갈릴레오의 재판이나 다윈의 진화론이 일으킨 파문과 같은 종교와 과학 사이의 심각한 갈등이나 투쟁이 없었다는 이유가 있다. 특히 불교는 세상을 창조한 신을 상정하지 않기 때문에, 창조주의 권능과 과학 사이에서 빚어지는 마찰이 거의 없는 것이 사실이다. 또 불교에서는 인간과 동물 사이에 근본적인 차이를 인정하고 있지 않으며, 윤회설과 연기설은 종의 경계가 시간을 두고 변하며 모든 종들을 '생명의 나무(tree of life)'로 연결된 존재로 보는 진화론과의 형식적인 유사성도 있다. 다윈은 불교에 대해서 언급한 적이 없고 불교를 거의 접하지 않았을 것으로 추정되지만, 다윈의 동료이자 진화론의 포교자였던 토머스 헉슬리는 진화론과 윤리에 대한 강연에서 불교를 유럽 지식인들에게 소개하기도 했다.

반면에 기독교는 근대 과학의 탄생에 긍정적인 기여를 했던 측면을 가지고 있는데, 불교에서는 이러한 요소를 찾아보기 어렵다는 점도 생각해 볼 수 있다. 앞에서도 지적했지만 기독교는 "입법자로서의 신(God as a lawgiver)"이라는 관념을 가지고 있었고 이러한 관념이 과학자들로 하여금 신이 만든 자연의 법칙을 찾도록 유인을 제공했는데, 불교에서는 이러한 관념이 존재하지 않는다. 또 육체 노동을 강조하고 노동의 결과를 가지고 신을 찬양하는 것을 종용한 청교도 윤리는 17세기 영국에서 실험과학의 등장을 유도했던 요소가 되기도 했는데, 역시 불교에서는 이와 비슷한 관념을 찾기 어렵다. 과학혁명 이후에는 자연의 질서를 드러내는 과학 활동이 신의 섭리를 밝히는 것이라는 생각이 보편적으로 확산되었다. 불교에서는 유일신의 개념이 없었기 때문에 과학과의 직접적인 충돌도 없었지만, 동시에 근대 과학의 출현을 낳을 수 있었던 요소를 제공한 것도 없었다. 또 학자들은 불교의 종교관이 물질과 운동으로 세상의 모든 것을 설명할 수 있다는 근대 과학의 가장 기본적인 철학과 합치될 수 없음을 지적하기도 한다. 불교는 신이나 영혼을 인정하지는 않지만, 마음(정신)의 실재성을 강조하면서 이것이 물질로 환원될 수 없음을 주장하는데, 이러한 입장은 근대 과학에서 보기에는 비과학적인 것으로 간주되기 십상이다.[68]

이러한 점들을 염두에 두고 진화론과 불교의 관계를 살펴보자. 한 불교학자는 『기세인본경(起世因本經)』★에 나오는 부처님의 **삼법인**(三法印)★, 즉 **제행무상**(諸行無常, sabbe sankhara anicca)★, **일체개고**(一切皆苦, sabbe sankhara dukkha)★, **제법무아**(諸法無我, sabbe dhamma anatta)★가 다윈의 진화론과 딱 들어맞는다고 설파한다. 우선 모든 종이 변하고 또 과거에 존재했던 종이 현재에는 존재하지 않으며, 지금 존재하는 인간이 미래에는 존재하지 않을 수도 있다는 진화론의 원칙은 제행무상을 의미하며, 진화의 과정은 먹고 먹히는 투쟁과 고통의 과정이라는 사실은 선한 신의 존재를 부정하며 인생 모든 것이 고통이라는 일체개고의 원리를 웅변한다. 마지막으로 인간이 동물에서 진화했고, 침팬지와 98%의 유전자를 공유하고 있다는 것은 인간에게만 고유한 영혼 같은 것이 존재하지 않는다는 것을 의미하며, 이는 다름아닌 제법무아의 원리라는 것이다. 이 평자는 다윈의 진화론이 나오기 수백년 전에 이미 석가모니는 진화의 원리에 대해서 가르쳤고, 이러한 가르침이 불자들에게 공유되어 왔었다는 사실은 놀랍다고 논평하면서, 이러한 이유 때문에 (기독교와는 달리) 불교에서는 진화론이 아무런 문제도 되지 않았다고 강조하고 있다.[69]

또 다른 불교학자는 '업(業)'의 원리를 예로 들어 불교와 현대 진화론 사이의 관계를 설명한다. 흔히 사람들은 뿌린 대로 거둔다는 것이 불교에서 말하는 업의 법칙이라고 알고 있는데, 실제 세상에서 일어나는 일은 인권운동가가 탄압을 받고 부패 정치인이 호의호식하는 것처럼 불교의 업과는 거리가 먼 것에 당혹스러워 한다. 전생과 윤회를 도입하면 이러한 문제가 어느 정도는 해결될 수 있지만, 이러한 것들은 대부분의 사람들의 실제 삶에서는 감지될 수 없다는 문제가 있다. 그런데 이러한 문제가 진화론을 사용해서 해결될 수 있다는 것이다. 종 사이의 경쟁보다 같은 종 내에서의 경쟁이 더 치열하다는 진화론의 원리를 적용하면, 부패한 정치인과 같은 사람은 비슷한 종류의 사람들 사이에서 서로 해치고 헐뜯으면서 살고 있으며, 따라서 이들의 삶이 행복과는 거리가 있는 것임을 알 수 있다. 또 이타성의 진화를 설명하는 현대 생물학 이론에 의하면 독수리가 온다고 울어댐으로써 동족들에게 경고를 전하는 새는 자신이 죽게 될 위험이 커지지만 집단을 살림으로써 이타적 유전자의 진화를 촉진한다. 인간 사회에서도 선행을 하다가 희생된 사람들은 비슷한 행위를 고무하면서 궁극적으로는 집단의 생존과 안녕을 촉진한다는 것이다.[70]

오래된 불교 경전과 19세기에 제창된 다윈의 진화론 사이의 개념이나 텍스트 문맥상의 유사성 말고, 다윈이 진화론의 만들어 공표하던 19세기 중엽에 불교가 실제로 다윈에게 영향을 미쳤던 것이 가능했을까? 다윈의 『인간과 동물의 감정 표현에 대해서』의 새 판본을 편집한 심리학자 폴 에크만(Paul Ekman)은 동정심과 도덕에 대한 다윈의 작업을 연구하다가 그의 견해가 티베트 불교와 흡사하다는 것을 발견했다. 동정심(compassion)은 인간 도덕성의 기초인데, 이는 다른 사람의 고통을 마치 자신의 고통처럼 느끼는 '어머니 역할하기'(mothering)에서 기인한다는 것이다. 에크만에 의하면 다윈의 이러한 생각은 티베트 불교에서 인간의 자비를 보는 관점과 놀랄 만큼 유사한데, 에크만은 아마도 다윈이 티베트 불교 내용을 1847~50년 사이에 이곳을 여행했던 그의 절친한 친구 후커로부터 얻었을 것이라고 추측했다. 에크만의 논의는 흥미롭지만, 그의 연구는 엄밀한 논문으로 나오지 않았고, 더더욱 후커가 불교의 교리를 다윈에게 알려주었다는 증거도 분명치 않다는 문제를 안고 있다. 이런 한계를 잘 알고 있듯이, 에크만은 자신의 주장이 "다윈이 불교도였다는 것이 아니라 불교의 영향을 받았을 지도 모른다"는 것이라고 그 의미를 제한하고 있다.[71]

진화론과 관련해서 불교의 직접적인 영향을 받은 사람은 다윈이 아니라 헉슬리였다. 헉슬리는 당시 유럽 지식인들에게 소개되던 불교에서 서양의 인격신에 의존한 종교에서는 발견하지 못했던 특성들을 발견했다. 그가 보기에 불교에서는 유일신이 없으며, 인간의 영혼에 집착하지 않고, 영생을 허무맹랑한 것으로 간주하며, 기도의 효력을 부정하는 등, 서양의 기독교나 유대교에서는 볼 수 없는 바람직한 특성을 가지고 있었다. 또 헉슬리는 사물의 실체(substance)를 부정했던 불교의 특성이, 영국 관념론자들이 실체를 부정했던 철학을 발전시킨 것과 유사성을 지니고 있음에 주목했고, 특히 불교와 데이비드 흄의 철학의 유사성을 지적했다. 흥미로운 것은 헉슬리가 지적했던 우주의 끝없는 변화와 덧없음이 그가 주창했던 진화론의 우주적 진화 과정과 매우 흡사했지만, 그 자신이 이 유사성을 직접 언급하지는 않았다는 것이다. 그는 불교를 기독교를 대체할 수 있는 괜찮은 종교로 소개했지, 과학으로 간주하지는 않았기 때문이었다.[72]

우리나라의 불교학자 김성철도 생명에 대한 불교의 교리가 진화론이나 현대 생물학의 발견과 크게 다르지 않다고 지적한다. 우선 중생으로서 인간과 동물의 차이는 사소한 것이며, 탄생이나 성장 과정이 큰 차이가 없으며, 세상에 고통과 고뇌가 가득하듯이 인간도 약육강식의 법칙의 지배를 받는다는 점이 흡사하다. 그러나 그는 불교에서는 동물과 식물의 차이를 강조함에 비해 서양의 생물학은 생명과 무생명의 차이를 강조한다고 말한다. 이는 생물학에서는 식물 역시 동물과 다를 게 없는 생명체로 간주하지만, 불교에서는 '**식**(識)'★이 부착된 동물만을 생명체로 간주하기 때문이다. 여기서 식은 인간을 포함한 동물이 죽은 후에 새로운 수정란에 반영되어 내생의 삶을 시작하는 것이다. 통상 식은 정신, 인식 활동, 그리고 전생과 현생을 연결하는 **결생식**(結生識)★을 의미한다.[73]

진화론과 불교의 이러한 차이와 관련해서 달라이 라마의 지적은 우리에게 생각해 볼 문제를 던져준다. 달라이 라마는 진화론에서 서술하는 진화 과정에 대해서 자신이 충분히 동의하지 못하는 부분이 있음을 숨기지 않는다. 그는 우선 돌연변이가 완전히 마구잡이식(random)이라는 설명이 실재의 객관적 모습인지 아니면 숨은 인과율의 결과인지 분명치 않다고 주장한다. 또 불교에서 유정(동물과 인간)

과 무생물(식물을 포함)의 차이를 강조하는 것을 정당화하면서, 서양의 생물학과 비교해 볼 때, 불교식의 이해가 의식을 생물학의 영역으로 포함시켜 생명과 삶에 대한 이해를 더 깊게 해 줄 것임을 강조한다. 또 그는 진화론이 실험과학이 아니라 과학을 위한 가치 있는 형이상학이라는 칼 포퍼(Karl Popper)의 언급을 예로 들면서, 진화론에서 말하는 적자생존이 일종의 순환 오류를 범하고 있다고 지적하기도 한다. 적자생존의 증명은 살아남은 돌연변이를 조사하는 것인데, 살아남은 돌연변이를 보고 이것이 적자였기 때문에 살아남았다고 하는 것은 순환 오류에 가깝다는 것이 달라이 라마의 평가인 것이다.[74]

이러한 차이들 외에도 달라이 라마는 진화론과 불교의 더 근본적인 차이를 두 가지 꼽고 있다. 첫 번째는 '업의 인과율'이다. 불교에서는 우리의 특정한 행위를 포함한 모든 것을 관장하는 인과관계의 전체 법칙을 업이라고 하는데, 다윈주의에 따르면 유전되고 이어지는 것은 DNA에 다름 아니기 때문에 이러한 업이 부정된다. 그렇지만 달라이 라마는 업이 에너지의 보존과 의식의 전달이라는 매체를 통해서 이해될 수 있다고 본다. 이렇게 의식을 강조하는 것은 마음이 완전히 물질로만은 환원될 수 없는 실체를 가진다는 불교의 또 다른 교리와도 통한다. 또 다른 요소는 현대 서양의 생물학이 동정심, 자비와 같은 인간의 특성에 별반 관심이 없다는 것이다. 동물에게는 공격성만 있는 것이 아니라 이타주의와 자비심도 있는데, 왜 진화론은 공격성과 경쟁만을 강조하는 것인가? 달라이 라마는 현대 생물학이 병리적 현상에만 관심이 있어서 이타주의와 같은 주제를 경시했다는 의학사가 앤 해링톤(Ann Harrington)의 의견에 동의하면서, 이타주의를 종들의 자기 이익적인 표현으로 해석하는 현대 생물학에 동의할

수 없음을 분명히 한다.[75]

달라이 라마의 평가는 현대 과학의 눈으로 보았을 때 논쟁적인 부분을 담고 있다. 그런데 우리는 그가 불교와 진화론의 유사성을 지적하면서도, 이 둘의 차이를 강조하는 철학적인 이유에 주목할 필요가 있다. 그것은 기독교에서 진화론을 수용해서 세상을 지배하는 신을 자신을 낮추는 신으로 바꾼 이유와 상통한다. 결국 그것은 '21세기에 종교의 역할이 무엇인가'라는 큰 문제에 대한 고통스러운 대답이기도 하다. 이를 성찰해 보는 것은 과학과 종교에 대한 이 글의 긴 논의를 마무리짓는 결론으로 충분하다고 생각한다. 그러므로 여기서는 달라이 라마를 길게 인용하면서 이 글의 결론을 대신하려 한다.

나는 과학에서 인간 본성과 존재라는 개념의 범위를 어디까지 잡느냐 하는 것은, 우리가 과학에 있어서 무슨 구상을 하느냐에 달려 있다고 본다. 이것은 과학적 질문이 아니다. 그보다는 철학적 신념의 문제이다. 급진적 유물론자는 진화론이 도덕성과 종교적 경험을 포함하여 인간 생활의 모든 측면을 고려한다고 믿고 싶어 할 것이다.

반면에 다른 이들은 인간 존재의 본성을 이해함에 있어서, 과학이 더 제한된 분야를 차지하는 것으로 파악한다. 과학은 우리에게 인간 존재의 전체 이야기를 해주거나, 생명의 기원에 관한 질문에 대답해주지 못할 것이다. …

그보다는 우리 자신에 대한 그리고 우리가 사는 세상에 대한 과학적 지식의 한계를 우리가 어느 정도 겸손하게 인정해야 한다는 뜻이다.

널리 퍼진 사회적 다원주의에 대한 믿음, 그리고 그로부터 나오는 우생학을 적용하려는 시도가 주는 끔찍한 결과들을 포함한 20세기의 역사가 우리에게 가르치는 뭔가가 있다면, 그것은 우리 인간이 위험한 성향을 가지고 있어서 우리가 세운 관점을 자기에게 알맞은 예언으로 바꿔치기한다는 것이다.

적자생존의 개념이 관용으로 잘못 이용되고, 어떤 경우에는 지나친 인간 욕심과 개인주의를 정당화하고, 우리 동료 인간존재를 자비 정신 속에서 연결시켜주는 윤리적 모델을 잊게 한다. 그러므로 과학에 대한 우리의 개념을 고려하지 않은 채, 오늘날 과학이 인간 사회에서 권위 있는 중요한 자리를 차지한다면, 이는 권력을 의식하고 책임을 느끼는 전문직 사람들에게는 극단적으로 중요한 문제가 된다.

과학은 넓은 의미에서 이 세상과 인간성에게 재앙을 가져다 줄 수 있는 대중적인 그릇된 생각과 아이디어의 남용을 스스로 바로 잡도록 해야 한다. 생명의 기원에 대한 다원적 생각이 얼마나 설득력이 있든, 나는 불교도로서 아직 연구되지 않은 중요한 분야가 남아 있다고 생각한다. 이는 유정의 기원이다(고통과 기쁨을 경험할 능력을 가진 의식 있는 존재의 진화).

어쨌든 불교도의 관점에서 보면, 자신의 존재에 대한 지식과 이해에 대한 인간적 요구는 고통을 극복하고 행복을 찾으려는 깊은 열망에서 시작한다. 의식의 본성과 기원에 대한 믿을 만한 이해가 있기까지는 생명과 우주의 기원에 대한 과학적 이야기는 완성되지 못할 것이다.[76]

1   이 글의 초고는 2009년 11월 27일에 열린 〈다윈과 불교의 만남 — 진화론과 연기론의 학술적 조명〉 학술대회에서 발표되었다.

2   리처드 도킨스, 『악마의 사도』 (바다출판사, 2005); 리처드 도킨스, 『만들어진 신』 (김영사, 2007).

3   Robert K. Merton, "Science, Technology and Society in Seventeenth Century England," *Osiris* 4 (1938), pp. 360-632.

4   S. J. Gould, *Rocks of Ages: Science and Religion in the Fullness of Life* (New York: Ballantine Books, 2002).

5   각주 2번에서 인용한 리처드 도킨스의 저작들을 보라.

6   샘 해리스, 『기독교 국가에 보내는 편지』 박상준 역 (동녘 사이언스, 2008), 11-13쪽.

7   위의 책, 58-59, 99-100쪽.

8   브루스 링컨, 『거룩한 테러—9.11이후 종교와 폭력에 대한 성찰』 김윤성 옮김 (돌베개, 2005), 김윤성, 「9.11이 종교 전쟁의 결과라고요? 아닙니다」, 신재식 외 저, 『종교전쟁』 (사이언스북스, 2009), 304-306쪽.

9   존 F. 호트, 『과학과 종교, 상생의 길을 가다』 구자현 옮김 (코기토, 1995).

10 William A. Dembski, "The Design Argument" in Gary B. Ferngren ed., *Science and Religion: A Historical Introduction* (Johns Hopkins University Press, 2002), pp. 335-344; 신재식 외, 『종교 전쟁』, 270-274쪽.

11 http://en.wikipedia.org/wiki/Intelligent_design

12 R. Hooykaas, *Religion and the Rise of Modern Science* (Grand Rapids: Eerdmans. 1972) (『근대 과학의 출현과 종교』 손봉호·김영식 공역 [정음사, 1987]).

13 Edward Grant, *Physical Science in the Middle Ages* (New York, 1971) 『중세의 과학』 홍성욱·김영식 공역 (민음사, 1992).

14 Giorgio de Santillana, *The Crime of Galileo* (Chicago: Universtiy of Chicago Press, 1955). 최근 수정주의적 해석은 Pietro Redondi, *Galileo: Heretic* (Princeton University Press, 1987); M. Artigas, R. Martinez, and W. R. Shea, "New Light on the Galileo affair?" in E. McMullin ed., *The Church and Galileo* (Notre Dame: University of Notre Dame Press, 2005), pp. 213-233 참조.

15 Gary Hatfieldal, "Reason, Nature, and God in Descartes," *Science in Context* 3 (1989), 175-201.

16 H. G. Alexander ed., *The Leibniz-Clarke Correspondence* (Manchester: Manchester University Press, 1998). (『라이프니츠와 클라크의 편지』 배선복 역 [철학과 현실사, 2005]).

17 그린에 의하면 다윈의 진화론은 두 가지 측면에서 종교에 영향을 미쳤는데, 하나는 다윈의 진화론이 인간의 초기 역사에 대한 성서적 서사(narrative)를 부정했다는 점이며, 두 번째 영향은 진화론이 이성적이고 정적인(static) 자연의 개념을 부정했다는 점이다. John C. Greene, "Darwin and Religion," *Proceedings of the American Philosophical Society* 103 (1959), pp. 716-725.

18 다윈과 페일리에 대해서는 장대익, 『다윈 & 페일리 — 진화론도 진화한다』 (김영사, 2006); 박희주, 「다윈의 진화론과 종교」, 『한국과학사학회지』 제 31권

제 2호 (2009), 359-375 참조.

19 John Dewey. "The Influence of Darwin on Philosophy", in *The Influence of Darwin on Philosophy and Other Essays* (ch. 1) (New York: Henry Holt, 1910), pp. 1-19.

20 Greene, "Darwin and Religion," 716-725.

21 Steven J. Harris, "Roman Catholicism since Trent," in Ferngren ed., *Science and Religion*, pp. 247-260, on p. 257에서 인용.

22 Ibid., on p. 258.

23 Ernst Mayr, "The Ideological Resistance to Darwin's Theory of Natural Selection," *Proceedings of the American Philosophical Society* 135 (1991), pp. 123-139.

24 Peter J. Bowler and Iwan R. Morus, *Making Modern Science: A Historical Survey* (Chicago: Chicago University Press, 2005), ch. 6 and ch. 8. (김봉국, 홍성욱 역, 『현대 과학의 풍경』 [궁리, 2008]).

25 Bowler, Peter J. "The Changing Meaning of 'Evolution.'" *Journal of the History of Ideas* 36 (1975): 95-114. 이 소절은 필자의 「다윈과 과학」 최재천 외 저, 『21세기 다윈 혁명』 (사이언스북스, 2009), 27-36쪽의 내용의 일부와 겹친다는 것을 밝힌다.

26 Richard Hofstadter, *Social Darwinism in American Thought* (Philadelphia: University of Pennsylvania Press, 1944); Mike Hawkins, *Social Darwinism in European and American Thought 1860-1945: Nature as Model and Nature as Threat* (Cambridge: Cambridge University Press, 1997). 사실 사회다윈주의는 다윈주의보다 더 오래된 사상이었는데, 다윈이 『종의 기원』을 출판하기 이전에 스펜서는 "최적자생존(survival of the fittest)"의 원리에 입각해서 자유방임주의 정치·경제 체제를 옹호했다.

27 앙드레 피쇼 저, 『우생학: 유전학의 숨겨진 역사』 이정희 옮김 (아침이슬,

2009); 김호연 저, 『우생학, 유전자 정치의 역사: 영국, 미국, 독일을 중심으로』 (아침이슬, 2009).

28   D.A. Stack, "The First Darwinian Left: Radical and Socialist Responses to Darwin, 1859-1914," *History of Political Thought* 21 (2000), pp. 682-710.

29   James Allen Rogers, "Russian Opposition to Darwinism in the Nineteenth Century," *Isis* 65 (1974), 487-505; Daniel P. Todes, *Darwin without Malthus: The Struggle for Existence in Russian Evolutionary Thought* (Oxford: Oxford University Press, 1989).

30   John C. Greene, "Darwin as a Social Evolutionist," *Journal of the History of Biology* 10 (1977), pp. 1-27.

31   Charles Darwin, "Essay of 1842," in Francis Darwin ed., *The Foundations of the Origin of Species* (Cambridge: Cambridge University Press, 1909), p. 6, 52.

32   John Hedley Brooke, "Darwin and Victorian Christianity," Jonathan Hodge and Gregory Radick eds., *The Cambridge Companion to Darwin* (Cambridge: Cambridge University Press, 2003), pp. 192-213; James G. Lennox, "Darwin Was a Teleologist," *Biology and Philosophy* (1993), pp. 409-421.

33   자연신학의 영향을 강조한 연구는 Walter F. Cannon, "The Bases of Darwin's Achievement: A Reevaluation" *Victorian Studies* 5 (1961), 109-134 참조. 레토릭을 강조한 연구는 Michael T. Ghiselin, "Darwin's Language May Seem Teleological, but his Thinking is Another Matter," *Biology and Philosophy* 9 (1994), 489-492; idem., *The Economy of Nature and the Evolution of Sex* (Berkeley: University of California Press, 1974)가 있다.

34   David Kohn, "Darwin's Ambiguity: The Secularization of Biological Meaning," *British Journal for the History of Science* 22 (1989), pp. 215-239.

35   James G. Lennox, "Darwin was a Teleologist," *Biology and Philosophy* 8 (1993), 409-421에서 재인용. T. L. Short, "Darwin's Concept of Final Cause: Neither New Nor Trivial," *Biology and Philosophy* 17 (2002), pp. 323-340는 다

원의 목적론이 신학적인 목적론이 아니라 아리스토텔레스적인 목적론이라고 주장한다.

36   John Hedley Brooke, "Darwin and Victorian Christianity," Jonathan Hodge and Gregory Radick eds., *The Cambridge Companion to Darwin* (Cambridge: Cambridge University Press, 2003), pp. 192-213.

37   다윈이 반대했던 당대의 특별창조론은, 1) 신이 직접 개입하여 다양한 생명체의 모든 조상들(progenitors)을 개별적으로 창조했으며, 2) 따라서 모든 생명체는 하나의 공통 조상으로 묶일 수 없는 독특한(unique) 존재이며, 3) 최초의 생명체뿐만 아니라, 지구의 역사 모든 기간 내내 항상 새로운 종을 창조한다고 믿는 종교적 교리였다.

38   Robert J. Richards, "The Theological Foundations of Darwin's Theory of Evolution," Paul H. Theerman and Karen Hunger Parshall eds., *Experiencing Nature: Proceedings of a Conference in Honor of Allen G. Debus* (Dordrecht, Boston, London: Kluwer Academic Publishiers, 1997), pp. 61-79.

39   Charles Darwin, "Essay of 1842" in *Foundations of the Origin of Species*, p. 52.

40   창세기의 유명한 구절은 다음과 같다. And Lord God formed man of the dust of the ground, and breathed into his nostrils the breath of life, 창세기 2:3.

41   Chris Cosans, "Was Darwin a Creationist?" *Perspectives in Biology and Medicine* 48 (2005), pp. 362-371. 오웬은 자연발생이론을 신봉했지만 이신론적 유신론자였다. 그는 신이 우주를 창조할 때 무생물로부터 생명체를 낳을 자연법칙을 확립했다는 이신론을 전개하면서, 무생물부터 생명체가 나오는 자연법칙과 똑같은 법칙이 생명체에 내재해 있기 때문에 이후 진화에서 신의 추가적 개입은 필요하지 않다고 주장했다. 따라서 오원에 따르면 다윈처럼 신이 최초로 생명체를 창조하거나 혹은 특별창조론자처럼 신이 이후에 추가적으로 개입하거나 창조할 필요가 없었다. 그가 보기에는 특별창조론자도 오류를 범했지만, 생명의 기원을 신의 창조에 의지했던 다윈도 문제였던 것이다. 그의 관점에서 볼 때, 진화에 대한 다윈의 설명은 자연주의적인 것이었지만, 생명체의 기원에 대한 그것은 초자연적인 종교적 영역에 머무르고 있었다.

42 Dov Ospovat, "God and Natural Selection: The Darwinian Idea of Design," *Journal of the History of Biology* 13 (1980), pp. 169-194; 박희주, "다윈의 진화론과 종교".

43 머코너헤이는 크레인 브린턴의 말을 빌어 다윈의 이러한 특성을 "빅토리아적인 타협"이라고 명명하고 있다. Gloria McConnaughey, "Darwin and Social Darwinism," *Osiris* 9 (1950), pp. 397-412.

44 이 구절은 다윈『종의 기원』에 대한 헉슬리의 익명의 서평(1860)에서 나온 것으로, 여기에서는 J. R. Ainsworth Davis, *Thomas H. Huxley* (London: J. M. Dent & Co, 1907), p. 54에서 재인용.

45 마이클 루스 저,『다윈주의자가 기독교인이 될 수 있는가』이태하 역 (청년정신, 2002), 19-20쪽.

46 John H. Brooke, "The Wilberforce-Huxley Debate: Why Did It Happen?" *Science & Christian Belief* 13 (2001), 135-141.

47 폴 화이트,『과학 지식인의 탄생: 토머스 헉슬리』김기윤 역 (사이언스 북스, 2006), 212쪽.

48 성영곤,「다윈, 다윈주의, 그리고 종교」,『한국과학사학회지』제31권 제2호 (2009), 325-357.

49 J. Vernon Jensen, "Return to the Wilberforce-Huxley Debate," *The British Journal for the History of Science* 21 (1988), 161-179; Josef L. Altholz, "The Huxley-Wilberforce Debate Revisited," *Journal of the History of Medicine and Allied Sciences* 35 (1980), pp. 313-316. 골턴을 비롯해서 과학-종교 논쟁의 사회적 측면에 대해서는 Frank M. Turner, "The Victorian Conflict between Science and Religion: A Professional Dimension," *Isis* 69 (1978), pp. 356-376 참조.

50 John Hedley Brooke, *Science and Religion: Some Historical Perspectives* (Cambridge University Press, 1991).

51 Brooke, *Science and Religion*, pp. 308-309.

52   Robert Bruce Mullin, "Science, Miracles, and the Prayer-Gauge Debate," David C. Lindberg and Ronald L. Numbers eds., *When Science & Christianity Meet* (Chicago, London: The University of Chicago Press, 2003), pp. 203-224.

53   박상윤,「구한말에 있어서의 다윈주의의 수용」,『생물교육』10호 (1982), 3-17쪽; 이광린,「구한말 진화론의 수용과 그 영향」,『한국개화사상연구』(일조각, 1979).

54   「진보론」,『독립신문』, 1899년 8월 5일.

55   서정민,「양주삼의 생명과 자연 이해」,『한국기독교와 역사』23호 (2005), 47-71쪽, 인용은 61-62쪽.

56   H. James Birx, *Interpreting Evolution: Darwin & Teilhard De Chardin* (Prometheus Book, 1991).

57   오웬 채드윅,「진화와 교회」, 김영식 편,『근대사회와 과학: 역사 속의 과학 Ⅱ』(창작과 비평사, 1985), 246-260쪽.

58   Richard England, "Natural Selection, Teleology, and the Logos: From Darwin to the Oxford Neo-Darwinists, 1859-1909," *Osiris 16* (2001), pp. 270-287.

59   영국 국교회 앵글로-가톨릭주의(19세기 이후 영국 국교회 내에서의 교회 경시 경향에 대한 반동으로 나타난 주의로서, 교회의 어떤 것도 부정해서는 안 된다는 주장)자였던 무어의 입장에서, 종교적 신념과 권위의 근원은, 자연법칙과 같은 것을 통해 자연에서 드러나는 신의 신성함(자연신학이 주장하는)이 아니었다. 그가 생각하기에 진정한 믿음은 '보편적인 사도교회'(universal, apostolic church)로부터 나오는 것이며, 따라서 (페일리가 대표적인) 자연신학적 전통은 정통 기독교보다는 이신론을 지지하는 것으로, 그리고 페일리는 이단적인 이신론자로 이해되었다.

60   Aubery Moore, "The Christian Doctrine of God," in *Lux mundi* ed. C. Gore (New York: United States Book Company, 1890), 5th ed., p.82, 여기에서는 England, "Natural Selection, Teleology, and the Logos," on p. 279에서 인용.

61 Brooke, *Science and Religion*, p. 313.

62 Brooke, *Science and Religion*, p. 318.

63 신재식, 「진화론적 유신론과 케노시스의 하나님—진화와 현대 신론의 한 만남」, 『종교연구』 32권 (2003), 57-87쪽; 『종교전쟁』, pp. 413-445의 신재식의 글.

64 호트, 『과학과 종교, 상생의 길을 가다』

65 L. S. B. Leakey, *Adam's Ancestors*, 4th ed (Methune, 1955), final page.

66 Edward O. Wilson, *The Creation: An Appeal to Save Life on Earth* (New York: Norton, 2006).

67 프라초프 카프라, 『현대 물리학과 동양 사상』 (범양사, 2006).

68 John B. Cobb Jr., "Buddhism and the Natural Sciences," (lecture given at several venues in Asia during 2002) http://www.religion-online.org/show-article.asp?title=2218.

69 D. Amarasiri Weeraratne, "Buddhism and Darwin's Theory of Evolution," *Buddhist Era* 2547 (20 March 2004).

70 Paisarn Likhipreechakul, "Buddhism seen through the Darwinisn Lenses" *The Nation* (Thailand) 9 Feb. 2009. http://www.nationmultimedia.com/2009/02/11/opinion/opinion_30095393.php

71 http://blogs.nature.com/news/blog/2009/02/_aaas_darwin_the_buddhist.html

72 Vijitha Rajapakse, "Buddhism in Huxley's Evolution and Ethics: A Note on a Victorian Evaluation and its Comparativist Dimension," *Philosophy East and West* 35 (July 1985), pp. 295-304.

73   김성철, 「진화론과 뇌과학으로 조망한 불교」, 『불교평론』 제 40호 (2009. 9. 10).

74   달라이 라마, 『한 원자 속의 우주』 (하늘북, 2007), 106-111쪽; Donald S. Lopez Jr., *Buddhism and Science: A Guide for the Perplexed* (Chicago: University of Chicago Press, 2008), pp. 148-152.

75   달라이 라마, 『한 원자 속의 우주』 (하늘북, 2007), 113-116쪽. 불교와 과학의 관계에 대해 호의적인 한 학자도 업의 문제가 현대 과학과 모순되는 것이 많음을 지적한다. 그는 과학의 도전에 직면한 기독교가 영혼을 비본질적인 것으로 간주하듯이, 불교도 업의 원리의 일정 부분을 포기해야 되는 경우가 올 수도 있음을 지적하고 있다. Frank Fair, "Buddhism, Christianity, and Modern Science: A Response to Masao Abe," *Buddhist-Christian Studies* 25 (2005), pp. 67-74.

76   위의 책, 117-118쪽.

★ 불교용어설명 ★

갈애: 붓다의 최초의 설법인 〈초전법륜〉에서 사성제의 교설이 제시되었는데, 여기서 고통의 원인으로 규정된 집제가 바로 갈애이다. 갈애는 욕망의 대상에 대한 갈애, 재생에 대한 갈애, 무색계에 대한 갈애의 삼종으로 구분된다.

개아: 불전에서 개아는 'pudgala'의 번역어로서 일반적으로 "사람"을 가리키는 말이다.

결생식(結生識): 윤회하는 식이 재생 과정에서 생의 첫 번째 순간과 연결되는 것으로, 보통 모태에 들어간 식을 가리킨다.

공성(空性): 대승불교에서 모든 현상적 존재 요소는 본질적으로 고정된 본성을 갖고 존재하지 않음을 말한다.

기세인본경: 우주의 생성과 존속, 소멸에 대해 설명하는 초기 불전이다.

동체대비(同體大悲): 다른 중생을 자신과 완전히 동일시하는 데서 나오는 대비심을 말한다.

명색(名色): 12지 연기의 하나인 명색은 개체존재를 구성하는 심리적, 물질적 요소를 총칭한 것으로, 명이란 느낌, 생각, 욕구, 지각과 같은 정신적인 요소이며, 색은 신체 등을 구성하는 물질 요소를 말한다.

세간(世間): 불교는 세계를 두 종류로 구분하는데, 하나는 생명을 가진 존재로 구성되어 있는 유정세간이며, 다른 하나는 산하대지와 같은 물질 환경으로서의 기세간(器世間)이다.

무아론: 초기불전인 〈無我相經〉에서 처음으로 설해진 것으로 인간을 구성하는 오온은 결코 자아(아트만)와 동일시될 수 없다는 설명이다. 후대에 불교의 가장 특징적인 교설로 간주되었다.

법무아: 여기서 법이란 현상적인 존재요소로서 일반적으로 오온을 말한다. 오온에는 아트만에 귀속되는 영원성이나 즐거움 등의 어떠한 성질도 없다는 대승불교의 교설이다.

삼계: 불교우주론에 따르면 이 세계는 성적 욕망에 의해 지배되는 욕계와 순수한 형태로 이루어진 색계 및 형태도 없이 오직 의식으로만 구성된 무색계의 세 영역으로 구성되어 있다.

삼법인(三法印): 모든 만들어진 것은 영원하지 않으며(諸行無常), 모든 현상적 구성요소에는 자아라고 불릴 만한 것이 없으며(諸法無我), 모든 것은 고통스럽다(一切皆苦)는 세 가지 가장 근본적인 가르침을 말한다.

삼세인과(三世因果): 과거·현재·미래에서 행해지는 모든 사태를 원인과 결과의 측면에서 설명하는 것이다.

상구보리 하화중생(上求菩提 下化衆生): 먼저 완전한 깨달음을 구하고, 그 후에 일체 중생을 구제하겠다는 대승불교의 보살행을 압축적으로 표현한 문장이다. 여기서 전자는 자리행(自利行)을, 후자는 이타행(利他行)을 가리킨다.

상락아정(常樂我淨): 영원성과 즐거움, 본질성과 청정함으로 설명되는 열반의 네 가지 특징이다.

식(識): 식은 불전에서 크게 두 가지 용법으로 사용된다. 첫 번째는 감각능력인 근(根)과 감각대상인 경(境)이 만나 생겨나는 감각·지각작용을 의미하며, 두 번째는 12지 연기의 맥락에서 결생상속의 과정에서 윤회의 담지자로서 기능하는 측면을 가리킨다.

아견(我見): '이것은 나이다'라는 자아의식과 '이것은 나의 것이다'라는 소유의식을 모두 아견이라 한다. 대승불교에 따르면 자아의식이 모든 번뇌의 근원이다.

업(業): 불교에서 'Karma'라고도 통용되는 업은 윤리적 '행위'를 말한다. 신(身)·구(口)·의(意)의 삼업으로, 그 중에서 의업으로서의 의도적 행위가 본래적인 의미에서 업이다. 업은 고통의 원인으로서 간주되며, 재생 과정에서 개인이 받게 될 신체적, 사회적 조건을 형성하는 작용을 한다.

업감연기(業感緣起): 부파불교에서 연기 과정을 업과의 메커니즘을 통해 설명하는 방식을 말한다.

업보(業報): 업의 결과를 말한다.

연기설(緣起說): 불교에서는 모든 심리적, 물리적 사태를 조건적 생기 관계로 설명한다. 가장 대표적인 것이 12개의 요소를 갖고 인과 관계의 계열을 설명하는 12지 연기설이다.

염오(染汚): 주로 심리적 측면에서 마음이나 마음 작용이 오염되는 것을 가리킨다.

오계(五戒): 초기 불교에서 승려에게 부과된 5종의 기본 계율을 말한다.

오온(五蘊): 오온이란 다섯 무더기라는 의미로서, 개아를 구성하는 심-신의 요소를 다섯 범주에 의해 구분하는 것이다. 다섯 범주란 물질적 요소인 색(色), 느낌인 수(受), 생각 내지 통각 작용을 가리키는 상(想), 의지의 분출인 행(行) 그리고 지각 작용으로서의 식(識)이다.

유식학파(唯識學派): 4세기 경 무착(無著)에 의해 창시되고 그의 동생인 세친(世親)에 의해 대성된 인도대승불교의 양대 학파의 하나이다. 모든 것이 단지 표상일 뿐(唯識)이라고 하는 그들의 근본적 주장에서 학파명이 나왔다.

인무아(人無我): 수레는 명칭에 불과하지만 수레를 구성하는 각 부분은 실재하는 것처럼, 개아는 단지 언어표현에 불과한 것이지만 개아의 구성 요소인 오온은 실재한다고 보는 부파불교의 무아설이다.

일체개고: ⋯⋯▸ 삼법인

자리이타: ⋯⋯▸ 상구보리

자타불이(自他不二): 자—타라는 것은 다만 분별적 관념의 소산일 뿐이며, 모든 존재의 비본질성을 가리키는 공성의 측면이나 또는 진여나 불성의 평등성의 관점에서 차이가 없다는 사실을 가리키는 말이다.

제법무아: ⋯⋯▸ 삼법인, 인무아, 법무아

제행무상: ⋯⋯▸ 삼법인

진속이제설(眞俗二諦說): 이제란 궁극적 진리인 승의제와 언설적 진리인 세속제의 두 가지 진리를 말한다.

출리(出離): 욕망의 세계로부터 벗어남을 말한다.

팔부중도(八不中道): 중관학파의 창시자인 용수(龍樹)는 그의 〈중론송〉 귀경계에서 연기(緣起)의 의미를 不生·不滅, 不一·不異, 不斷·不常, 不來·不去의 부정어를 사용하여 표현하고 있는 것을 말한다. 여기서 연기가 즉 중도의 의미이기 때문에 라고 한 것이다.

해탈(解脫): 윤회로부터 벗어나는 것으로 모든 존재의 최종적인 지향점이다.

발간에 부쳐

2009년은 다윈이 탄생한 지 200주년, 『종의 기원』이 출간된 지 150주년이 되는 역사적인 해였다. 이를 기념하여 2009년 11월 27일 (재)대한불교진흥원 '불교와 사회 포럼'에서는 진화론 연구의 대표 학자들과 과학적 소양이 풍부한 불교학자들을 한자리에 모아 〈붓다와 다윈의 만남—진화론과 연기론의 학술적 조명〉을 주제로 연기론과 진화론의 연관성과 유사성, 차이점을 조명하는 학술심포지엄을 개최하였다.

이 책은 국내외를 통틀어 생물학과 불교의 소통 가능성을 처음으로 모색했던 위의 학술대회 성과물을 담은 것으로, 이후 발표자들이 각각 토론 내용 등을 추가하고 원고를 보완하여 엮은 것이다.

불교는 세계 여러 종교 중에서도 과학과 소통이 가능한 종교로 손꼽힌다. 수많은 서구의 과학자들이 이 사실을 입증해오고 있으며, 특히 뇌 과학, 정신의학, 양자역학, 우주론 등의 분야에서 불교와 과학의 일맥상통성이 계속 확인되고 있다. 또한 연기론과 진화론의 비교는 현대 과학과 불교 간 상호 소통의 문제에서 새로운 분야의 주제로 부각되고 있다.

이런 의미에서 이 책은 진화론을 통해 생물학이 불교로 설명될 때 어떤 논리들이 도출될 수 있는지를 처음으로 조명하려는 것이다. 이를 통해 불교의 과학성을 다시 한 번 확인할 수 있도록 함으로써 불교의 연기론과 생물학의 진화론이 소통할 가능성을 모색해볼 수 있을 것이다.

  이 책의 발간을 계기로 불교가 가지고 있는 생태학적인 사고, 생물학적인 사고의 근원을 탐구할 수 있는 학자들의 연구 활동이 계속 활발히 이루어지기를 기대한다.

재단법인 대한불교진흥원
이사장 민병천

붓다가 다원을 만난다면

펴낸곳	서울대학교출판문화원
펴낸이	오연천
지은이	안성두 우희종 이한구 최재천 홍성욱
초판 1쇄 인쇄	2010년 12월 24일
초판 1쇄 발행	2010년 12월 30일
출판등록	제 15-3호
주소	151-742 서울특별시 관악구 관악로 599
대표전화	02-880-5252
팩스	02-888-4148
마케팅팀 (주문상담)	02-889-4424, 02-889-7995
이메일	snubook@snu.ac.kr
홈페이지	www.snupress.com
영문홈페이지	eng.snupress.com
ISBN	978-89-521-1164-7 03100
값	16,500원

ⓒ 안성두 우희종 이한구 최재천 홍성욱

저자와의 협의하에 인지는 생략합니다. 이 책의 무단 전재나 복제 행위는 저작권법 제 98조에 따라 처벌받게 됩니다. 잘못된 책은 바꾸어 드립니다.

이 책은 (재)대한불교진흥원의 학술연구비 지원을 받았습니다.